模型理论 10

富致中源模型

孙国生　著

山西出版传媒集团
山西人民出版社

图书在版编目（CIP）数据

模型理论 . 10, 富致中源模型 / 孙国生著 . — 太原：山西人民出版社，2024.1

ISBN 978-7-203-13129-8

Ⅰ. ①模…　Ⅱ. ①孙…　Ⅲ. ①股票投资—经济模型—经济理论　Ⅳ. ① F830.91

中国国家版本馆 CIP 数据核字 (2023) 第 222690 号

模型理论 10：富致中源模型

著　　者：孙国生
责任编辑：秦继华
复　　审：魏美荣
终　　审：贺　权
装帧设计：卜翠红

出 版 者：山西出版传媒集团 · 山西人民出版社
地　　址：太原市建设南路 21 号
邮　　编：030012
发行营销：0351-4922220　4955996　4956039　4922127（传真）
天猫官网：https://sxrmcbs.tmall.com　电话：0351-4922159
E-mail：sxskcb@163.com　发行部
　　　　sxskcb@126.com　总编室
网　　址：www.sxskcb.com

经 销 者：山西出版传媒集团 · 山西人民出版社
承 印 厂：廊坊市祥丰印刷有限公司

开　　本：710mm × 1000mm　1/16
印　　张：17.75
字　　数：250 千字
版　　次：2024 年 1 月　第 1 版
印　　次：2024 年 1 月　第 1 次印刷
书　　号：ISBN 978-7-203-13129-8
定　　价：198.00 元

推荐序 1

戴若·顾比

> 戴若·顾比是国际著名的金融技术分析专家，经常做客 CNBC，被誉为“图表先生”。他是《股票交易》《趋势交易》《股市投资 36 计》的作者。他开发的几种领先的技术分析指标被世界各地很多市场的投资者广泛应用。

The series of books “Model Theory” mentions the important differences between numbers and patterns. It suggests that Western thinking is more concerned with numbers and Eastern thinking is more concerned with patterns. I am a western trader but my trading decisions are based on patterns of behaviour. This is the great truth of the market. The market data and information is made up from numbers, but these numbers capture the psychological behaviour of the participants in the market. The market is not really made of numbers, it is made of people. The numbers are just a record of behaviour. Understanding how the people behave is the key task for investors and traders in the financial markets.

However, numbers in the form of algorithms can be used to track and understand the behaviour of groups of individuals. This is now an essential part of the modern model

theory of the market. We hear of the terms Big Data in the common marketplace, but Big Data has been the foundation of financial market technical and chart analysis for centuries. The early candlestick charts created by Japanese rice traders capture the extremes of human emotions and behaviour in the price activity. They looked at the aggregate of market behaviour - the Big Data - and used this to understand the behaviour of the market participants. Understanding this behaviour is the first step towards understanding the potential future behaviour of market participants.

Modern thinking has advanced our understanding of this market and economic model. The series of books "Model Theory" looks at this in interesting detail. It surveys the achievements of other economic model masters from Karl Marx and Adam Smith to Keynes. This series of books comes at an interesting time because following the Global Financial Crisis in 2008 the operation of the financial markets has changed. There is a desperate need for a new understanding and development of new models to better understand and explain the new market behaviour. The behaviour has been complicated by the growth of derivative trading instruments so the connection between the individual and the market is distorted. The structure of satisfying supply and demand has changed. We need to develop new models to understand this new market condition. This series of books is an important step in developing this understanding.

《模型理论》系列丛书讲到了数和形两者间的重要区别，它谈到西方的思维比较关注数，而东方的思维更关注形。作为一个西方交易者，我的交易决策却都是建立在交易行为的形态基础之上——形态是市场的实质。市场数据和信息是由数所构成的，但是这些数字反映的是市场参与者的心理行为。市场不是由数字构成的，而是由人构成的，数字只不过是对行为的记录而已。对于金融市场中的投资者和交易者来说，关键是要理解人的行为。

然而数字运算可以用来追踪和理解群体的行为，这是当前市场模型理论的基本组成部分。我们都听过应用于大众市场的“大数据”这个词，但是几个世纪以来，大数据已然成为金融市场技术分析和图表分析的基础了。早期由日本米商所创设的K线图捕捉的是人类情感在价格活动中的极值和行为。他们观察市场行为的综合表现（大数据）并以此来了解市场参与者的行为，而这正是理解市场参与者潜在的未来行为的第一步。

现代思维扩展了我们对市场和经济模型的理解，《模型理论》系列丛书对此做了生动的描述，该书把卡尔·马克思、亚当·斯密到凯恩斯这些经济大师的成果进行了调查和汇总。在经历了2008年的全球金融危机之后，金融市场的操作已然发生了改变，亟须一种对新模型的理解和发展，以帮助市场参与者更好地理解和解释新的市场行为。随着衍生交易工具的发展，市场行为也日趋复杂，个体和市场之间的关联被扭曲了，满足供求关系的结果也发生了变化。我们需要发展新的模型来解析新的市场状况，本套书在这方面迈出了重要的一步。

推荐序 2

杰瑞米·杜·普莱西斯

杰瑞米·杜·普莱西斯，《点数图指南》的作者。

I first met Mr. Sun in June 2016 at the Bogu International Investment Forum he was hosting. I soon realized that he is a respected master of stock market forecasting with a huge following across China and beyond. He has trained thousands from well-known institutions and universities in the art of market analysis. Using the techniques explained in this book, he has predicted the turning points in the Shanghai Composite index with precision.

The theory in this book was found for the first time on China's Stock Market, so is important for all who trade and invest in the market. It's about Mr. Sun's Model Theory. As I started to read, I became more and more intrigued by the concept. I am a technical analyst, so I believe in the power of charts, but Model Theory has opened my eyes because it uses mathematical formulas and logical rules to make forecasts.

Whereas most theories are either quantitative or qualitative, Model Theory makes its forecasts using both

quantitative analysis of historical data based on mathematical formulas, as well as qualitative analysis based on patterns. It is what Mr. Sun calls the prediction of time and space. There is no vagueness in the Model Theory, it predicts highs and lows with mathematical precision.

But I am being simplistic about this groundbreaking subject. The only way you are going learn more and profit from Model Theory is to turn the page and start reading this fascinating book. You won't regret it.

我第一次见到孙先生是在2016年6月，在他举办的博股国际投资论坛现场。我很快意识到，他是一位受人尊敬的股市预测派大师，在中国甚至海外有着数量庞大的追随者。他在知名机构以及大学里给上万人培训过市场分析的艺术，同时他用这本书中阐述的技术知识，精准预测了上证指数的转折点。

这本书中所阐述的关于中国股市的理论，我还是第一次看到，模型理论对那些在市场中交易和投资的人们来说意义重大。当我刚开始阅读孙先生的《模型理论》时，就被他书中的概念所吸引。我是技术分析者，所以我相信图表的力量，《模型理论》开阔了我的视野，原因在于它是使用数学公式和逻辑规则进行预测的。

现有的大多数理论是定量或者定性的，而《模型理论》做出的所有预测，既有对基于数学公式的历史数据做的定量分析，也有基于图形形态的定性分析——孙先生称之为时空预测。《模型理论》中没有含糊其词的表述，有的都是高低点的精准测算。

但我只是简单描述了这个开创性的课题。如果你想了解更多，或者想从《模型理论》中获利，唯一的途径就是翻开它，开始阅读这本很棒的书。选它，你不会后悔！

推荐序 3

拉瑞·威廉姆斯

拉瑞·威廉姆斯是威廉指标（W&R）的创始人，也是当今美国著名的期货交易员、作家、专栏编辑和资产管理经纪人。他曾获得罗宾斯杯期货交易冠军赛的总冠军——在不到 12 个月的时间里使 1 万美金变成了 110 万美金。拉瑞·威廉姆斯就职于美国国家期货协会理事会，并曾在蒙大拿州两次竞选国会议员。在过去的 20 多年里，他始终是被公众追随的优秀投资顾问之一，曾多次被《巴伦斯》《华尔街日报》《福布斯》《财富》专访。著有《未来的繁荣时光》《短线交易秘诀》等书籍。

Here’s a book with a new and unique perspective on how to become a successful trader. My friend Mr. Sun will open your mind to new thoughts, cement old ones and help you become a better trader. Some books we just skim through; this one you want is to be read.

这本书以全新而独特的视角，告诉你如何成为一名成功的交易者，我的好友孙先生将使你开拓思维，展开新思想，巩固旧知识，帮助你成为更优秀的交易者。有些书涉猎即可，而此书将让你百看不厌。

别着急！先看序，再学习

孙国生

当您即将阅读本书的时候，我强烈建议您先看完了我的序再开始，否则就像系扣子，一开始就错了，而你到最后才发现。实际上读一本书更是这样，不要在好奇心的驱使下“鲸吞”这本书，看完才发现鞋不合脚。鞋合不合脚需要知道鞋的结构和尺码，人和人之间的区别往往是认知的不同，很多人虽喜新厌旧、喜慧厌拙，但对于未知的事物还是过于草率，常根据经验和主观判断做出评价。我衷心希望此书能让你清俗肠、醒倦眼。为了高效率地阅读本书，先弄懂这几个问题：模型理论是什么？不是什么？模型理论能学什么？不能学什么？模型理论该用什么？不该用什么？

模型理论是什么？不是什么？

七年前我开始萌发写模型理论的想法，是出于阅读股票书的困惑。本人虽不至嗜书如命，也是爱书如宝，坚信人的智慧大都来自前人的积累，没有哪个人的理论是完全的独创，不过多读两本书而已。在这种心理作用下，我大量阅读中外投资经典，从开始的如饮神浆聆天乐，到最后的如吃残食嚼白蜡，要么复杂到没有用，要么简单到不管用，要么大讲投资心灵鸡汤，要么理念冗长于实战无益。我时常抱影衔思，忽忽不知所属，道理全懂，方法不通。

对于一个世界观恒定的人来说，方法论是泥泞路上的踏脚石，汪洋海中的多面帆，虽遇变幻而总能过关。在这样的背景下，我决定将股市多年来的方法论择优汇编成集，写一些法外法、声外声、韵外韵，而这些方法里我优选的是预测方面的知识。我认为，决策多来自对事物本身的预测，褒贬喜好、弃取存留，往往如此。投资失败不在于看不懂股市的变幻无常，而在于无常发生时决策错误，导致不能跟踪趋势发展。错误决策和不做决策都是源于对未来预测的失误，所以我把预测放在首位。我认为，股市投资逻辑是分析→预测→决策→交易，因此模型理论是需要投资者在已经具备技术分析轮廓基础上学习的。当然，预测比分析难得多，分析是对历史的总结，预测是对未来的判断，总结自然要比判断简单一些。

综上所述，模型理论是时空预测的方法集，是数形分析的逻辑式，是量化交易的基础库，而不是分析工具，不是奇技淫巧，不是传统技术。

模型理论能学什么？不能学什么？

《模型理论》出版后，读者的反馈褒贬不一。有的人觉得作者顾盼伟然，技冠群书；有的人觉得微于缕黍，空洞玄虚；有的人阅后认为丽典新声，采知获秘；有的人阅后顿感獭祭诗书充著作；有的人学后雷转霆鞫，神鹰掣韝；有的人学后兔起鹘落，仰天笑而冠缨绝……为什么会出现这样的悬殊呢？我觉得这就是读者没有知其然，所以更不知其所以然的结果。读书不求解，如啙食不肥体。阅读不能改善交易行为，那就是尝鲜式阅读，猎奇过后反生悔意。其实，读书如品茶，一次不为佳，往往在两三泡时，才能体会茗香通窍。读书，尤其是读方法类的书籍，更是如此，一读蠲愁，再读释疑，三读去疾。没有这么三次品读，恐难得其精要。

《模型理论》是系列书籍，每一册研究的深度不同、方向不同。第一册重点讲解了台阶模型、独立波模型和四段五点模型，它们都属于空间模型，让我们知道结构背后的价格、价格背后的规律、规律背后的模型像一只无形的手，左右着市场的走势。为了增强可读性，渲染精确率，有些案例十分完美，接近于神奇，大盘一个点不差，个股一分钱无缺，但实际过程并非每只如此、每次如此。简单的方法都有其局限性，不可能放之四海而皆准，凡是书籍都会找典型、抓样板。你在书籍中能看到的是官渡之战、淝水之战等精彩的以少胜多的案例，而大量的以多胜少的战役则不会被作为经典口口相传。股市的预测也是这样，不要因为几次的精确而震撼，也不要因为偶尔的失误而抓狂，因为接受股市就是接受不完美，股市是科学与艺术的结合，既有必然性，也有偶然性。

综上所述，模型理论能学结构规律的公式、逻辑推理的过程、反复运算的验证，不能学不差分毫地预测顶底、屡战屡胜的交易、未卜先知的箴言。

模型理论该用什么？不该用什么？

一些投资者学习了模型理论后，就变成了“大仙”，总喜欢在人前卖弄自己的预测，总是鼓吹某次某时、某底某顶他都精确地预测到了。听起来似乎每次他都能抄底卖顶，但实际上他把精力都用到了预测上，自己却操作得一塌糊涂。还有一些投资者用模型理论的方法做过几次漂亮的波段，就觉得天下无敌，无视趋

势的方向，博取得不偿失的微利，实难称为智者。就在前几日，一位老者告诉我，只要有百分之三的波动他都会操作，还说今年都赚了3倍了。我听后说了一句话："你比我强，你这样能持续吗？"

我不希望读者学完模型理论后变得更贪婪，更不自知。模型理论是帮助交易者追求理性的交易，你学模型理论愈久愈理性，不在疯狂时欢喜，不在绝望时沮丧。要对模型理论深入了解，多方求证，学积而备于前，智浚而捷于行，也就是要提前准备，行动迅捷，没有提前准备就不能防患于未然，行动不迅捷就是空学误己。

综上所述，模型理论该用公式计算，该用计算验证，该用验证交易，不该用来当大仙，不该用来反趋势，不该用来博微利。

最后的最后

世间之法有先易后难和先难后易，重点不是开始而是结果，先易后难的结果往往是越来越难，先难后易的结果是越来越易。模型理论就属于先难后易的方法，喜欢模型理论者多为重视结果者，艰难的开始、曲折的过程都是为了美好的结果。世间没有万能药、千灵丹，只有百宝箱。一把钥匙开一把锁，一个方法解一处难，只有把百宝箱都备满了，才能应付各种跌宕起伏。模型理论不仅仅是操作模型，更是预测模型，当大家去学习这些预测方法的时候，一定要知道预测的三个规律：第一，预测难免失误。你必须接受这一点，预测没有那么简单，否则你就不会一直学习了，股票市场是受多重因素影响的，所以预测失误也总是会发生。第二，预测不可能精准而是接近。预测之前可以精准，但是市场验证的时候，接近就可以了。没有人能准确无误地预测每一次涨跌，预测是推断市场的各种可能性的方法，所有的抉择都是一种预测。第三，指数预测会比个股预测要可靠一些。在股票市场，个股走势更容易被操纵，而指数相对而言更稳定。无论采取哪一种预测方法，指数预测的可靠性要大于个股预测的可靠性。所谓的预测，都是基于大量的数据统计和客观走势规律的，都是一种概率游戏。随着科技的进步，这种概率也会提升，这就是大数据的影响。所谓的智能，也不过是基于某个模型的预测，我们应该秉持好奇和质疑的态度，不断将其完善，而不是迷信和守旧。

《模型理论》是系列书籍，每一册都有不同的市场模型，深度也是逐步加强，需要读者对各种方法灵活运用，在此过程中遇到问题，可以发邮件到《模型理论》解疑邮箱（moxinglilun@163.com），也可以在“模型理论”公众号上留言。当然，您也可以买一套相关的软件，这样可以省去大量的计算时间。详情可登录中国弘历集团官网（http://hl1998.com）了解。让我们以此为开端，探索股市的奥秘，见证模型理论的神奇。

最后，本书的完成要感谢我的同事孙彬，大部分手稿是由他整理编辑的；感谢我的爱人蔡静女士，是她不断的鼓励才让我挤出时间来写书；最后的最后，要感谢所有的“模迷”们，是你们的追捧才让《模型理论》一版再版，谢谢你们的支持！

2017 年 2 月 27 日于北京

序

太阳总是东升西落，草木总是春华秋实，万事万物都有规律，对于大多数事物而言，从诞生起，规律就会一直伴随它们直到消亡。

利用星辰的运动规律来预测未来的方法古已有之，而掌握这种方法的人，在东方被称为方士或者术士，在西方被称为占星师。事实上，东西方历史上很多时代都有类似钦天监[①]的部门，专门负责研究星辰运动的规律。通俗地讲，钦天监就是中国古代国家的天文台，承担观察天象、颁布历法的重任。

地球的自转和公转形成了日和年的循环，自古以来，人们用地球的自转和公转来计算时间（日晷的发明和应用就是典型的例子），以7日为一周，以30日为一月，逐渐形成了时间周期的概念。周期形成之后，很多事物的运动或者人的行为都会依照周期循环发生，这样规律就形成了。

比如我们总是周一至周五工作，周末休息，即使你的工作规律并不是这样，也会受到这条规律的影响。很多人每逢周末会不自觉地放松，放慢生活节奏，即使这一天对他来说是工作日。大家都遵循这种规律，就会形成一种社会环境，这种环境会加深你所受到的影响，最终使大多数人都按照规律生活和工作。例如：每逢周一至周五，北京的某些道路总会堵车，而周末则不会；每逢比较重要的节假日，各个城市的人流量就会增大等。这些规律说来简单，但作用却不小，知道了这些规律，你周一之前就知道

① 钦天监是古代制定历法、推算节气、观察天象的官署。

会堵车，过节之前就知道人流量会增大，这就是预测。俗话说：秀才不出门，便知天下事。掌握了规律，就能很轻易地预测未来会发生什么。而类似这样的规律广泛存在于世界上的每一个事物中，股市也不例外。就像道氏理论中说的那样，历史会不断重演。但是，相比于知道历史会重演，更重要的是要知道历史何时会重演，你能相信股价循环的规律居然会与星体的运行息息相关吗？

在本书中，作者会为大家重点介绍股市中周期循环的规律，以及如何使用这些规律来对股价未来的走势做出预测。

通过对股市的研究，我们可以发现，股价会随着周期的运行而循环往复，但周期循环的规律却不是千篇一律的，短期预测有短周期循环的规律，长期预测有长周期循环的规律，不同的周期有不同的规律。这些规律是股市诞生之初，乃至股市诞生以前就已经形成了的。这些规律就是获利的捷径，就是股市中最大的秘密。

发现规律之后，如何应用这些规律也是一门学问。不同的规律需要有不同的应用方法，这些方法各有优劣，甚至同一规律不同的应用方法也会有不同的效果，而不同的方法适用于不同的情况。当然，一旦读者熟练掌握了这些规律，获利并不困难，甚至可以说是轻易，这就是时间周期循环的魅力，是预测的魅力。

本书将为你展现它的魅力，揭开它所隐藏的一切奥秘。如果你真的学懂了书中的知识，那么，预测对你来说将不再是难题。

愚昧者成为历史，先知者成就未来。

笔者一直很认同的一句古话就是：书中自有黄金屋。你认为呢？

目　录

第一章　中源线理论基础

中源线起源于中国，但中源线这个名字对于国内大多数投资者来说都非常的陌生，这不能不说是一种遗憾。

不过，作为一种投资方法，不被了解也就意味着不被针对，这让中源线交易法在市场中能够更好地表现。

想要掌握中源线的技巧，首先要明白它的理论基础。

第一节　中源线的起源

在清朝中期的乾隆年间，曾经有一个叫陈雅山的职业炒手，他从年轻的时候就立志从事白银交易，并把毕生献给了该项事业。在他生前，不仅没有听说过他赚到巨额财富的消息，甚至挣过一笔大钱的传说都没有出现过。

陈雅山弥留之际，言说自己的子嗣不肖，难以继承自己一生所学，遂将子嗣托付给自己的一位刎颈之交，并留下一栋房产。

陈雅山交给这位刎颈之交两把钥匙，言说自己的房子，地上的部分归这位至交，地下的部分归后代子嗣。

这两把钥匙一把是书房的，一把是地窖的。

因为听说过陈雅山一辈子都没有赚过一大笔钱，所以这位至交对于陈雅山留下的遗产并不如何重视，只是按照陈雅山的遗嘱，将地窖的钥匙留给陈雅山的长子，并且陪着他去开启地窖。

掀开地窖的盖子，只见地窖里码得整整齐齐的都是白亮的雪花银，两个人一箱一箱地往外抬，一天一夜下来，也只是冰山一角。

后来初步统计，地窖里的藏银足有600万两。

这600万两白银给陈雅山的这位托孤至交造成的冲击是巨大的，震惊过后，他急忙打开陈雅山留给他的“宝藏”——书房，并从里面找到大量的市场研究笔记，以及一本记载着陈雅山毕生经验的著作——《富致录》，其中提到了一种神奇的交易方法“中源线”。鉴于中源线交易法赚钱比较隐蔽，陈雅山的这位至交凭借这套方法获得了多么巨大的财富已不可考。

我们已知的是，《富致录》在中国流传甚少，几乎绝迹了。

后来这套交易技巧流入日本，在日本，有人用它赚了大钱，因而这种方法作为日本职业操盘人的教科书而存在，在日本交易高手圈被奉为经典，数百年来秘而不宣。

陈雅山也成为日本人最崇拜的投资大师之一，至今陈雅山研究会已传至第 13 代，他的中源线理论被日本人称为国宝级的分析术。

日本著名的投资大师林辉太郎，偶然得到一本来自中国的叫《富致录》的书，如获至宝，开始研究和验证，组建了 12 人的专家团队，历时七年半，统计了大量数据，并调研了各国交易市场，最终证明陈雅山的交易方法仍然有效，此后终生实践和发扬陈雅山的中源线理论。

陈雅山的中源线交易技术有着深刻的理论依据，这个理论依据就是《太玄经》。

中源线的“中”字，实际上就脱胎于《太玄经》中的第一卦“中卦”（中：阳气潜萌于黄宫，信无不在乎中）。

中为阳气之所生，是变化的起始，而中源线交易技术本质上也是阴与阳的转换，以及对变化的判断和把控。

严格来说，中源线与我们接触过的大多数投资方法都不同。

从定义上讲，中源线交易法是以统计过去价格变动的最大公约数为基础而建立的一种被规格化的买卖基准，是一种饱经市场考验的买卖方法。

对于更注重于实战而非理论的投资者来说，这个定义过于抽象而难以理解，什么是价格变动的最大公约数？被规格化的买卖基准又是什么意思？

“最大公约数”又称为“最大公因数”，是一种数学上经常用到的概念，具体是指两个或多个整数共有的约数中最大的一个。

通过统计过去价格的最大公约数能够让投资者知道市场会按照什么样的规律发生变化。

被规格化的买卖基准是指通过“分”的特殊概念将市场的变化规格化，从而建立一套不同于当前主流投资方法的买卖基准。

中源线实际上是一种交易系统，它通过对于收盘价的研究和逆势操作的思维来判断买入和卖出的位置，通过特殊的分仓方法来控制风险。

准确地说，它是一种在世界范围内都没有先例的，将逆势操作交易规则化的系统。

所谓逆向交易是指与市场表现出的人气变动逆向而行的交易法。简单来说，中源线交易法是在下跌中寻找买点，在上涨中寻找卖点，这与传统追涨杀跌的交易思路完全不同。

这可能让很多投资者怀疑中源线技巧在投资领域的可行性。因为有经验的投资者都清楚，在证券市场中生存不是一件简单的事情，不是灵机一动就能想出长久赚钱的技巧的。而追逐人气是大多数投资者都会做的事情，因为人气影响资金流动，而资金的流动会带来股价的变化，所以与市场中的人气变动逆向而行是一种听起来就不靠谱的投资策略。

但是，于不可能处成就可能正是中源线交易法的神奇之处。它通过独特的买入和止损规则、独特的分仓操作模式，保证在市场中获利，从而能够抓住绝大多数投资技巧都把握不住的投资机会，这是一种神奇的投资技巧。

除了逆向交易之外，中源线交易法的另一个特点是它属于统计买卖方法。因为它是通过对历史数据的统计，建立数据模型，把概率分析作为买卖决策的依据。其本质是对当前价格变化倾向和对未来走势作出预期。

当然，对于不够了解中源线的读者来说，上述解释可能过于

学术，理解起来不太容易。实在是中源线与我们经常所接触所了解的交易技巧差别过大，很难通过简单表述让读者完全理解其中的含义。通过上述概念的解释只能让读者对于中源线的含义有一个初步的印象，所有让人迷惑的地方，在接下来的内容中，会一点点阐述清楚。

前文中提到中源线的理论源自中国，因此国人在学习这套方法时会比较容易。说到中源线的理论基础，离不开扬子的《太玄经》。

《太玄经》与三进制

《太玄经》是西汉末年由扬雄所著，将道教思想中的“玄”进行深刻演绎，其在构筑宇宙生成图式和探索事物发展规律时，都以“玄”作为中心思想。

简单来说，《太玄经》是一部道家典籍，至于同名的那本只有文盲才能看懂的绝世武学，则是后人演绎，纯属虚构了。

中源线技术起源于清代的投资研究者陈雅山，其理念与思想脱胎于道教经典《太玄经》。

有不少投资者都会认为理念对于实战应用并无影响，只要掌握技巧就足够了。在其他方法上或许确实如此，但在中源线运用上则行不通。

你必须理解中源线的思维模式，才能在实战中不败在那些技巧之外的因素上。

举一个最简单的例子：

中源线有很多关键数字都是“3”的倍数。如 120 分，36 个交易日等（以上举例的数字在后文中会多次提到，这是中源线判断市场发生转折的重要参考），转换条件中也要求逆行创出屈曲段新值 3 分或以上，建仓也是以 1/3 为基本单位……可以说，中源线与“3”有着紧密的联系。

这种现象的成因就在于中源线的理念脱胎于《太玄经》，而《太玄经》是三进制的。

《太玄经》虽然是扬子模拟《周易》所创，但其理论却是一种三进制周期运动，而《周易》本身的理论更倾向于二进制。

易经八卦及六十四卦的数学结构表明，远在五千年前伏羲氏早已解决“二进制”与“十进制”额定转换关系，扬雄于两千年前就已拟易而作太玄，解决了“三进制”与“十进制”的转换关系。

《太玄经》与《周易》，源同而有差异，二者均源于《河图》《洛书》，并都具有混沌（无极）生太极，太极生阴阳，阴阳生三才，三才生万物的阴阳宇宙观，回归了“道生一，一生二，二生三，三生万物”的宇宙生成模式；其不同在于《周易》是以阴阳观，即二元论（三寓于二）的数理模式反映其世界观，《太玄经》则以一二三（阴性、阳性、中性）即三元论的数理模式反映其世界观。

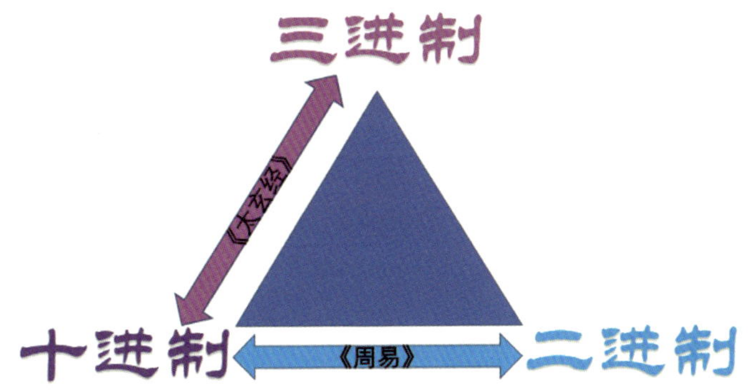

图 1.1.A 《周易》与《太玄经》对应的进制转换关系图

随着对中源线研究的不断深入，研究者需要逐渐转换自己的

思维模式，充分理解《太玄经》所表达的数学结构。通过三进制思维来深刻理解中源线的奥秘，将会逐渐成为越来越多中源线研究者的选择。

实际上不仅仅是三进制，中源线独有的思维模式体现在各个方面。

我们有必要费心费力地去学习这些思维模式么？

很多人学过基本分析，最后发现不适合自己；

不少人研究技术分析，最后发现不能改善自己的投资状态；

总之，学了很多方法，别人用就能赚钱，自己用就不行——问题出在哪里？

问题的关键就在于思维方式，不是方法不灵，也不是投资者本身有问题，而是思维方式不合。喜欢自由尝试的人去学习机械交易，自然不会有好的结果。尤其是在出现了几次亏损之后，即使知道长期来看会是盈利的，但也坚持不下去，最终打乱了原有的操作模式，盈利也就无从谈起了。

这就是前文中提到的败在技巧之外的因素上。并不是方法不好用，只是与你的思维不合拍。就好像习惯用剑的人去耍大锤，只会觉得碍手碍脚。

中源线投资法就很注意这个问题。陈雅山留下的《富致论》中就有大量关于思想方法的内容。可以说，这些就是“思维”角度的修行方法。而这，通常不被投资者所重视，只学习技法，不提高思维，只能似是而非，难有成果。

但是中源线的理论学习还有一个难点，它太“玄”了。中源线的思维方式脱胎于《太玄经》，《太玄经》原文包括一玄、三方、九州、二十七部、八十一家、七百二十九赞，行文晦涩，难于理解。其中思想更是千人千解，想要直接从中悟出中源线的思维方式，实在是千难万难。

作为投资者，我们没有必要花费大量的时间去研究透彻道家典籍，对于理念的掌握，只要做到足够使用即可。这就需要一些特殊的技巧。

学习中源线理念的过程，可以简单地分为三个阶段，也是三重境界。

中源线的守、破、离

“守、破、离”是禅宗的三重境界，也是剑道和合气道的心诀，如今也被广泛引入各个领域和行业之中，涉及“修行”的方方面面，既然《太玄经》如此复杂，我们不妨通过“守、破、离”的理论来尝试理解中源线的思维方式。

从原旨的角度来理解，学习、掌握和使用中源线要经过“守、破、离”三重境界。

“守”是指学习和掌握中源线的最初阶段，这个阶段主要是按照书中的知识，或者严格遵照老师的教导，进行基础知识的练习，从认知到掌握，最终达到熟练使用的境界。

“破”是指中源线的基础掌握后，能够在市场中熟练使用的基础上，尝试进行突破，突破原有的桎梏，让自己对中源线的使用进入全新的层次。

“离”是指进入全新层次后，在新层次得到新的认识并总结，自创新招数或者另辟新境界。

在中源线思维中，“守、破、离”有着更深一层的含义。

“守”即是“无我”，放下自己的成见，虚心学习，谨遵教诲，坚定执行，认真掌握，直至熟练。

“破”即是“摒弃”，摒弃糟粕，这并非是指技法理念上的糟粕，而是指自己内心的糟粕，摒弃固执、迟疑、贪婪与恐惧等造成亏损的元凶。

“离”即是“止”，适可而止，盈不足恃，亢不可久，要学会找到自己的“休息期”，否则将面临长期的亏损或者劳而无得。

“守”是了解中源线的第一步。

虽然很多人都认为交易就只是“卖和买”，但其实还有一些灵活自由的要素，比如，持仓的期限，持仓的数量，初始建仓和结算的时机，等等。所以，交易这件事情就变得很复杂。

因此，在最初的阶段，要记住中源线、研究中源线，就只有照规定的那样做了。

这是最初的阶段，“守”是为了逐渐靠近属于自己的路线，向“破”“离”进阶的重要基础。

这里需要强调的是，“守”不是一种行为，而是一种心态。

学习中源线，无非是仰慕它的传奇——说白了就是想要复制陈雅山的成功之路，在股市里赚大钱。

我见过太多这样的事情：当一种新的投资方式被证明有效之后，股民们总是兴冲冲地来，兴致勃勃地学，信心十足地尝试，遭受损失后开始将信将疑地摇摆，进而手忙脚乱地自救，最终气急败坏地舍弃。

究其原因，是“守”的功夫不足。

具体来说，对于这些投资方法，抱有的心态是“尝试”而非“坚持”。当方法的提示与自己的意愿不同时更愿意相信自己，这就是“有我”。

而“守”的心态要求的恰恰就是“无我”。

想要建立“守”的心态，第一步就是相信。

其实中源线也好，其他的投资方法也好，其产生的根本目的都是为了解决投资者不知道该如何在市场中获利的问题。

只有认识到按照中源线的规则来买卖会更轻松这一现实，并且认同这一现实，才是建立“守”的心态的先决条件。

如果你本质上还是认为自己能够轻松在市场中获利，又何必求助于中源线呢？

所以，建立“守”的心态的第一步，是相信。

只有相信，才能放下自己的想法，才能“无我”，才能在面临恐吓与诱惑时“守”住。

建立“守”的心态的第二步是耐得住——简单来说，不能急。

仅仅相信是不够的，很多时候“守”不住是因为“破”得太早了，耐心是良好的品质，然而很少有人愿意等待。既然知道守之后就是破，破之后还有离，谁还愿意一直停留在守的阶段呢？

所以早早地“破”了。然而，该打好的基础没来得及打好，该掌握的技巧没来得及掌握，这时候就早早地“破”掉原有的规则，开始按照自己的想法“改进”中源线，和一开始就不相信的那些人有什么区别呢？

建立“守”的心态的第三步是实践。

一味地等待是没有价值的，人在家中坐，天上掉下来的大多是黑锅，而不是金银。

相信之后，要不急不躁地按照中源线的方法严格执行，以此获得收益与经验。这就是为什么想要成为一个合格的中源线研究者，首先要手绘300张图的原因。

“守”之后就是“破”，前文中提到“‘破’不能急”，那么何时才能开始“破”呢？

这就需要找到“守”与“破”的桥梁。此时，先思考一个问题：你觉得中源线的优点和缺点是什么？之所以需要考虑这个问题，是因为这个问题会反映出投资者本身的思维模式与中源线投资法的思维模式中相契合的部分和相冲突的部分。

需要注意的是，并不是所有你认为的中源线的缺点都是你和中源线思维相冲突的部分，有些确实是中源线本身的不足之

处——毕竟完美的投资方法是不存在的。

你需要每隔一段时间就给出这个问题的答案，直到这个答案不再变化。一般来说，这个过程会持续至少三个月的时间。

而问题的答案，就是“守”住通往“破”的桥梁。

关于破的误区

与“守”背道而驰，贯彻自己的意志——这就是大多数人对“破”的第一印象。

但这种“破”是不理智的，想当然的。举个简单的例子，你“破”了，在所有中源线提示买点的地方卖出，提示卖点的地方买入，结果会如何呢？

中源线思维中“破”的含义不是背道而驰，而是摒弃糟粕，这并非是指技法理念上的糟粕，而是自己内心的糟粕，摒弃固执，迟疑、贪婪与恐惧等造成自己亏损的元凶。

并不是说所有的方法都是百分之百正确的，但是中源线作为一种从清代开始就经受市场考验，随着证券市场从初生到成熟一直都有效的投资方法，其准确性是经过验证的。

是改变自己灵光一现的想法，还是改变经过市场验证数百年来不变的技巧，这个问题还需要思考么？

这就是为什么需要研究者“破”除自己内心的糟粕，而不是改变中源线的技巧。

在“如何摒弃自己内心糟粕”的问题上，中源线也提供了一个思路，即在前一个问题的基础上深入思考，找到内心存在的问题。

前一个问题：中源线买卖法的缺点是什么，优点是什么？

通过思考之后，你会发现，很多时候不是方法有缺点，而是自己受到心态的影响，这些就是糟粕，就需要“破”（摒弃）。

“破”贪婪：一般来说，就是觉得获取收益太慢或者太少。

“破”恐惧：多表现为舍不得，该止损时不止损。

“破”怀疑：多表现在中源线对市场的判断和自身判断频繁相冲突。

“破”的过程永不停止，因为总会有新的问题产生。

但当你“破”过之后，就可以开始考虑“离”的问题了。

请思考一个问题：

一辆油门坏掉的汽车和一辆刹车坏掉的汽车相比，哪个更危险？

当然是后者更危险，因为油门坏掉只是无法启动，而刹车坏掉则无法停下。无论什么事情，无法停下本身就容易导致可怕的结果。开车是这样，投资又何尝不是如此呢？

《大学》中说：知止而后有定，定而后能静，静而后能安，安而后能虑，虑而后能得。

中源线对于“离”的定义就是“止”，就像股民们常说的：“会买的是徒弟，会卖的是师傅，会休息的才是祖师爷。”而何时停止？如何停止？停止后何时继续开始？都是“离”要研究的问题。

请思考下面两个问题：

1. 自己应该在何处进入休息期？

2. 开始选定新股票时，该采取怎样的做法？

这两个问题的答案各不相同，也不需要相同，就如同每张中源线的走势图中都有自己的分值一样，每个人对于休息期也都有属于自己的想法——但是没有休息期是不行的，其中的尺度该如何把握，就是“离”的难点。

关于这个问题，最好的方法就是在实践中寻找答案。

在本书讲述案例时会提供一些前人运用中源线的交易过程，你可以试着从中找到“离”的真意。

如果仍不足够，可以进一步在实战中找到答案。

第二节　中源线转换初解与常见误区

中源线转换八形图

中源线交易法的关键在于对转折的判断。前文中提到，中源线技巧中有 3 种转换方式，借助这 3 种转换方式，中源线交易法能够对市场的转折进行迅速而有效地判断。

这 3 种转换方式是基础转换、42 分转换和再转换。其中基础转换和 42 分转换各自分为两种，再转换为四种，也就是说，一共有 8 种转换方式，被称为中源线转换八形图。

基础转换分为阴转和阳转。

基础转换：12 分或以上的逆行线，若其值幅为最近屈曲段值幅的 2 倍以上，并逆行创出该屈曲段新值 3 分或以上时，则可判断发生基础转换（即阴转或阳转），该逆行线称为转换线。

具体转换规则如下图 1.2.A：

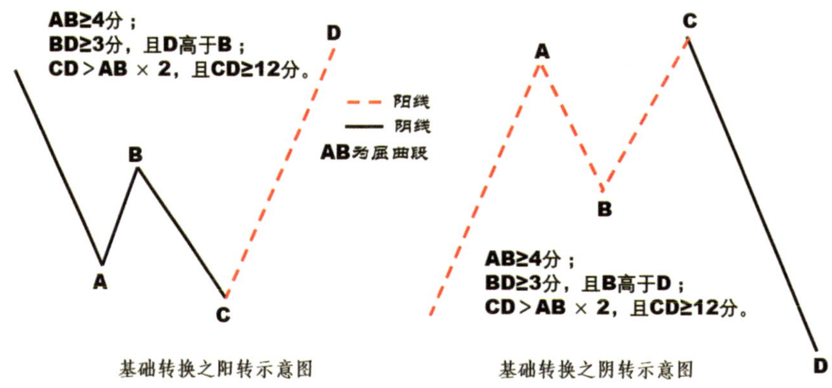

图 1.2.A　基础转换示意图

42 分转换分为下跌 42 分转换和上涨 42 分转换。

42 分转换：价格运动经过 120 分以上或持续 35 个交易日以上的顺行，从顺行新值逆行 42 分或以上，若超出连续的 2 条顺行线 3 分或以上时，则可判断发生 42 分转换。42 分转换是对基础转换的重要补充。

具体转换规则如下图 1.2.B：

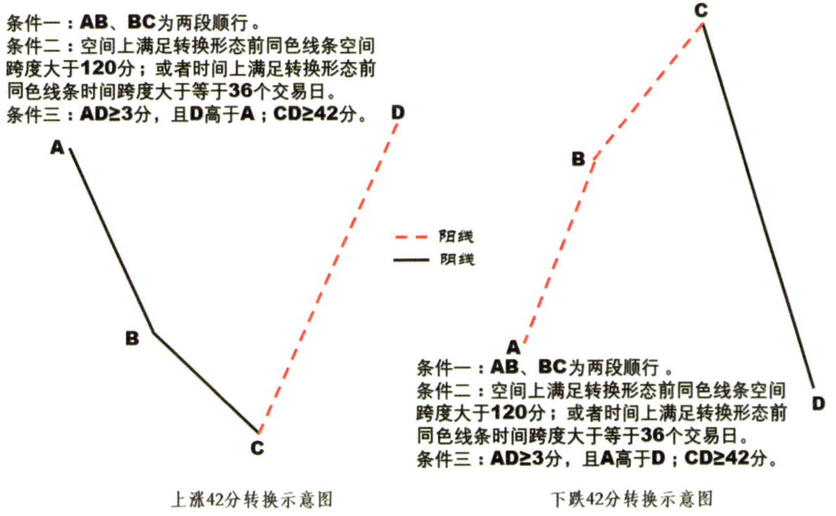

条件一：AB、BC为两段顺行。
条件二：空间上满足转换形态前同色线条空间跨度大于120分；或者时间上满足转换形态前同色线条时间跨度大于等于36个交易日。
条件三：AD≥3分，且D高于A；CD≥42分。
A
B
C
D
阳线
阴线
C
B
A
D
条件一：AB、BC为两段顺行。
条件二：空间上满足转换形态前同色线条空间跨度大于120分；或者时间上满足转换形态前同色线条时间跨度大于等于36个交易日。
条件三：AD≥3分，且A高于D；CD≥42分。
上涨42分转换示意图
下跌42分转换示意图

图 1.2.B　42 分转换示意图

除此之外，基础转换和 42 分转换还可能发生再转换。

再转换的情况比较复杂，共有 4 种情况，分为两大类，分别是基础转换的再转换和 42 分转换的再转换。

具体转换规则如下图 1.2.C：

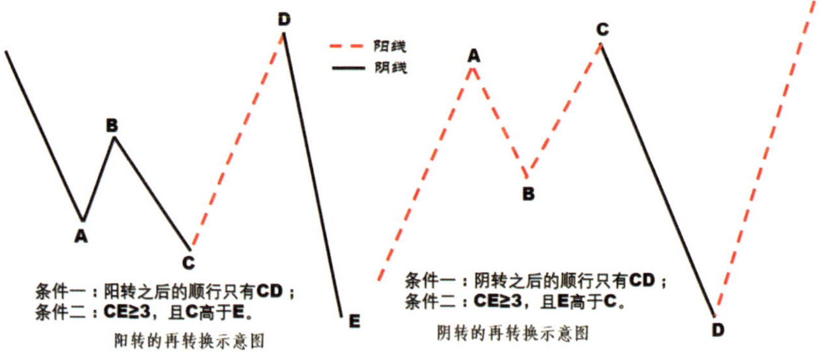

图 1.2.C　基础转换再转换示意图

以上 8 种转换示意图被称为“中源线转换八形图”，图中简略地注明了最常见也是最规律的 8 大类转折的形态和构成条件。

对于初学者来说，掌握这 8 种形态非常重要，这是在实战中能够使用中源线交易法的基础。

需要注意的是，图上的条件标注比较粗略，主要为了方便理解，请不要作为判断转折的唯一标准。

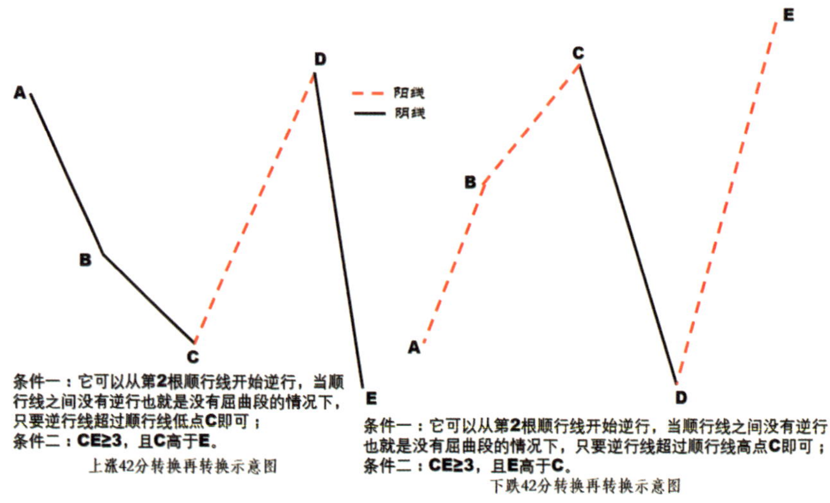

A
B
C
D
阳线
阴线
条件一：它可以从第2根顺行线开始逆行，当顺行线之间没有逆行也就是没有屈曲段的情况下，只要逆行线超过顺行线低点C即可；
条件一：阳转之后的顺行只有CD；
条件二：CE≥3，且C高于E。
E
上涨42分转换再转换示意图
E
C
B
A
D
条件一：它可以从第2根顺行线开始逆行，当顺行线之间没有逆行也就是没有屈曲段的情况下，只要逆行线超过顺行线高点C即可；
条件一：阴转之后的顺行只有CD；
条件二：CE≥3，且E高于C。
下跌42分转换再转换示意图

图 1.2.D　42 分转换再转换示意图

转换相关术语

为了更好地给研究者介绍中源线的转换，首先我们需要先了解中源线的一些专业术语。

有一句话说：魔鬼总藏在细节中。

学习更是如此，在这些中源线术语中，有很多细节是非常重要的。如果不掌握，这些细节在以后都会成为在实战中使用中源线技巧的阻碍。在对中源线的研究过程中，有太多的研究者吃了这样的亏。这些细节就如高塔的地基，十分不起眼，却十分重要。希望接下来的内容能够为研究者夯实基础，使他们更好地掌握这种神奇的投资方法。

中源线的交易方法由强弱观、仓位管理、资金运用三部分构成。

强弱观是中源线交易法中客观体现趋势变化的部分，包含对趋势强弱的判断和对趋势转折的判断。

仓位管理是中源线交易法中判断何时应该进行建仓、加仓、减仓、清仓等操作的部分。

中源线交易法有其独有的资金运用方式，有独特的“余仓”规则。

阴线与阳线：为了了解价格变动，中源线只记录每个交易日的收盘价，其表现形式为将每日收盘价作为点描画在图纸上，用线连接。连接每天价格的线用阴线和阳线进行区分，阴线代表弱势行情，阳线代表强势行情。

值幅：价格的波动幅度被称为“值幅”，或者叫做“价差”，无论在阴线还是阳线中，顺行的值幅被称为“顺行值幅”，逆行的值幅叫做“逆行值幅”。

屈曲段：逆行之后，如果再转为顺行就会形成“屈曲”，而这段逆行也被称为“屈曲段”（在实战中，“屈曲段”通常是指

4 分或以上的逆行），屈曲段的价差被称为“屈曲值幅”。

分：价格差距的数量单位叫做“分”，是中源线计量价格运动的单位。每一分代表的价格区间可以自行设定。

顺行新值：在某根阴线或者阳线中，顺行线创出新高（阳线中）或新低（阴线中），称为顺行新值。

阴阳分歧点：是确定阴线与阳线之间互相转化的点，但并不是阴线与阳线相交的点。

这个概念看似简单，但是非常重要，要分成两个方面来看，首先是“阴阳分歧点是确定阴线与阳线之间互相转化的点”，这是阴阳分歧点的意义所在。当阴阳分歧点确立时，就可以确定阴线与阳线的转化了。

另一个方面是“阴阳分歧点并不是阴线与阳线相交的点”。这一点是说明阴阳分歧点的位置，这一点对于研究者来说非常重要！

很多人想当然地认为阴阳分歧点既然是确定阴线与阳线转化的点，自然就是阴线与阳线的交点，这是大多数研究者在初期都容易产生的错误认识（如下图 1.2.E 中蓝色箭头所示）。

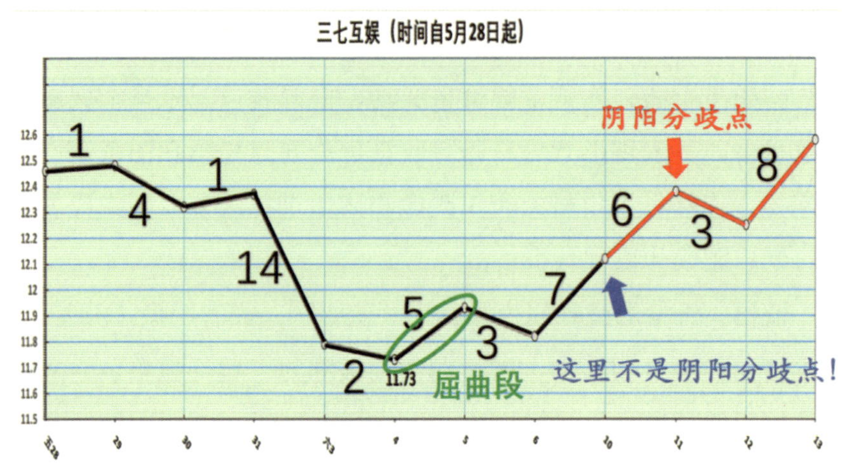

图 1.2.E　阴阳分歧点位置示意图

实际上阴阳分歧点出现在图中红色箭头的位置，只有这个点出现的时候，我们才能确定图中的阳转成立，所以这个点是阴阳分歧点。

当这个点确立以后，阴线与阳线在阴阳分歧点的前一个点发生转化。

请研究者牢记这一点，记错了阴阳分歧点的位置，所有和阴阳分歧点相关的概念都会理解错误。

顺行与逆行：价格的运动分为顺行与逆行两种。阳线中的上涨和阴线中的下跌名为顺行，阳线中的下跌和阴线中的上涨名为逆行。

同值：顾名思义是指连续两个或以上交易日收盘价相等的情况。同值出现时，当前的走势无论是顺行还是逆行都视为中断。

这三个术语从概念上理解难度不大，也不容易混淆，此处的难点是需要研究者逐步养成“三进制”的思维。

随着对中源线研究的不断深入，研究者需要逐渐转换自己的思维模式，充分理解《太玄经》所表达的数学结构。

通过三进制思维来深刻理解中源线的奥秘，将会逐渐成为越来越多中源线研究者的选择。而顺行、逆行与同值三者的关系，恰如三元论中的阴性、阳性与中性。

关于同值的概念，需要强调的是关于“同值视为中断”这个问题的理解。

首先要明确的一点：同值的出现意味着分值的中断。

我们通过案例来了解，图 1.2.F 是一个标准的阳转示意图。

图中每一段走势上的数字是该段走势的分值，而这里要给研究者阐述的问题是：如果其中出现同值，出现在不同位置的同值将会造成什么样的影响。

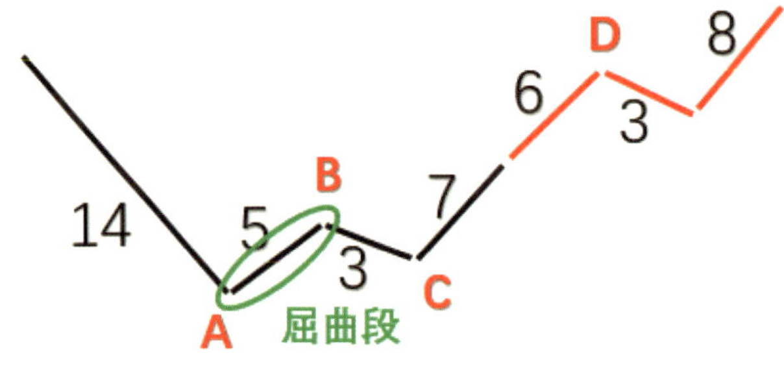

图 1.2.F　阳转示意图

首先，同值最常出现的位置，是 CD 之间，如下图所示：

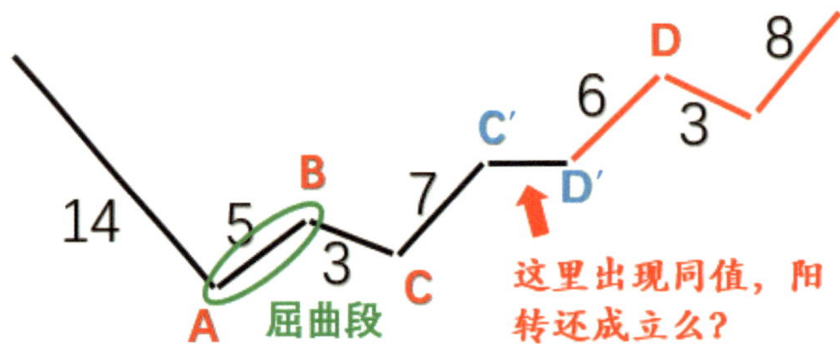

图 1.2.G　同值出现在 CD 处

如果 CD 之间出现同值，那么 CD 之间的数值就被视为中断，怎么理解呢？

在图 1.2.F 中，CD 满足了大于等于 12 且大于两倍的 AB（5 分）的要求。CD 之间是两个交易日，单个交易日的分达不到要求，虽然如此，两天的数值相加就可以满足条件，这是因为两个交易日之间的数值被视为连续的。

而图 1.2.G 中，CD 两个交易日之间出现了同值，两个交易日之间的数值却不能被视为连续的，只是 CC′ 的 7 分和 D′ D 的 6 分，无法满足条件，则这个阳转就无法成立。

当然，也不是说 CD 之间出现同值，阳转就一定不能成立，如下图 1.2.H 所示：

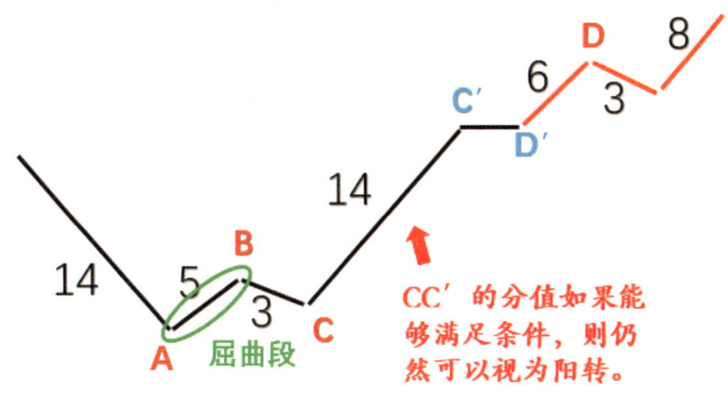

图 1.2.H　同值出现在 CD 处且阳转成立

如图所示，虽然 CD 之间出现了同值，数值被中断，但出现同值之前的 CC′已经满足了条件，之后出现同值并不影响阳转的成立。

注：本段内容中讲解同值时图中并不以黑线代表阴线，红线代表阳线，切勿混淆。

我们继续来研究“如果阳转中出现同值，出现在不同位置的同值将会造成什么样的影响”这个问题。

上次研究了同值出现在 CD 之间的影响，那么接下来来研究同值出现在 AB 之间的影响，如下图 1.2.I 所示：

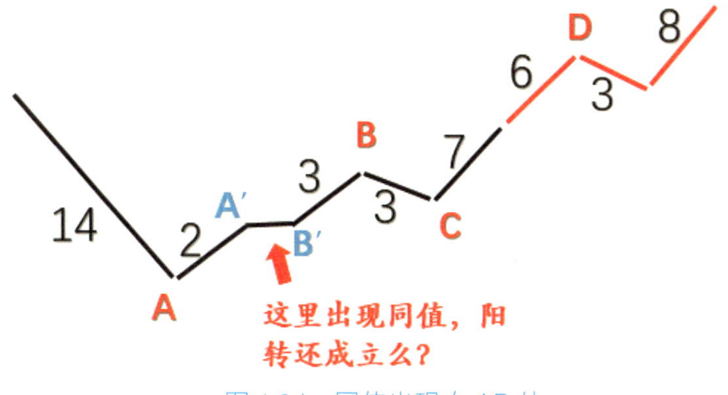

图 1.2.I　同值出现在 AB 处

在这个阳转中，AB 是屈曲段，而屈曲段的要求是分值大于等于 4 的逆行，逆行的条件符合，但是大于等于 4 这个条件就需要仔细衡量。

就如我们一直强调的，同值的出现视为分值的中断。

图 1.2.F 中的屈曲段成立是因为其分值大于 4，而在图 1.2.I 中，AA′分值为 2，B′B 分值为 3，都是逆行。如果中间没有同值，自然可以分值相加，满足大于等于 4 的条件。现在两者之间出现了同值，那么分值自然就中断了，而 2 和 3 都不满足条件，所以此处的阳转就不成立。

需要注意的是，在图 1.2.I 中，AA′大于等于 4 也不能使阳转成立，唯有 B′B 大于等于 4 才能够使阳转成立。

我们来研究“如果阳转中出现同值，出现在不同位置的同值将会造成什么样的影响”这个问题中的最后也是最复杂的一个情况。

如果同值出现在 BC 之间，会不会影响阳转的成立呢？

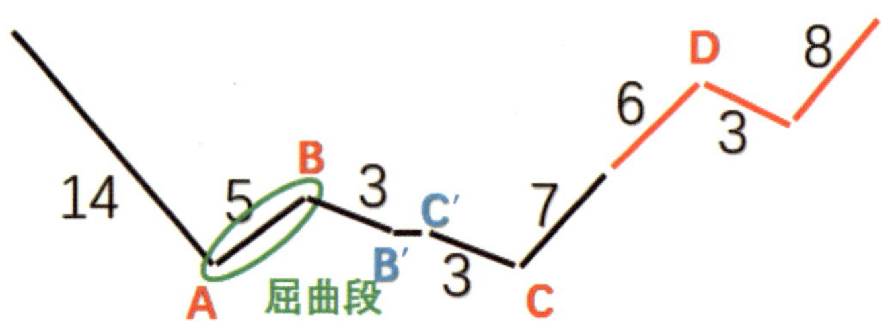

图 1.2.J　同值出现在 BC 处

答案是：不会。

因为阳转的条件中对于 BC 没有分值上的要求，而同值最大的影响就是中断分值，所以同值出现在 BC 之间不会影响阳转的成立。

甚至极端情况下，BC 就是一个同值，如下图 1.2.K 所示：

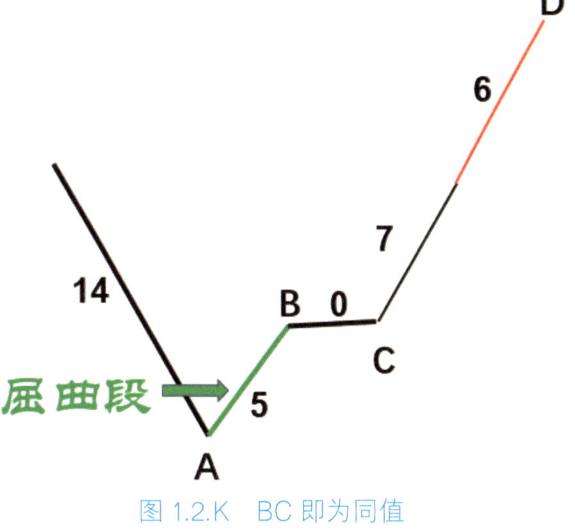

图 1.2.K　BC 即为同值

即使如此，也是不会影响阳转成立的。

同值对转折最根本的影响就是中断分值，所以无论是阴转、阳转还是 42 分转换中，各种情况都是大同小异的。此处我们以阳转为案例讲解，其他转折亦可以触类旁通，就不赘述了。

再转换线为发生再转换时的那条线，为再转换时的第一条阳线／阴线。

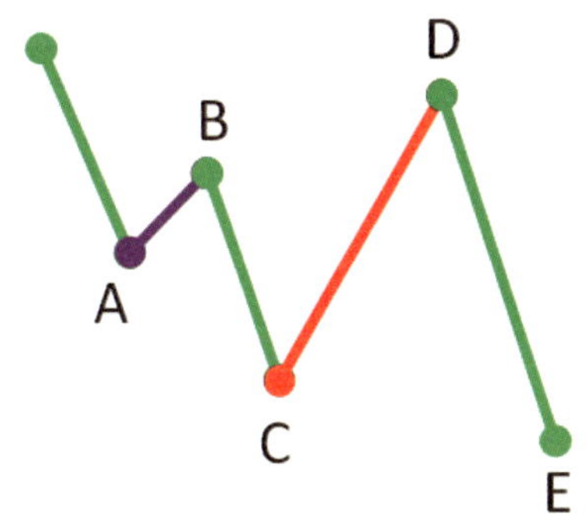

图 1.2.L　阳转再转换模型图（一）

如图 1.2.L，阳转以后，直接从转换线 CD 处发生逆行，E 点超过转换前新值 C 点 3 分，即发生再阴转。DE 为再转换线，为第一条阴线。

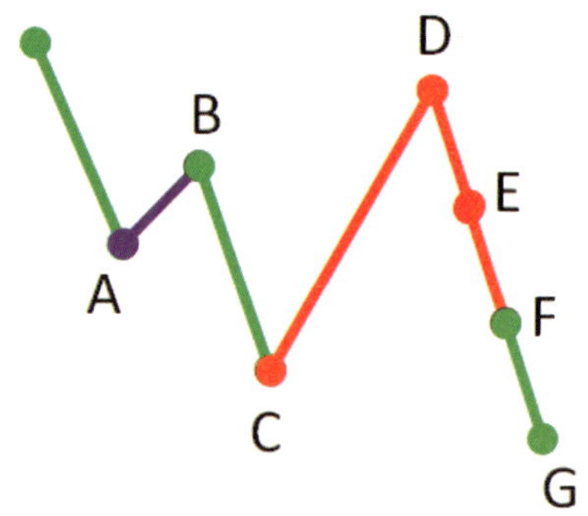

图 1.2.M　阳转再转换模型图（二）

如图 1.2.M，从转换线 CD 处开始逆行，直到 G 发生再转换，此时第一条阴线为 FG，再转换线为 FG，而不是 DG。

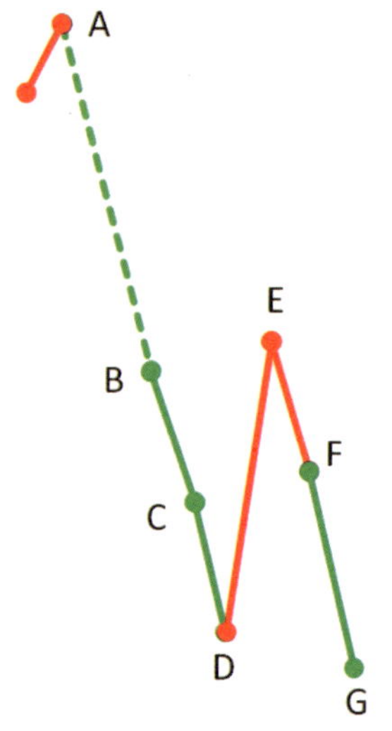

图 1.2.N　上涨 42 分转换再转换模型图

如图 1.2.N，上涨 42 分转换后发生逆行，到 G 时发生上涨 42 分转换再转换，此时第一条阴线为 FG，再转换线为 FG。

需要注意的是，再转换线和转换线的建仓规则不同，在后文中会进行详细阐述。

前文提到了同值的概念，同值可以理解为波动为 0。如果波动不为 0 就会出现值幅，值幅也称为“差价”，指价格波动的幅度。1 根线的价格波动是值幅（差价），2 根或者 2 根以上的波动也是值幅（差价）。

例如：在基础转换中（见图 1.2.O），屈曲段 AB 的值幅就是 AB 两点收盘价的差价。逆行段 CD 的值幅就是首尾两点（即 CD 两点）收盘价的差价。

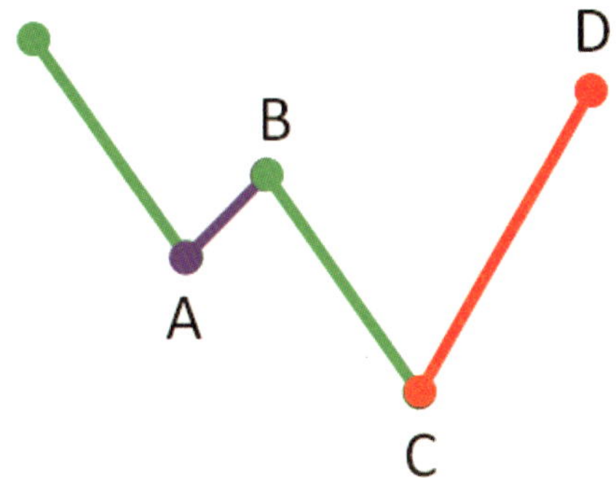

图 1.2.O　基础转换之阳转示意图

在有逆行 BC 的波动 AD 中，AD 值幅取决于 A、B、C、D 四点的高低位置，见图 1.2.P。

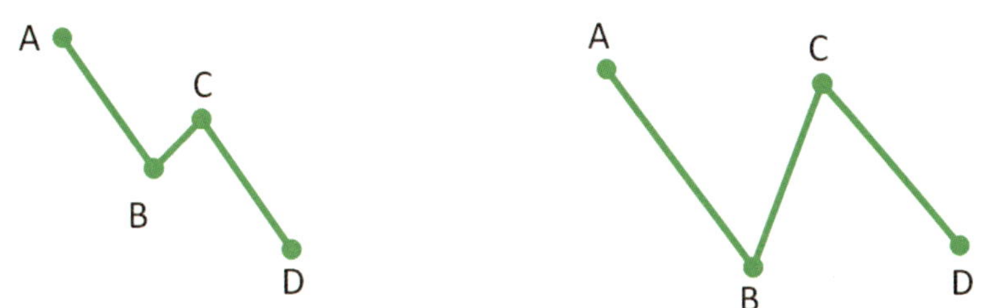

图 1.2.P　含逆行段的值幅计算示意图

左图中，AD 值幅就是 AD 两点收盘价的差价。

右图中，由于 D 点并未创出 B 点的新值，因此，AD 值幅就是 AB 两点收盘价的差价。

值幅未必是连续的波动，也可以是夹杂着逆行的波动。尤其是 42 分转换中应用到的“120 分顺行值幅”，期间可以包含许多逆行。

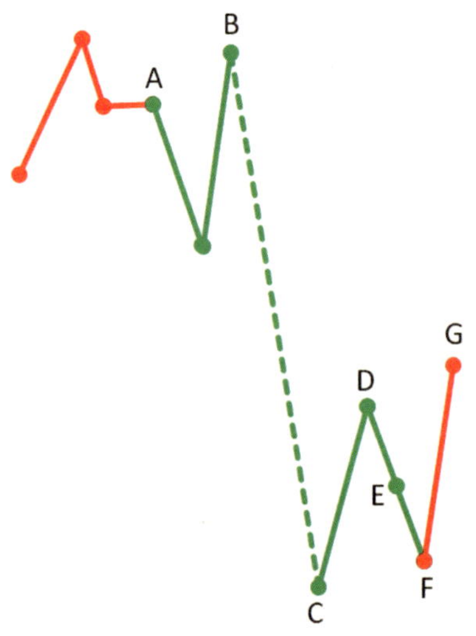

图 1.2.Q　42 分转换中 42 分及 120 分计算示意图

如图 1.2.Q，阴线 AF 满足顺行 120 分条件，在 G 点发生上涨 42 分转换。此处 120 分并非从 A 点到 F 点，也不是从 A 点到 C 点，而是从 B 点到 C 点。42 分并非从 F 点到 G 点，而是从顺行新值 C 点到 G 点。

值幅包含了顺行值幅和逆行值幅，具体的差别和应用会在后文给研究者详细阐述。

提到转换，就不能忽略屈曲段的概念。

屈曲段的定义是：逆行之后，如果再转为顺行就会形成“屈曲”，而这段逆行也被称为“屈曲段”。

与屈曲的概念不同，屈曲段的概念是依托于转折形态存在的，没有转折可以有屈曲，但是不可以有屈曲段。

屈曲段的定义看似简单，但绘过图的研究者都知道，屈曲段并不好找，偏偏又对转折意义重大。如何在第一时间发现屈曲段一直都是初学者要面对的问题。

我们还是以基础阳转为例。

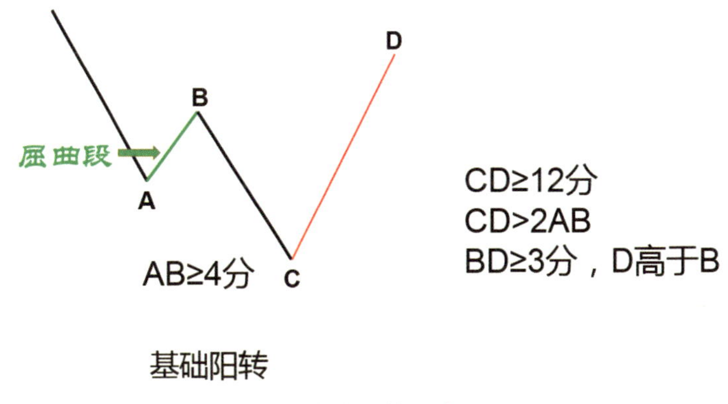

图 1.2.R　基础阳转示意图

图 1.2.R 为基础阳转示意图，图中标记了屈曲段的位置。首先要给研究者说明的是，什么样的走势可以形成屈曲段。

第一个条件，这一点在概念中没有体现，是分值的要求：屈曲段必须大于等于 4 分。关于这一点中可能出现的问题，在后文中会有详细的阐述。

第二个条件，屈曲段必须是逆行。逆行的概念在前文中做过详细的阐述，这里就不赘述了。需要注意的是，逆行就意味着研究者需要知道当前线的颜色。以图 1.2.R 为例，在阳转之前，线是黑色的，是阴线，那么阴线中的逆行是上涨，所以在这段走势中，屈曲段必然是上涨的走势。

这里有一个隐藏的条件：既然屈曲段是逆行，那么这段逆行中是不可以存在“逆行”的。

有点拗口，怎么理解？如下图 1.2.S 所示：

什么样的走势可以形成屈曲段?

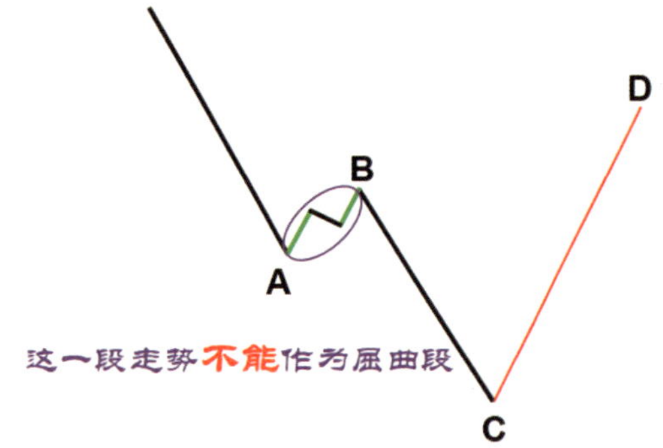

图 1.2.S　不可以形成屈曲段的走势示意图

若要以 AB 为屈曲段，则 AB 需要是一段逆行，但是 AB 之间不能再存在与 AB 走势方向相反的波动，即“逆行的逆行”，如图 1.2.S 中紫色框线标记处。

通过这一点，我们可以发现另一个隐藏的条件：屈曲段不仅限于一个交易日，而是可以由好几个交易日共同构成。也就是说，AB 之间可以有好几个交易日，只要都是逆行即可。

屈曲段的构成条件总结如下：

什么样的走势可以形成屈曲段?

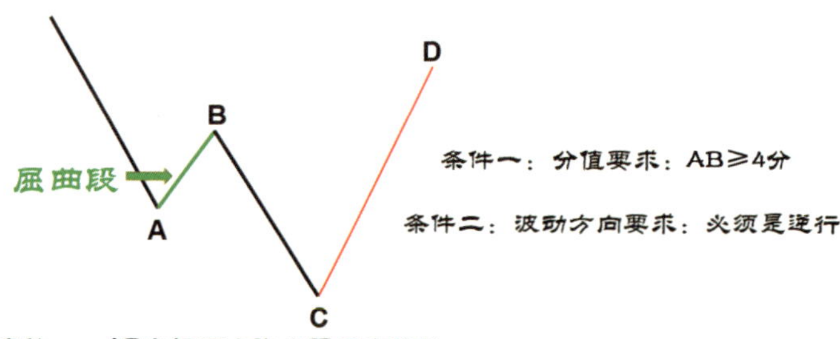

图 1.2.T　屈曲段形成的隐藏条件示意图

需要注意的是，图中的颜色和点位标识只是为了方便理解，并非代指 AB 一定是屈曲段。

之前的内容中就屈曲段的成立条件做了一个简单介绍。接下来就屈曲段的性质给各位读者做一些补充，这些性质将帮助研究者们更好地在实战中找到屈曲段。

还是以基础阳转为例：

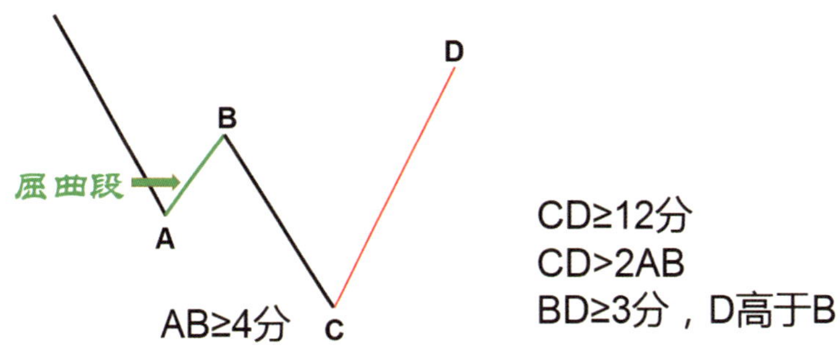

图 1.2.U　基础阳转示意图

图中用绿色线条标记了屈曲段的位置。但是在实际走势中，屈曲段的位置可不像是理想化的标准案例中这么好找。

中源线的研究者必须认识到的一点是：屈曲段和转折之间可以很“遥远”。如下图 1.2.V：

你也许会问：这是不是太夸张了，这种情况会不会很少见？

并不是，绘过图的研究者们应该发现，不少实际走势中的转折，其屈曲段和阴阳分歧点之间的时间跨度甚至可以达到一个月甚至更长。

需要注意的是，原则上来说，我们会选取离 C 点最近的符合条件走势作为屈曲段，但是有时候 AB 和 C 点之间真的长时间都不会出现符合条件的走势，最终就造成比图 1.2.V 中更夸张的情况。

什么样的走势可以形成屈曲段?

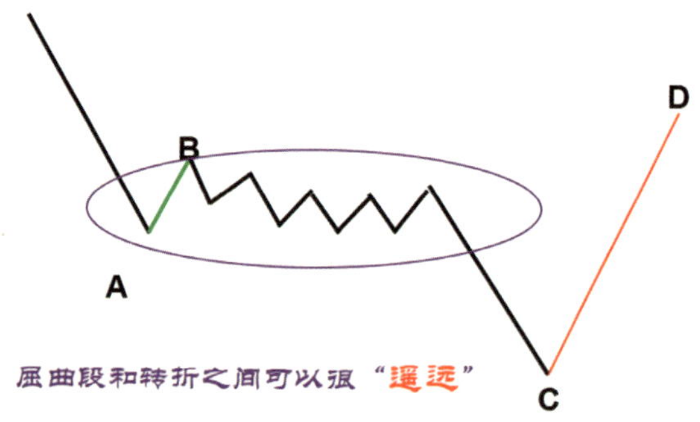

图 1.2.V　屈曲段和转折示意图

还有一点需要注意的是，因为屈曲段可以由多个交易日构成，这些交易日虽然都是逆行，但是逆行的角度不一样，所以屈曲段最终完全有可能是“弧形的”，这很难在走势中一眼看出来。

如图 1.2.W：

弧形屈曲段和直线形屈曲段

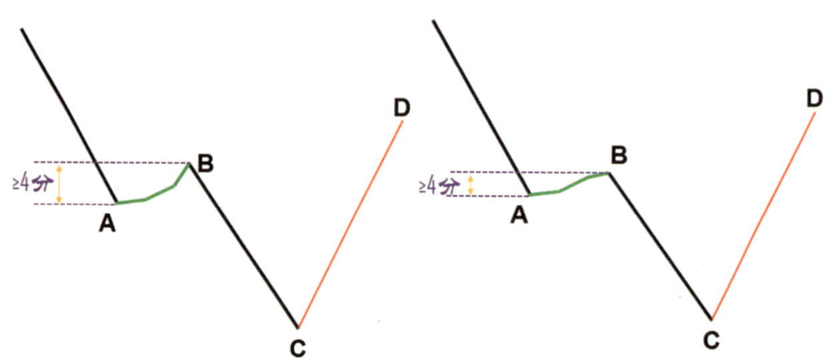

图 1.2.W　各个形状的屈曲段示意图

更可怕的是，以上两种情况可能会同时出现。屈曲段的寻找并不是一件容易的事情，想要一眼判断出屈曲段的位置需要积累大量的实践经验。

调整分值对屈曲段造成的影响

这部分内容严格来说并不是一个知识点，而是一个小技巧，属于关于分的研究所带来的附属产物。这个技巧对于初学者掌握中源线的技巧以及理解分的运用都非常有价值。

在实际绘图的时候，初学者经常会面临找不到屈曲段的问题，前文中关于屈曲段的内容已经就这个问题进行了阐述，但其阐述是建立在分值不变的前提下。而在实战中，研究者是可以通过对分值进行调整使得中原线的使用变得更加简单的。

如图 1.2.X，如果想要形成阳转，最近的符合屈曲段条件的走势是 ab 段。但在实际走势中，我们想要发现 ab 段会比较困难。首先形态上可能千奇百怪，其次 ab 与 CD 之间可能间隔非常长。如果这种情况频繁出现，可以通过调整分值来改变屈曲段的位置。

调整分值对屈曲段造成的影响

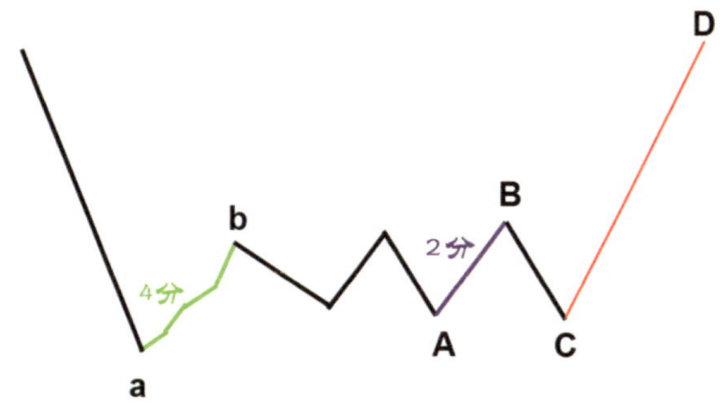

图 1.2.X　调整分值对屈曲段造成的影响示意图

如图1.2.Y所示，将每一分所代表的值缩小为原来的一半，则距离CD最近的AB就成了屈曲段，阳转的形成也就顺理成章了。

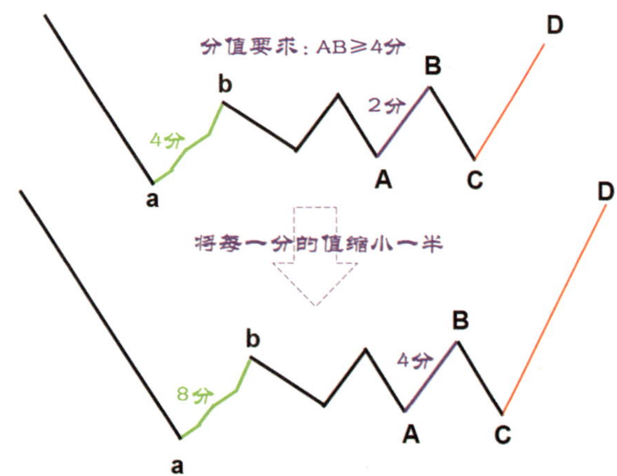

图1.2.Y　分值缩小对屈曲段带来的影响示意图

这种方法可以用来解决经常找不到屈曲段的问题，也可以用这种方法来增加转折出现的概率。

但是有两个需要注意的点：

第一，分值一旦调整，则所有的计算都要按照新的分值来进行。

第二，如果调整分值之后发现过多诱惑点，影响利润率，则说明此次调整是失败的，应该调回去。

说起来简单，听起来也容易，但是这种方法在实战中针对那些很难找到屈曲段的个股却经常有奇效。

第三节 中源线的优势

中源线的表现形式与众不同，且有其独有的优势。中源线交易法中有核心三法，分为“预测法”“操作法”和“仓位法”三种。

预测法的重点为阴转和阳转，通过阳转判断市场向好转折，通过阴转判断市场向坏转折。

中源线交易法中的转换规则分为四种：分别是阴转、阳转、42分转换和再转换，其中阴转和阳转被称为基础转换。

其操作法是逆向操作技巧，重点为顺行和逆行，在阳线状态下，下跌买入，上涨卖出，转向清仓。这与通常的追涨杀跌思路完全相反。

其仓位法是通过分批建仓达到在控制风险基础上的收益最大化。

这里特别需要注意的是“余仓”规则，这是中源线仓位法中独特的减仓依据，这一点与投资者接触到的大多数投资方法都不同。关于“余仓”规则，在后文中会有逐步深入的论述。

除此之外，中源线交易法对市场的分析是通过图表而非数据的形式。

为何要用图表来分析市场，这样做的优势何在？

举一个直观的例子：图 1.3.A 是 002555——三七互娱从 5 月 28 日到 6 月 18 日的中源线数据转换图表。顾名思义，通过表格上的数据可以绘制出中源线的走势图，这是一种典型的通过数据表格反映市场变化的手段。

002555——三七互娱中源线数据——图表转换						
点位序号	日期	收盘价	与前一日价差	分值	表格上占格	整数呈现
1	5.28	12.477	——	——	——	——
2	5.29	12.497	0.02	1	0.5	1
3	5.30	12.339	-0.158	-7.9	3.95	4
4	5.31	12.389	0.5	2.5	1.25	1
5	6.03	11.817	-0.572	-28.6	14.3	14
6	6.04	11.758	-0.059	-2.95	1.475	2
7	6.05	11.955	0.197	9.85	4.925	5
8	6.06	11.847	-0.108	-5.4	2.7	3
9	6.10	12.142	0.295	14.75	7.375	7
10	6.11	12.398	0.256	12.8	6.4	6
11	6.12	12.27	-0.128	-6.4	3.2	3
12	6.13	12.596	0.326	16.3	8.15	8
13	6.14	12.408	-0.188	-9.4	4.7	5
14	6.17	12.32	-0.088	-4.4	2.2	2
15	6.18	12.546	0.226	11.3	5.65	6

表 1.3.A　三七互娱数据图表

图 1.3.A 是表格中的数据转化为中源线走势图的结果：

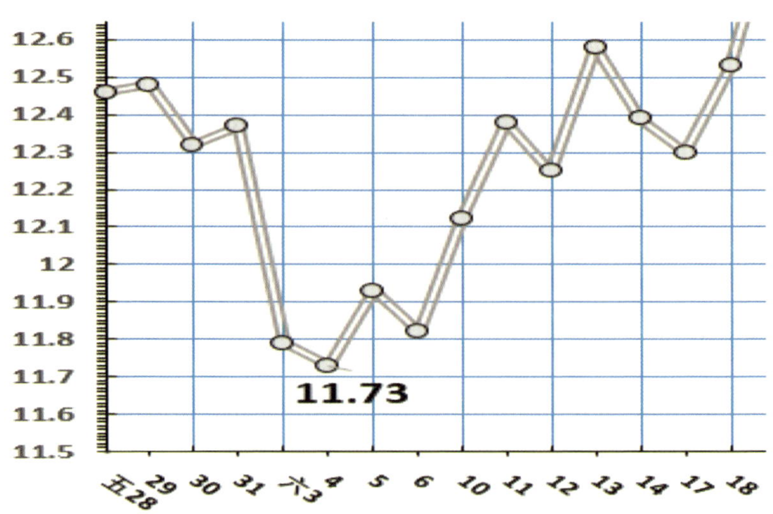

图 1.3.A　三七互娱折线图

两相对比，可以很明显地看到，数据图表缺乏直观形象，需要仔细分析才能了解其中的趋势。而走势图形象直观，很容易发现趋势的变化。

所谓K线，是指配合刻度用线描绘出价格的变动。比起排列的数字，它能更清楚地展现变动的情况。需要注意的是，此处的变动是作为趋势来理解的。通过对比，我们可以发现，在一组数据和K线图之间，K线图更能明显地让趋势表现出来。

那么，更进一步分析，中源线交易法采取的是点线图而非K线图对市场进行分析，这么做的优势是什么呢？

中源线交易系统是一个只研究收盘价的交易系统。具体来说，中源线与传统建立在K线基础上的交易方法完全不同，它只把握每日的收盘价。

这样的优势何在呢？

中源线用每天收盘价的折线图来表现趋势，一个交易日中只包含一个价格（收盘价）。而K线图（蜡烛图）把开盘价、最高价、最低价、收盘价这四个数据都集合在一根K线上。但是数据真的是越多越好么？对于市场中大多数投资者来说，不断膨胀的信息量是一场灾难而非机会。

股市是买与卖构成的简单游戏，但影响市场的因素众多且复杂，只有足够冷静的交易者才能更好地应对市场变化，从中获取收益。K线图中包含的大量信息容易影响投资者的心态，而且越庞大的数据越容易出现错误，也许只是些许的不严谨，造成的损失就会是惊人的。

而中源线只关注收盘价，屏蔽了大量的非必要信息（注意是非必要信息，而非无用信息，两者之间差别巨大。有些信息并非无用，只是对于中源线研究者来说不是必需的）。市场中每时每刻都产生浩瀚的信息量，不成熟的投资者迷失其间不得要领，而

成熟的投资者会明白只关注关键的信息就能够让自己在第一时间做出准确的判断。

在这种理念之下，中源线研究法对于市场的观察角度也很独到，它只关注市场的关键位置，也就是出现转折的位置，这就使投资者对市场的分析变得非常简单。

这种理念的具体体现，就是中源线技巧中的三种转换方式，即基础转换、42 分转换和再转换。

与大多数交易法相比，中源线交易法对于转折的判断更加灵活和迅速，这是因为中源线拥有独特的衡量价格差距单位——分。分是制定中源线指标的单位，也是中源线计量价格运动的单位。

中源线把行情的价格变动单位称之为“分值”。

“分”最大的魅力就在于：每一“分”代表的价格区间可以自行设定。

这一点非常重要，因为这决定了“分”具有两个性质：灵活性和便利性。

“分”是中源线的独特之处，是其他分析方法所没有的要素。熟练掌握分值也就意味着能熟练掌握中源线。

具体来说，灵活性是指投资者可以根据自己的投资风格和喜好来调整分的值从而将中源线调整到最适合自己的状态。

如果喜欢做短线，则可选择将分的值设置得较小；如果喜欢做长线，需要排除很多诱惑点的时候，则应该将分的值设置得较大。

如下图 1.3.B 所示：

分的灵活性与便利性

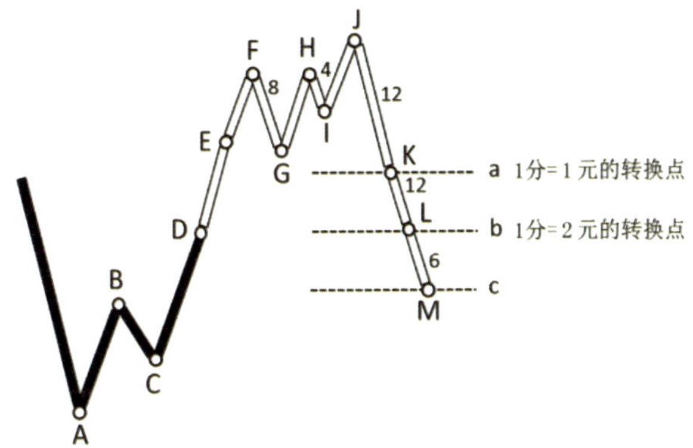

图 1.3.B　分的灵活性与便利性示意图

在对分值进行设定时，若分值较小，中源线系统就能够反应更灵敏，但也会降低转换的准确率。相反，若是分值较大，则中源线系统转换的准确率就得到了保证，但也会变得不太灵敏。

“分”的主要功能就是调整“选择多大幅度的变动”作为“行情的转换”。

那么分的这种可调节性就意味着每一位投资者都可以根据自己的喜好和习惯找到最适合自己的转折判断条件，也可以根据行情的变化及时调整分值，给自己的操作系统“校准”，使整个中源线系统变得十分灵活。

因为分值可以自由设定，不需要因为个股的变化或者趋势的转变更换交易系统或者更换操作模型，也不需要考虑很多影响因素，只需要进行分值的调整就可以满足不同需求，使中源线系统的使用变得十分便利。

当出现转换过多现象时，是由于此时的分值相对标准分值更小，只要变更为大的分值即可。反之，当转换过少时，此时的标

准分值更大，只要变更为稍小的分值即可。

从便利性的角度来说，因为分的值是可以设置的，所以我们可以轻易地通过分值的变化将中源线调整到最适合自己的状态。

了解了分的优势，接下来进入实战。面对下一个问题，即如何确定“分”代表的价格区间，也就是分值？

对于初学者来说，可以分为三个步骤：

第一步，以1分＝1点（大盘）/1分钱（个股）为标准制作中源线图表；

第二步，当转折频繁出现且错误率高时，逐步增大“分”代表的价格区间；

第三步，当捕捉不到趋势时，需要调小每一“分”所代表的价格区间。

“分”所代表的价格区间同时受个股和使用者两方面因素的影响。

作者研究中源线时曾经对于国内市场中的个股进行过分值的研究和统计，得出一份最佳取值参考表。

其中的数据适用于A股80%左右的个股，能够在最大程度上减少诱惑点的出现。在买错时减少亏损，在买对时扩大收益。

内容如下：

最佳分值参考一览表
股价10元以内——分值0.01元
股价10～20元——分值0.035元
股价20～40元——分值0.075元
股价40～500元——分值0.158元
股价500元以上——分值0.050元

表1.3.B　最佳分值参考一览表

扩展内容——中源线的使用流程

中源线的使用流程，是指初学者接触中源线时，根据已有信息一步步做出判断，最终成功使用中源线交易法的步骤。

在熟练后，会成为一种下意识的思维方式，非常有助于初学者理解中源线思维并养成良好的分析习惯。

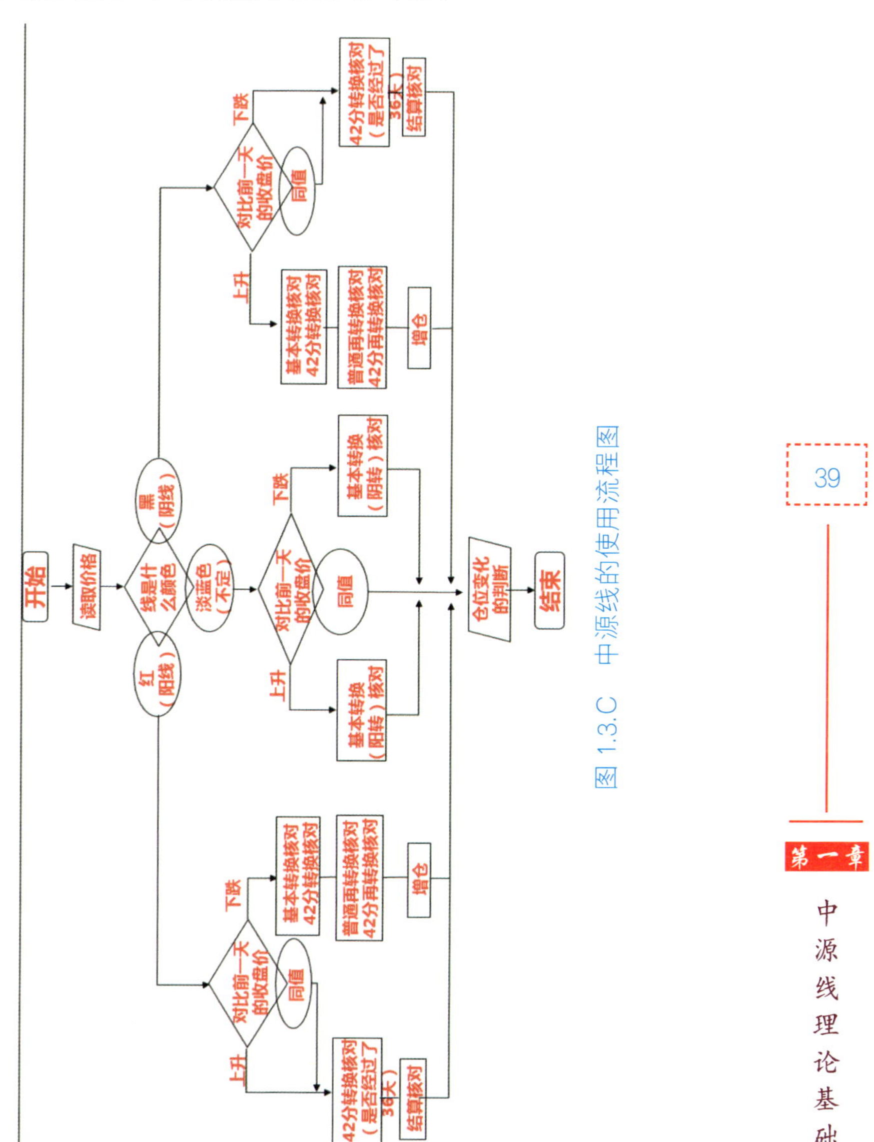

图 1.3.C　中源线的使用流程图

第二章　中源线的三种转换形式

读到这里，如果你对中源线交易法有所心得，并跃跃欲试，这很正常，因为上一章里已经把实战所需要的要素都阐述清楚了。

如果你对中源线交易法还是云里雾里，不太理解，也很正常。因为中源线交易法虽然使用方便，但是理解和学习还是需要下一番功夫的，因为这和我们平常接触的交易方法都不相同，理解一种全新的交易方法并非那么容易。

无论是上述哪种情况，在进入实战之前，都必须补下面的一课，也就是关于中源线的转换。

第一章中阐述的八形图虽然全面，但是很多细节都没有深入阐述，接下来就让我们来深入解析中源线的三种转换形式。

第一节 关注"逆行"的基础转换

不能准确理解转换规则的人，经常有这样的疑问："详细观察每天发生的转换，自己也开始变得混乱，是否有基准可以一眼就判断会在哪里发生转换呢？"中源线解决了这个问题，最简单也是最常见的一种解决方法，是中源线判断阴阳转换的主要规则，即"基础转换"。

中源线的着眼点是，发现"逆行"的变动。因为股价不会一直保持直线不动的状态，而是做时而上涨时而下跌的"之"字形运动。以此为前提，在"之"字形中出现了小的逆行 AB，中源线称之为"屈曲段"，与"之"后出现的大逆行 CD 相结合，可以判断发生了转换。此外，"屈曲段"是发生转换的基准，换句话说就是基础转换的"预兆"。此时需要注意的是，即使在屈曲段之后出现了 4 分或 4 分以上的逆行，由于不满足 2 条逆行组合的条件再次出现了顺行，就形成了两个屈曲段。此时，不要看以前的屈曲段，只要以新的屈曲段为基准，注意之后的逆行即可。

接下来以图文的形式说明一下基础转换条件的具体内容：

1.AB ≥ 4 分　　屈曲段为 4 分或 4 分以上；

2.BD ≥ 3 分　　超过屈曲段 3 分或 3 分以上；

3.CD ＞ 2AB　　在其后的逆行需在屈曲段的 2 倍以上；

4.CD ≥ 12 分　　在其后的逆行需在 12 分或 12 分以上。

注：A、B、C、D 分别是图表上的值，AB、CD 是逆行值幅。

概括以上内容，基础转换的条件可用以下语言进行表述。

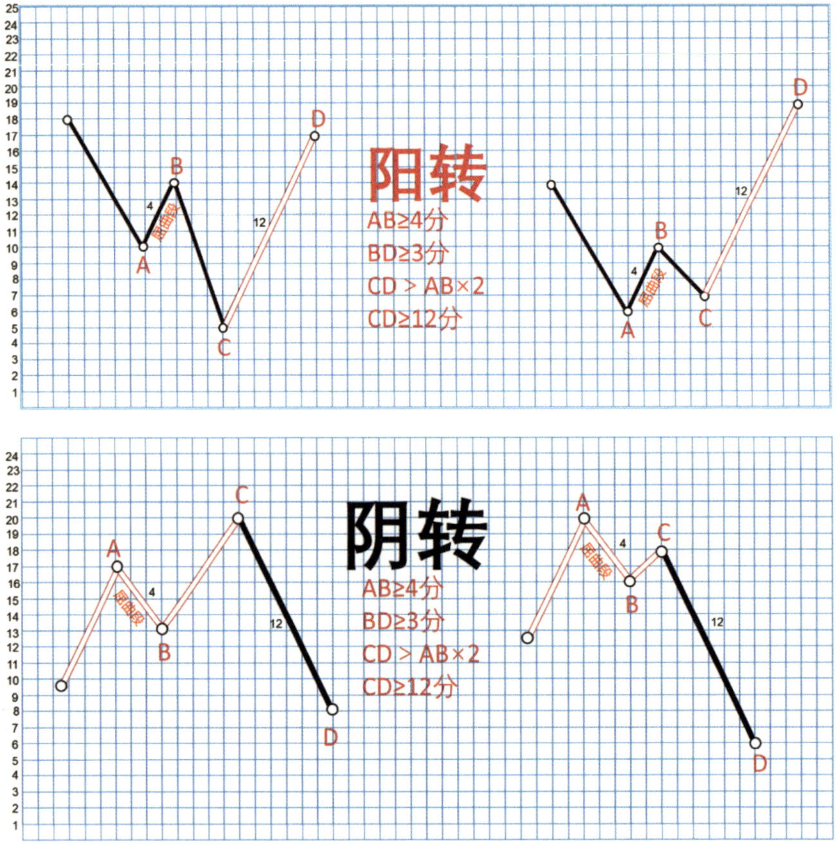

阳转
AB≥4分
BD≥3分
CD > AB×2
CD≥12分

阴转
AB≥4分
BD≥3分
CD > AB×2
CD≥12分

图 2.1.A　基础转换示意图

首先，通过四个条件确认是否发生了基础转换。第一，屈曲段（逆行 AB）必须是最近的且在 4 分或 4 分以上；第二，需超过最近的 4 分或 4 分以上的屈曲段（逆行 AB）3 分或 3 分以上；第三，超过屈曲段（逆行 AB）3 分或 3 分以上的逆行值幅（CD）需是屈曲段（逆行 AB）的 2 倍以上；第四，其自身（CD）需逆行 12 分或 12 分以上。

需要注意的是，在中源线转换条件描述中出现的“某值以上”，不包含该值，“某值或以上”则包含该值。

请注意，以上的四个条件必须同时满足，只要缺少一个条件就不发生转换。

即使大致理解了规则，在实际交易时往往还是会难以判断转折，这是因为对其还没有达到完全的理解，在掌握基础转换的过程中，有几点是需要特别关注的。

首先，是关于 AB 和 CD 之间的顺行线（AB 和 CD 代指的位置如图 2.1.A 所示）。虽然在基础转换的 4 个条件中，并没有对 AB 和 CD 之间的顺行线做特别的说明，但仍然要注意同值的出现，因为一旦出现同值就得中断，屈曲段就可能发生转移（这个概念在上一章中有描述）。此外，初学者容易将 BC 的条件和其他线的条件混淆，例如，“BC 必须要超过 4 分”或者“必须是在一根（1 日）线上形成的趋势”等，但实际上并非如此，BC 只要不出现同值，基本就没有特别的要求。

其次，是关于屈曲段的选择。前文中我们提到，屈曲段只看最近的。在基础转换的问题中，最多的是关于“最近的 4 分或 4 分以上屈曲段”的疑问。所谓的要看“最近的 4 分或 4 分以上的屈曲段”，不是说只有当最近的屈曲段超过 4 分时，才有可能发生基础转换，而是要找出 4 分以上的屈曲段，观察这一屈曲段的差价后，结合基础转换的其他条件一并进行分析，如下图所示：

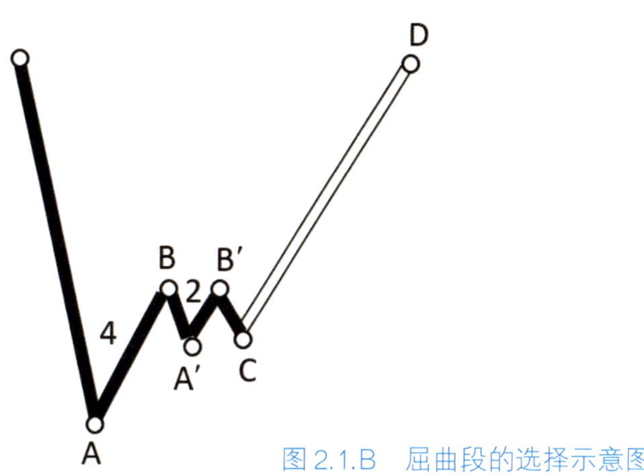

图 2.1.B　屈曲段的选择示意图

图2.1.B中，“最近的4分或4分以上的屈曲段”不是A′B′，而是AB＝4。也就是说，发现4分以上的屈曲段之前要做逆行的判断。一旦在AB和CD之间加上几个不足4分的屈曲段后，就会有很多人错过转换时机，所以要注意下图2.1.C所示的情况:

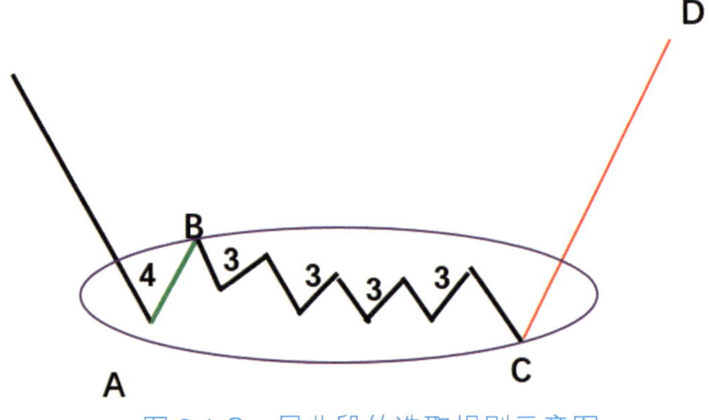

图 2.1.C　屈曲段的选取规则示意图

第三，当在逆行中出现同值时，就要中断，不能将前后两个逆行值幅相加当作一个大的逆行值幅。

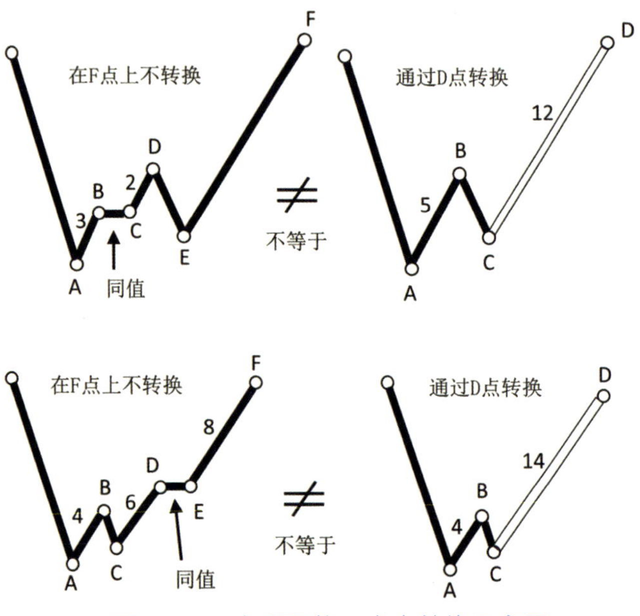

图 2.1.D　出现同值不发生转换示意图

（注：同值和屈曲段的相关注意事项在前文中已经进行了详细的阐述，故此这里一笔带过。）

第四，逆行中不可以有顺行，也就是说 CD 必须是连续的。

最后，可以无视不满足条件的逆行。

这些注意事项，需在今后的交易中反复确认和验证。

综上所述，中源线关注的是“逆行”的变动，并且屈曲段是在“之”字形运动中发生的变化。因此，当阴阳颠倒，假设“现在为阴线（卖线）”时，只要反向理解这一规则即可。

许多研究者认为基础转换是极其容易发生的，只看转换规则的确如此，但是中源线的强弱判断，并不是以“预言未来”为目标。而是以坚定的预测为基础进行仓位的选取，一边判断市场走势是否如之前预测的结果一样，一边采取对应措施，这才是中源线的使用方式。而想要实现这种获利方式，就需要合理使用 8 种转换的规则和仓位变化的规则。

由此可知，虽然各个规则都很简单，但需要深入思考各项规则的用意，并做到理解认同，才能融会贯通，运用自如。但是，当研究者未能对多个规则融会贯通时，即便大致了解规则，实际操作起来还是会头脑一片空白。因此，循序渐进地学习并逐步将学到的知识付诸实际的交易行动中，不断地积累成长才是明智之举。首先是基础转换，其次是 42 分转换，最后是注意再转换，这样一步一个台阶的做法，不仅适用于中源线，同样适用于其他技术的学习。

初学中源线时，研究者只要掌握基础转换规则即可。如前文中所强调的，中源线的要点是注意逆行。作为基础转换基准的屈曲段是逆行，在那之后“达到转换”的屈曲段也是逆行。通过逆行和逆行的组合发生的转换，就是中源线的基础转换。

顺行基本可以无须在意，逆行如果满足一定条件便会发生

转换。研究者只要理解了这一点，就可以说是记住了中源线的第一步。

接下来我们来看一下，在实际的走势中出现基础转换的情况。

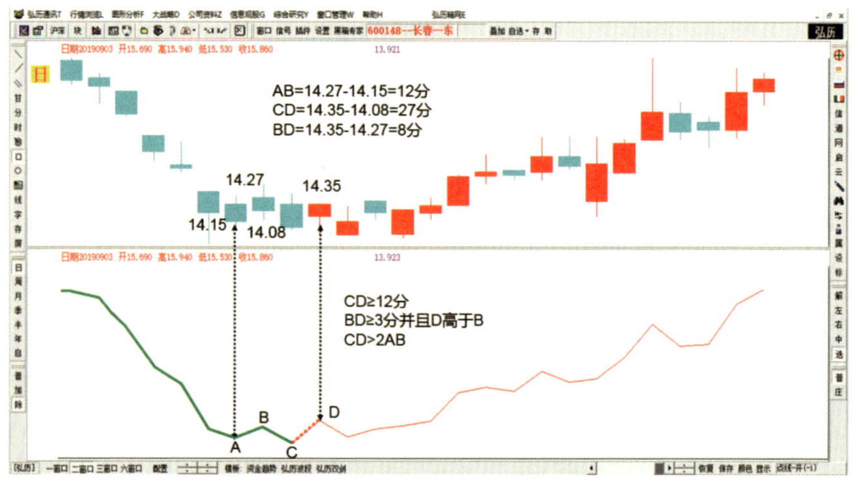

图 2.1.E　长春一东阳转示意图

图 2.1.E 是 600148——长春一东从 2019 年 7 月 30 日到 9 月 3 日的阳转示意图，图中上半部分是 K 线图，下半部分是中源线走势图，1 分＝ 0.01 元，绿色为阴线，红色为阳线。

可以看到，图中走势一路阴线下跌，收盘价一路下降，直到 2019 年 8 月 7 日出现收盘价 14.15 元后开始止跌，标记为点 A（图中下半部分中源线走势图中）。

次日收盘价上涨，收盘价为 14.27 元，标记为点 B，C 点为 8 月 9 日收盘价 14.08 元，D 点为 8 月 12 日收盘价 14.35 元。

则 AB ＝ 0.12 元＝ 12 分；

CD ＝ 0.27 元＝ 27 分≥ 12 分且＞ 2AB（24 分）；

BD ＝ 0.08 元＝ 8 分≥ 3 分，且 D 高于 B。

此处走势符合阳转要求，AB 为屈曲段，阴阳分歧点为 D 点，中源线从 C 处开始转为阳线。

基础转换在日线级别走势中相对常见，而且同一个时间段内，往往会比较集中出现同一种基础转换。

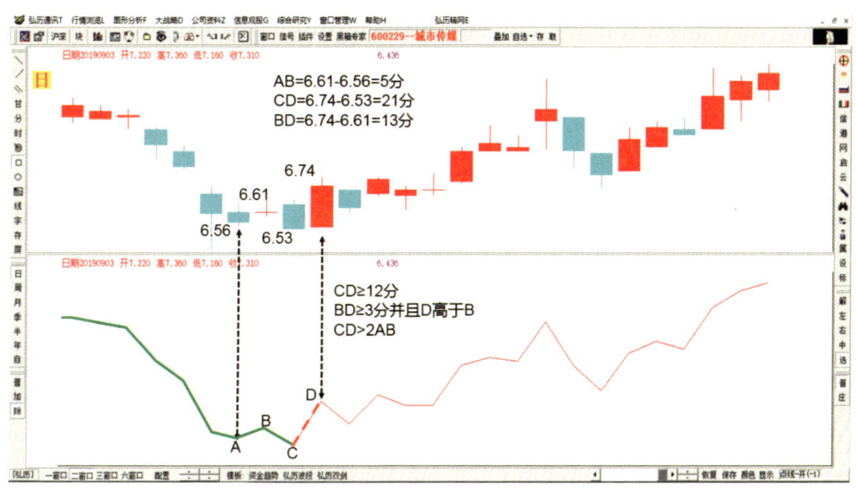

图 2.1.F　城市传媒阳转示意图

图 2.1.F 是 600229——城市传媒的阳转示意图，时间与上一个案例相同，同样是从 2019 年 7 月 30 日到 9 月 3 日。图中上半部分是 K 线图，下半部分是中源线走势图，1 分＝0.01 元，绿色为阴线，红色为阳线。

与长春一东的走势相似，城市传媒的走势同样是收盘价一路下降，直到 2019 年 8 月 7 日出现收盘价 6.56 元后开始止跌，标记为点 A（图 2.1.F 下半部分中源线走势图中）。

可以看到，两个案例中截取的时间是相同的，止跌的时间也是相同的，接下来更进一步分析，会发现 A、B、C、D 四个点的时间都是相同的。

B 点为 8 月 8 日收盘价 6.61 元；C 点为 8 月 9 日，收盘价为 6.53 元；D 点为 8 月 12 日，收盘价为 6.74 元。

则 AB ＝ 0.05 元＝ 5 分；

CD ＝ 0.21 元＝ 21 分≥ 12 分且＞ 2AB（10 分）；

BD = 0.13 元= 13 分≥ 3 分，且 D 高于 B。

此处走势符合阳转要求，AB 为屈曲段，阴阳分歧点为 D 点，中源线从 C 处开始转为阳线。

前文中提到，基础转换除了阳转之外还有阴转，并且阴转和阳转经常会成对出现。

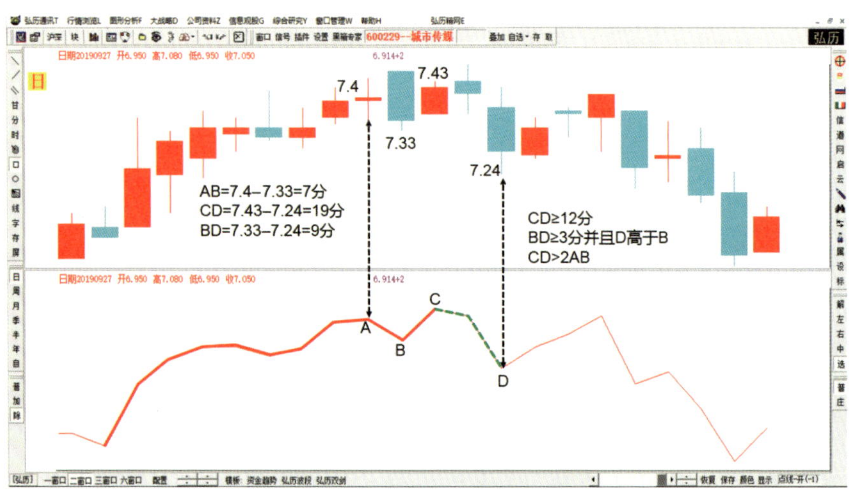

图 2.1.G　城市传媒阴转示意图

图 2.1.G 是 600229——城市传媒从 2019 年 8 月 28 日到 9 月 27 日的阴转示意图，是上一个案例的后续走势。图中上半部分是 K 线图，下半部分是中源线走势图，1 分＝ 0.01 元，绿色为阴线，红色为阳线。

从图中下半部分中源线走势图中可以看到，走势在上一个案例中阳转之后，维持阳线，9 月 10 日收盘价为 7.40 元，标记为 A 点；

9 月 11 日收盘价为 7.33 元，标记为 B 点；

9 月 12 日收盘价为 7.43 元，标记为 C 点；

9 月 17 日收盘价为 7.24 元，标记为 D 点。

为什么 A、B、C、D 四个点定在以上位置呢？

首先，在 AB 之前也出现了一波逆行，且该段逆行的值幅大于 4 分，符合屈曲段的条件，为什么不是屈曲段呢？

因为直到 D 点才出现完整的阳转，而阳转出现之后，屈曲段选择离转折最近的位置，也就是 AB，所以 AB 点的位置如上图 2.1.G 所示。而 D 点为什么不是 C 点的下一个交易日呢？

这是因为一个交易日收盘价下跌的幅度无法满足 CD 大于 2AB 的条件，所以 D 点是 9 月 17 日而非 9 月 16 日。

如此，AB ＝ 0.07 元＝ 7 分；

CD ＝ 0.19 元＝ 19 分≥ 12 分，且＞ 2AB（14 分）；

BD ＝ 0.09 元＝ 9 分≥ 3 分，且 D 高于 B。

此处阴转成立，AB 为屈曲段，阴阳分歧点为 D 点，中源线从 C 处开始转为阴线。前文中提到，同一个时间段内，往往会比较集中性地出现同一种基础转换，不仅仅阳转有这样的性质，阴转也是一样。

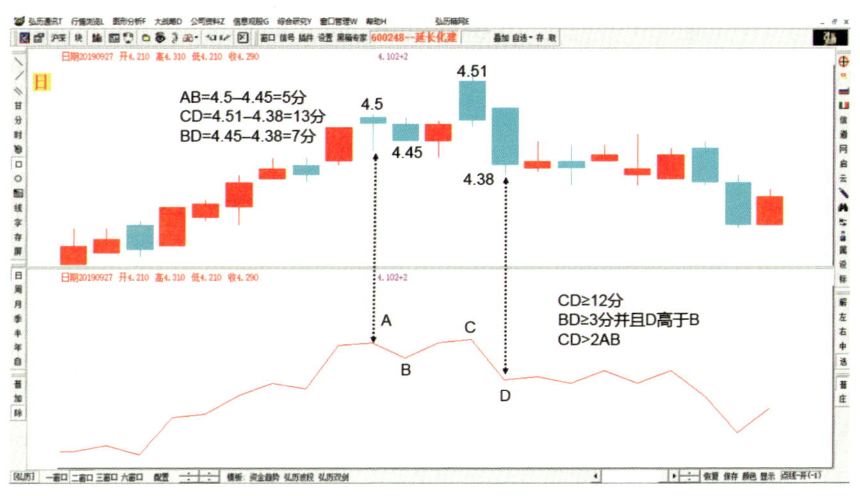

图 2.1.H　延长化建阴转示意图

图 2.1.H 是 600248——延长化建的阴转示意图，时间与上一个案例相同，同样是从 2019 年 8 月 28 日到 9 月 27 日。图中

上半部分是 K 线图，下半部分是中源线走势图，1 分＝0.01 元，绿色为阴线，红色为阳线。

图中标记的 A 点为 9 月 10 日，收盘价为 4.50 元；B 点为 9 月 11 日，收盘价为 4.45 元；C 点为 9 月 16 日，收盘价为 4.51 元；D 点为 9 月 17 日，收盘价为 4.38 元。

选择 AB 点的原因与上一个案例相同。

AB＝0.05 元＝5 分；

CD＝0.13 元＝13 分≥12 分，且＞2AB（10 分）；

BD＝0.07 元＝7 分≥3 分，且 D 高于 B。

则此处阴转成立，AB 为屈曲段，阴阳分歧点为 D 点，中源线从 C 处开始转为阳线。

即便是使用机械的判断标准，也希望研究者重视自我的感觉。若是有了这种独立的心态，中源线建仓法就会成为研究者股海遨游最大的助力。

第二节　用于补充的 42 分转换

虽然 42 分转换是基础，但是许多研究者还是会有很多疑惑的地方。本章将围绕 42 分转换就初学者中普遍存在的一些疑问做出解答和阐述，这将有助于研究者将这种转换技巧应用于实战。

如何看待 42 分转换

首先需要明确的是研究者应该如何看待 42 分转换。

这里需要强调的是，42 分转换是对基础转换的重要补充。

这句话该如何理解呢？

举个例子，在学习中源线的技巧时，研究者通常都是先掌握基础转换，也就是阴转和阳转的。当掌握了基础转换之后，就可以初步将中源线应用于市场了，这种方法不是本章讨论的重点，在此就不再赘述。

而在实战中，使用基础的阴转和阳转把握市场变化的时候会发现有一些时候市场已经出现明显的转折，却并没有出现符合基础转换条件的走势，这时候就需要通过一种转换规则来把握这些不属于基础转换的走势，于是就产生了 42 分转换，所以研究者们把 42 分转换看作对基础转换的重要补充。同样的道理，再转换也是对于 42 分转换和基础转换的重要补充。

接下来需要研究者弄明白的是 42 分转换的分类。

42 分转换的分类

42 分转换所对应的不是阴转或者阳转，而是基础转换的概念，因为基础转换包含阴转和阳转，所以 42 分转换也分为两种，一种是高位转折的下跌 42 分转换和低位转折的上涨 42 分转换，如下图 2.2.A 所示：

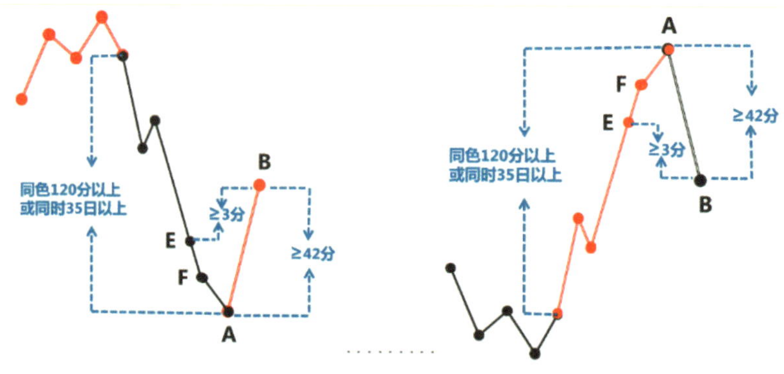

图 2.2.A　上涨 42 分转换与下跌 42 分转换示意图

42 分转换的概念与公式

有了图形，就离不开概念和公式。实际上，42 分转换的概念和公式，才是最容易出现问题的地方。

举一个比较典型的例子，很多读者都知道 42 分转换的条件，但是最后一个条件，通常都是带字母的，比如“BE 大于等于 3”之类的。但说实话，这种条件不结合图片是根本不能让人理解的。

所以在这里申明一下概念与公式的差别，概念是脱离标准形态示意图的纯文字的条件说明。42 分转换的概念是：若价格运动经过 120 分以上顺行或持续 35 个交易日以上的同色线条，从顺行新值逆行 42 分或以上，若超出连续的 2 条顺行线 3 分或以上时，则可判断发生 42 分转换。

而公式是在标准形态示意图的基础上，通过字母与数学符号进行的条件说明。如下图所示：

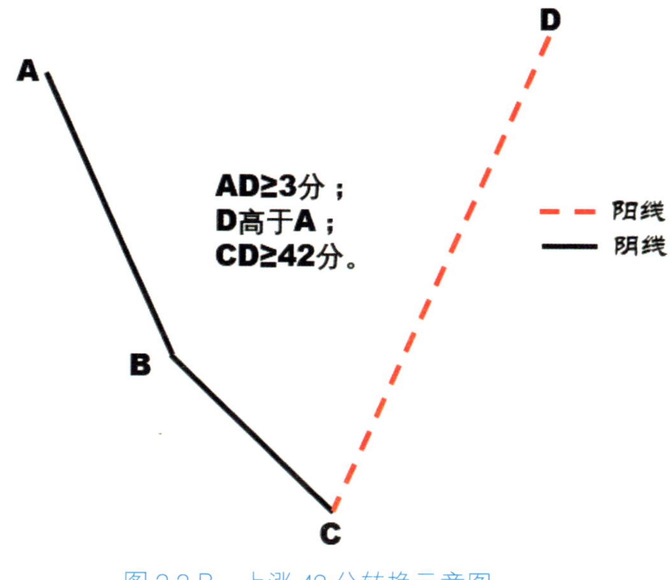

图 2.2.B　上涨 42 分转换示意图

这两种表现形式各有优劣，公式的优点是简单直观，易于理解，但缺点是不能够清楚地标明形态形成的前提条件，比如“顺行 120 分或 35 个交易日以上”这一条就很难通过纯公式表达出来。而概念阐述则相反，缺乏直观，比较难于理解，但是却准确和完善，而且不需要图片的配合。

一般来说，专业的研究者都是掌握概念条件而非公式条件，因为公式中的点位有可能根据实际情况出现变化，这次的 C 点和下次的 C 点可能完全不一样，在实战中可能会出现不必要的损失。而概念则无此缺点。当然，对于初学者来说，一般都是先掌握概念，再结合公式印证理解，熟练之后，就不再需要公式了。

很多研究者容易在此出现误区，即只记公式，忽略概念。接下来就给研究者深入阐述一下，如何理解概念中的每一个条件。

42 分转换条件解析

42 分转换的概念实际上就清楚地说明了它的条件：

若价格运动经过 120 分以上顺行或持续 35 个交易日以上的同色线条，从顺行新值逆行 42 分或以上，若超出最近且连续的 2 条顺行线 3 分或以上时，则可判断发生 42 分转换。

其中三个重要的条件分别用红色、蓝色和紫色标识。

首先来看概念中的第一个条件，也就是红色的部分，这一部分需要注意两个点：

第一个点，这一部分其实是两个条件，分别是“120 分以上的顺行（不含 120 分）”和“持续 35 个交易日以上的同色线条（不含 35 个交易日）”，前一个条件是空间上的要求，后一个条件是时间上的要求。如下图所示：

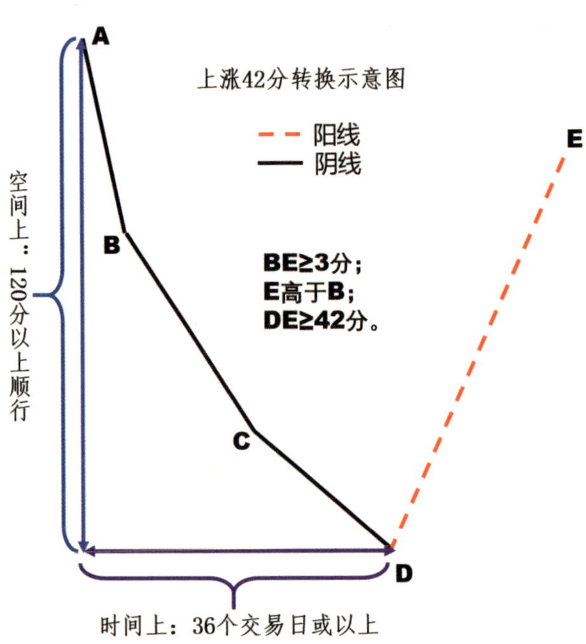

图 2.2.C　42 分转换第一个条件详解示意图

需要注意的是括号里的内容，120 分这个条件是不包括 120 分的，35 个交易日中也是不含 35 日的，因为交易日必为整数，所以这一条件也可以理解为“36 个交易日或以上的顺行”，这就解释了在三元论的思想下（或者说在以三进制为基础建立的数学模型的前提下），为什么 42 分转换的条件中会出现 35 这个不能被 3 整除的数字，因为这里的数字实际上是 36。

第二个点，需要注意的是，这两个条件的关系是“或”而不是“且”，“或”的含义是两个条件满足其一即可，“且”需要两个条件都满足。

除此之外，还有一个小的细节需要说明，就是 120 分顺行之间允不允许出现逆行？

答案是允许的。只要满足整体的分值差在 120 分以上即可，不强制要求必须顺行。

36 个交易日的同色线条这一条件比较好理解，只要 36 个交易日之内不出现转换即可。

接下来是第二个条件，也就是蓝色的部分“从顺行新值逆行 42 分或以上”。

这一条件需要注意的就是顺行新值的概念，顺行新值是指在某根阴线或者阳线中，顺行线创出新高（阳线中）或新低（阴线中）。顺行新值在基础转换、再转换、增仓、结算中应用广泛。

需要注意的是，要通过定义判断出“从顺行新值逆行”的走势是从哪里开始的？

如下图 2.2.D 所示：实际上是从 D 点开始计算逆行的分值的，图中黄色框线标识的部分就是这一条件的体现。

数值方面需要注意的是，42 分或以上，代表着包含 42 分的情况。

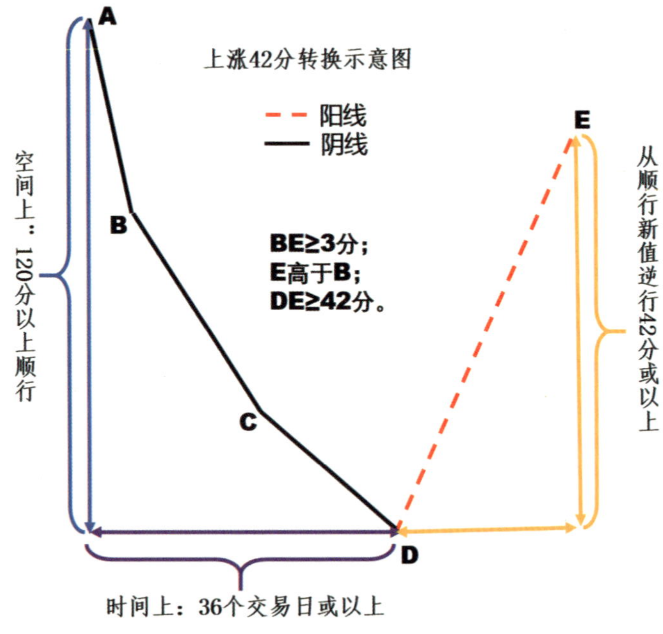

图 2.2.D　42 分转换的第二个条件示意图

第三个条件，也就是紫色的部分，“超出最近且连续的 2 条顺行线 3 分或以上”。

这个条件的难点是连续两条顺行线的位置，实际上也是一层窗户纸，因为这两条顺行线是以 D 点为基准的。从 D 点开始，逆着找两条连续的顺行，如图中的 BC 和 CD。假如，B 点比 E 点高 3 分以上（含 3 分）的话，就可以满足这一条件了。

那么有的研究者会问了，如果顺行不连续怎么办？

以图 2.2.D 为例，如果 BC 和 CD 之间出现逆行的话，走势是不是就很眼熟？像不像基础转换？新出现的逆行是不是就是屈曲段？这种情况是基础转换，也就用不到 42 分转换了。

下面结合实际案例来深入阐述 42 分转换。

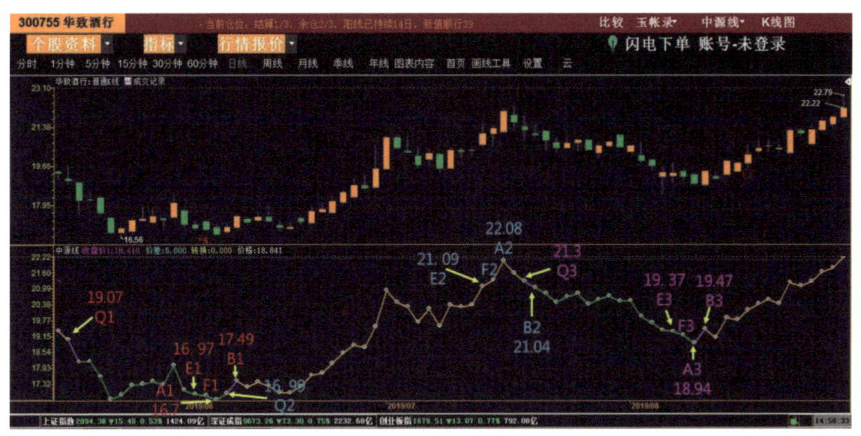

图 2.2.E　华致酒行 42 分转换示意图

图 2.2.E 是 300755——华致酒行从 2019 年 5 月 16 日到 8 月 29 日的 42 分转换示意图，图中上半部分是 K 线图，下半部分是中源线走势图。利用 42 分规则，以 1 份 = 0.01 元在图 2.2.E 中分别出现了三次 42 分转换。开始是下跌 42 分转换走势，下跌到达最低收盘价 A1 处，收盘价为 16.7 元，之后开始逆行到达 B1 处，收盘价为 17.49 元，此时根据 42 分转换的规则：

1. AB ≥ 42 分。实际值幅：A1B1 = B1−A1 = 17.49−16.7 = 0.79 元 = 79 分，满足条件。

2. EB ≥ 3 分。实际值幅：E1B1 = B1−E1 = 17.49−16.97 = 0.52 元 = 52 分，满足条件。

3. 同色顺行 120 分以上或同色 35 日以上。实际值幅：Q1A1 = 19.07−16.7 = 2.37 元 237 分（PS：Q1 是阴转的起点）。满足条件。

因此，从 B1 开始发生阳转，B1 也就是 42 分转换的阴阳分歧点。之后一直上涨到高位 A2 后开始逆行下跌，下跌到 B2 处又发生了下跌 42 分转换，根据规则，具体判断过程如下：

1. AB ≥ 42 分。实际值幅：A2B2 = A2−B2 = 22.8−21.04 = 1.04 元 = 104 分；符合条件。

2. EB ≥ 3 分。实际值幅：E2B2 = E2−B2 = 21.09−21.04 =0.05 元= 5 分；符合条件。

3. 同色顺行 120 分以上或同色 35 日以上。实际值幅：Q2A2 = 22.8−16.99=5.81 元= 581 分，符合条件。

所以，从 B2 开始发生了下跌 42 分转换，B2 也就是下跌 42 分转换的阴阳分歧点。之后一路下跌到低位 A3 后开始逆行上涨，上涨一根线 B3 处就满足了上涨 42 分转换条件。具体判断过程如下：

1. AB ≥ 42 分。实际值幅：A3B3 = B3−A3 = 19.47−18.94 = 0.53 元= 53 分，符合条件。

2. EB ≥ 3 分。实际值幅：E3B3 = 19.47−19.37 = 0.1 元 = 10 分，符合条件。

3. 同色顺行 120 分以上或 35 日以上。实际值幅：Q3A3 = 21.3−18.94 = 2.36 元= 236 分，符合条件。

从 B3 开始上涨出现 42 分转换，B3 就是上涨 42 分转换的阴阳分歧点。随后阳线顺行向上。

当然，同一只个股走势中如此频繁出现 42 分转换的情况比较少见。更多的时候，42 分转换都是单独出现的，如下图所示：

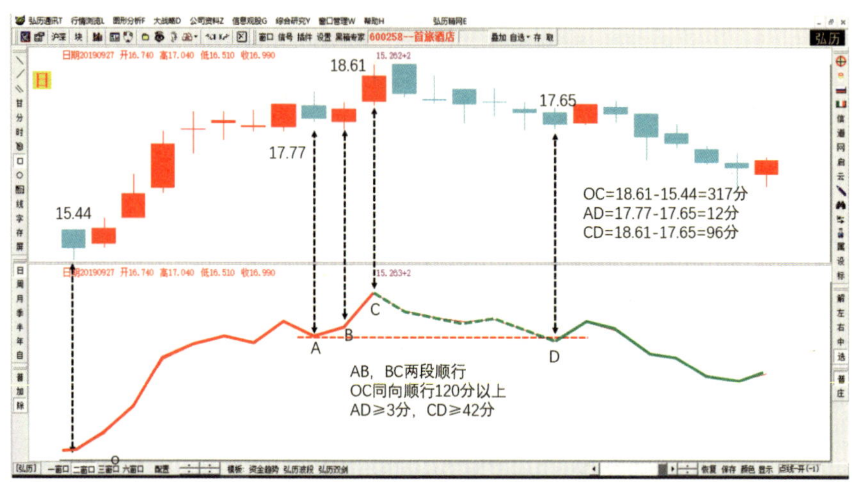

图 2.2.F　首旅酒店 42 分阴转示意图

图 2.2.F 是 600258——首旅酒店从 2019 年 8 月 26 日到 9 月 27 日的 42 分阴转示意图，图中上半部分是 K 线图，下半部分是中源线走势图。1 分＝0.01 元，图中红色为阳线，绿色为阴线，根据 42 分转换的规则，在图中出现了 42 分阴转。

在下半部分中源线走势图中，中源线从 O 点开始以阳线上行，AB、BC 为两段顺行，O 点与 C 点之间的顺行值幅为 317 分，超过 120 分。

随后中源线从 C 点开始下行，9 月 18 日出现 D 点，AD 为 12 分，大于 3 分，且 CD 为 96 分，大于 42 分。则此处走势符合 42 分转换的条件，发生 42 分阴转，中源线从 C 点开始转换为阴线，同时 C 点对应的也是股价高点。

下面来看 42 分阳转的案例，如下图所示：

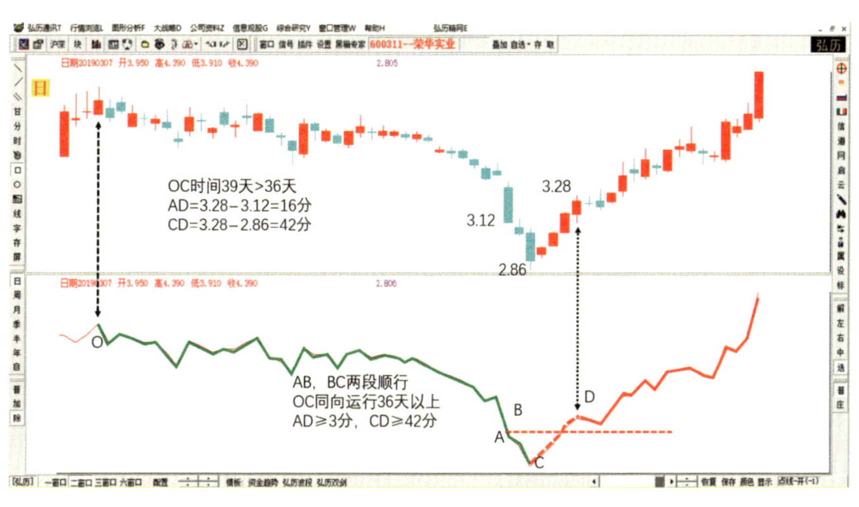

图 2.2.G　荣华实业 42 分阳转示意图

图 2.2.G 是 600311——荣华实业从 2018 年 12 月 3 日到 2019 年 3 月 7 日的 42 分阳转示意图，图中上半部分是 K 线图，下半部分是中源线走势图。1 分＝0.01 元，图中红色为阳线，绿色为阴线，根据 42 分转换的规则，在图中出现了 42 分阳转。

图 2.2.F 下半部分中源线走势图中，中源线从 O 点开始以阴线下行，AB、BC 为两段顺行，O 点与 C 点之间的持续时间为 39 个交易日，大于 36 个交易日。

随后中源线从 C 点开始上行，2 月 13 日出现 D 点，AD 为 16 分，大于 3 分，且 CD 恰好为 42 分，42 分转换的条件要求 CD ≥ 42 分。此处走势符合 42 分转换的条件，发生 42 分阳转，中源线从 C 点开始转换为阳线。图中可以看到，C 点对应的正是股价低点。

第三节 用于修正的再转换

中源线建仓法是一套完整的交易法，它考虑了价格变动的各种可能，也规定了明确的交易标准和要求。在实际交易中，发生转换后并不是每次都会出现一轮新的行情，股价有时会继续朝原有的方向运行。此时如果研究者还是按照原有的转换规则进行操作，就会错过一轮行情。为了避免这种情况的发生，中源线建仓法有针对性地制定了再转换的规则。

当发生一次转换时，原有趋势结束，新的趋势展开。通常情况下新的趋势也会持续一段时间，一般为三周到数月，是一个波段的行情。但有些特殊情况下，新的波段还没展开就夭折。出现这种情况的原因可能是突发消息，也可能是机构操盘行为。突发消息比如天灾，导致企业停产，股价瞬间大幅跳水。机构行为比如洗盘，短期下跌后立刻拉升；还有拉高出货，在出货完成后打压股价，跳空低开。以上行为都会导致价格突然转向。

中源线建仓法针对这种情况做了特殊的规定，称之为再转换。将再转换和一次转换之间设定明确的界限，避免投资者在使用中混淆。

我们首先了解一下再转换的概念：

在转换之后，如果从第 1 条顺行开始逆行时，把计算转换后的顺行新值抽出 3 分或以上来进行“再转换”。对于 42 分转换后的再转换，也适用于 2 条顺行的逆行。但是，如果在 1 条顺行和 2 条之间存在 4 分或以上的屈曲段，则为普通转换。

四种再转换模型

再转换模型建立在基础转换和42分转换的基础上。再转换模型的前半部分和基础转换、42分转换一致，后半部分是另外增加的结构。发生再转换的那根线称为再转换线。再转换分为基础转换的再转换和42分再转换，进一步划分为基础再阳转、基础再阴转、42分再阳转和上涨42分转换再转换。下面我们一一了解各种转换的条件。

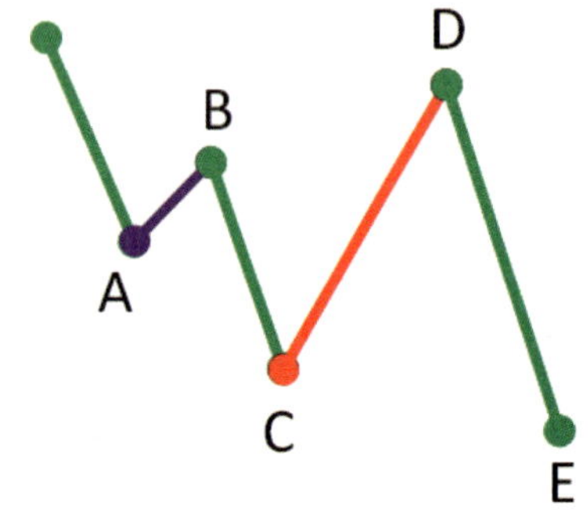

图2.3.A　阴转再转换模型示意图

如图2.3.A，在基础阳转模型前提下，AB是屈曲段，BC是并行线，CD是转换线，D点发生阳转。在阳转之后，从第一根顺行线CD开始逆行，超出转换前新值C点3分或以上，则发生了阴转再转换。假如A点低于C点，那么E点需满足超过A点3分或以上才能发生再转换。

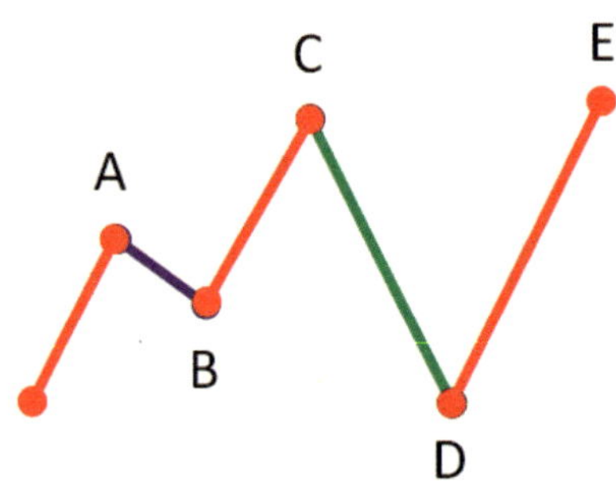

图2.3.B　阳转再转换模型示意图

如图 2.3.B，在基础阴转模型前提下，AB 是屈曲段，BC 是并行线，CD 是转换线，D 点发生阴转。在阴转之后，从第一根顺行线 CD 开始逆行，超出转换前新值 C 点 3 分或以上，则发生了阳转再转换。假如 A 点高于 C 点，那么 E 点需满足超过 A 点 3 分或以上才能发生再转换。

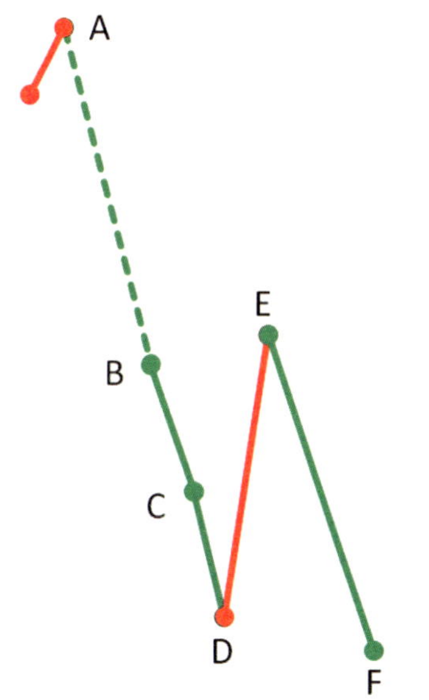

图 2.3.C　上涨 42 分转换再转换模型示意图

如图 2.3.C，在上涨 42 分转换模型前提下，BC、CD 是连续顺行线，DE 逆行 42 分并过 B 点 3 分或以上，发生上涨 42 分转换。在上涨 42 分转换之后，从第一根顺行线 DE 开始逆行，超出前期新值 D 点 3 分或以上，则发生了上涨 42 分转换再转换。

如图 2.3.D，在下跌 42 分转换模型前提下，BC、CD 是连续顺行线，DE 逆行 42 分并过 B 点 3 分或以上，发生下跌 42 分转换。在下跌 42 分转换之后，从第一根顺行线 DE 开始逆行，超出前期新值 D 点 3 分或以上，则发生了下跌 42 分转换再转换。

上述模型都是最基础的再转换模型，所有的再转换必须满足

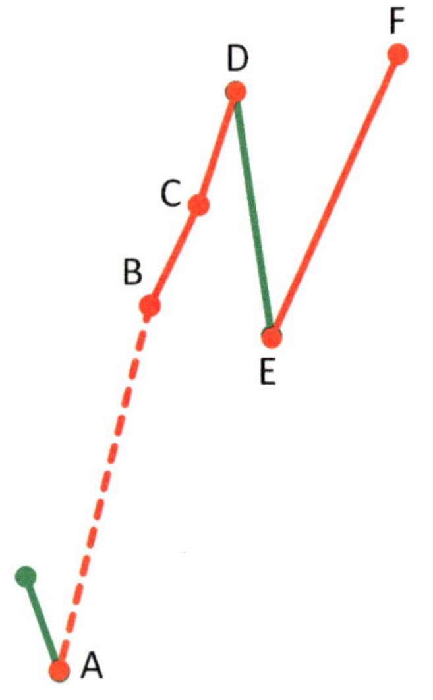

图 2.3.D　下跌 42 分转换再转换模型示意图

其中一种模型的特征。只有一根顺行线是洗盘最极致的模式。此时的转换线等同于洗盘线，再转换线等同于洗盘结束确认线。

洗盘结束后往往会有一波快速的拉升，这也是再转换出现次数少，但更吸引人的原因。再转换后的波段涨幅能达到前一个波段涨幅的 3 倍以上，也就是我们常说的主升浪行情。

42 分再转换特殊模型

42 分转换是剧烈波动的转换，往往是暴涨 / 暴跌时发生的。42 分再转换则是暴涨 / 暴跌的一种延续。42 分再转换出现的次数少，一旦出现，往往带来大幅的利润空间。

42 分再转换与基础转换的再转换不同，它可以从第 2 根顺行线开始逆行。此处指的是顺行新值，不创新值的顺行不在讨论范围之列。第 2 根顺行线有多个变形，下面我们详细剖析各种变形的模型。

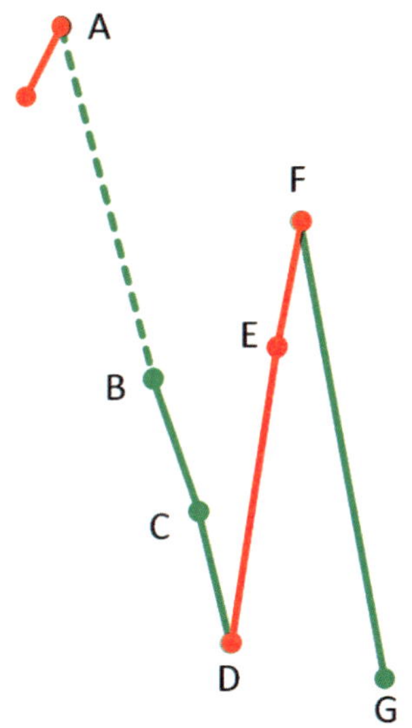

图 2.3.E　上涨 42 分转换再转换模型变形示意图一

如图 2.3.E，在上涨 42 分转换模型前提下，DE 发生了上涨 42 分转换，之后再出现了第二根的顺行线 EF，从 F 点开始逆行超出前期新值 D 点 3 分或以上，此时发生了上涨 42 分转换再转换。

当顺行线之间没有逆行也就是没有屈曲段的情况下，只要逆行线超过顺行线低点 D 就会发生再转换。

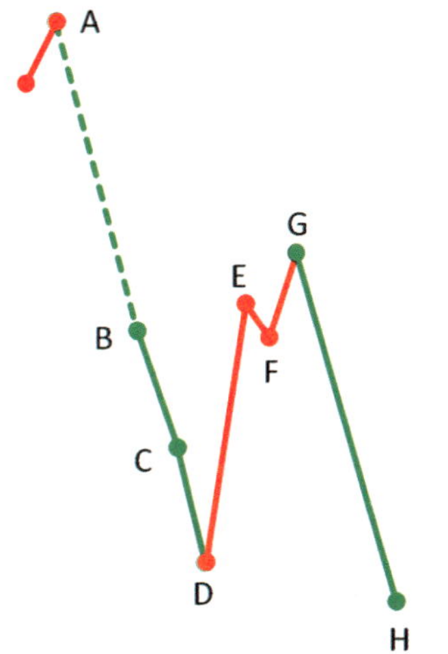

图 2.3.F　上涨 42 分转换再转换模型变形示意图二

如图 2.3.F，在上涨 42 分转换模型前提下，DE 发生了上涨 42 分转换，之后出现一个逆行 EF，逆行后再出现一个顺行 FG，从 G 点开始逆行超出前期新值 D 点 3 分或以上，此时也发生了上涨 42 分转换再转换。

当有逆行的情况下，参考前面再转换的概念，两个顺行线之间不能有屈曲段，因此不会发生基础转换，不会有冲突。因此，两个顺行线之间的线段可以是逆行 1 分、2 分、3 分，也可以是同值。同值使两根顺行线中断，也就是不连续，前后各为一根顺行。逆行和同值都起到中断作用。

再转换是二次转换，是对一次转换的修正。当价格并未按转换的方向运行时，说明出现了迷惑点。迷惑点是在价格激烈波动时形成的，此时会出现很多二次转换。如果迷惑点太多，可以通过调整分值大小的方式来解决。一般是把分值调大，这样就迟缓了转换的信号。但调整分值时并不是越大越好，当迷惑点都消失时，转换信号可能变得过于迟缓，导致整体获利效率下降，可能会出现“做对但不赚钱”的现象。因而，整段行情中偶尔出现迷惑点是正常的。带有少量迷惑点的分值可能比没有迷惑点的分值实战效果更佳。这些少量迷惑点的位置大多数是再转换的位置。所以出现再转换的时候，不但不危险，反而是获取更多利润的良机，应该积极参与。

中源线的三种转换形式在市场中出现的频率是基础转换＞42 分转换＞再转换。出现频率越低的转换形式代表的机遇或者风险也就越大，下面我们来看一下再转换的实战案例。

图 2.3.G 是 600155——华创阳安从 2019 年 8 月 6 日至 9 月 3 日的再转换示意图，图中上半部分是 K 线图，下半部分是中源线走势图，1 分＝0.01 元。

图中标记的 A 点为 8 月 26 日，收盘价为 12.28 元；B 点

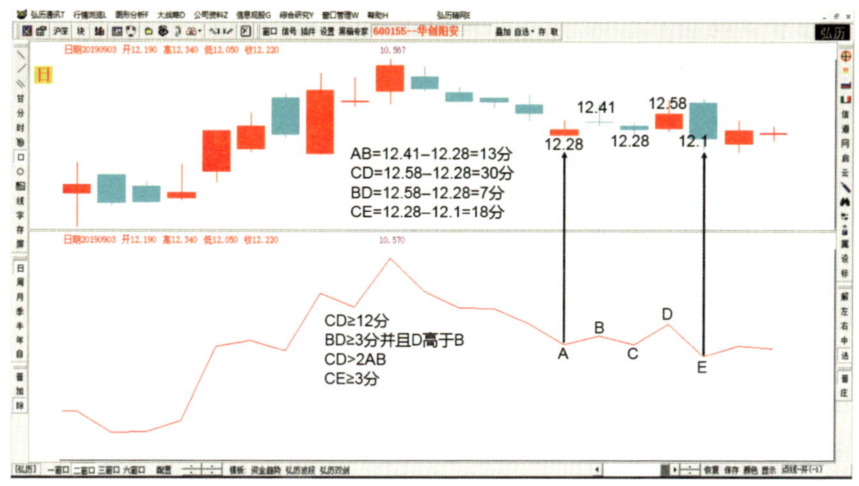

图 2.3.G　华创阳安再转换示意图

为 8 月 27 日，收盘价为 12.41 元；C 点为 8 月 28 日，收盘价为 12.28 元；D 点为 8 月 29 日，收盘价为 12.58 元，E 点为 8 月 30 日，收盘价为 12.10 元。

AB ＝ 0.13 元＝ 13 分；

CD ＝ 0.30 元＝ 30 分⩾ 12 分，且＞ 2AB（26 分）；

BD ＝ 0.07 元＝ 7 分⩾ 3 分，且 D 高于 B。

此处阴转成立，AB 为屈曲段，阴阳分歧点为 D 点，中源线从 C 处开始转为阳线。

然而阳转确定之后，股价开始反向运动，出现 E 点，CE ＝ 0.18 元＝ 18 分，大于 3 分，根据基础转换再转换的条件，此处发生阴转的再转换，随后股价继续开始上涨。

扩展内容——转换条件中的细节问题

中源线的三种转换形式中有很多细节需要注意，在前面的内容中也对此进行了许多深入的阐述。

作为扩展内容，这里对于 42 分转换实战中出现的一个典型

问题加以说明：

在42分转换的条件中，有一个条件是同色线条之间的分值差大于120分或者同色线条持续了35个交易日以上。

有两个问题：第一个，到底是35个交易日还是36个交易日？

第二个问题：同色线条之间分值差大于120分，这个120分从哪开始算，是从上一次转折之后还是从线条变色的地方开始？

这两个问题都比较典型。

首先回答第一个问题，前文中实际上有过说明，是“以上”和“或以上”的区别。

具体来说，在42分转换的判断条件中，“同色35个交易日以上”和“同色36个交易日或以上”是同一条件的不同表达方式，因为交易日不可能出现非整数，所以“> 35日”和“≥ 36日”是完全等同的。

第二个问题，如下图所示：

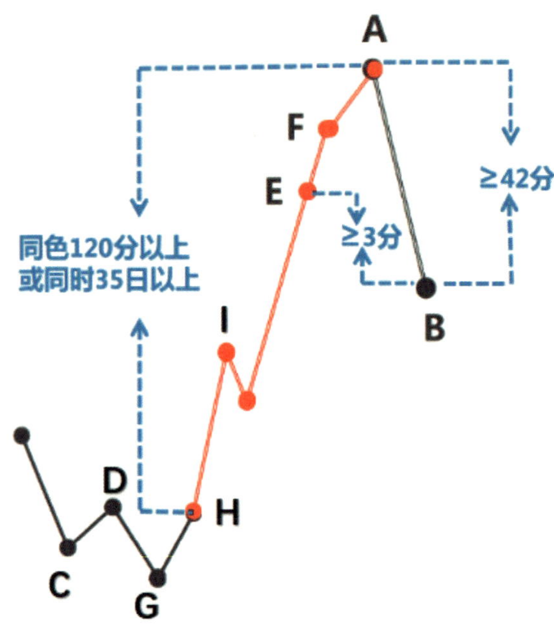

图2.3.H　120分计算起始点示意图

第二个问题的本质是 42 分转换的条件中，计算同色分值差大于 120 分以上时，是从 I 点还是从 H 点开始。

纯文字表达可能难以理解，下面结合图 2.3.H 做一些说明，以帮助研究者理解这个问题的本质。

首先，因为 H 点处阴线和阳线发生转换，且前面存在屈曲段 CD，在默认分值符合条件的情况下，此处是一个基础阳转，则 I 点为阴阳分歧点，H 点为阴线与阳线的交点。

根据蓝色虚线箭头和条件标注，可以知道 E-F-A-B 点处走势疑似形成了一个 42 分转换。

要想知道这个 42 分转换是否成立，除了走势本身的要求，还需要满足转换之前同色线条从空间上满足顺行值幅大于 120 分或者从时间上满足大于 35 个交易日才可以。

不考虑时间上的因素，只从空间的角度入手，则 120 分的计算范围是从 HA 还是 IA？

从 H 点开始的依据是因为 H 点是线条色彩变化的位置，而从 I 点开始的原因是因为 I 点是阴阳分歧点，也就是转折正式确立的位置。

如果从转折之后开始，则应该是从 I 点开始；如果从线条变色的位置开始，则应该从 H 点开始。

这是这个问题的本质，结合上图，应该可以理解。

这个问题非常重要，因为这关系着我们使用 42 分转换的时候应该如何确定转换是否成立的问题。

中源线对于这个问题是有明确规定的，顺行 120 分是从转换后的最高价（最低价）开始的。

如果单纯从文字的角度，似乎可以理解为从图 2.3.H 中的 I 点开始，因为是“从转换后”，这句话表达的意思要结合下图 2.3.I 进行理解。

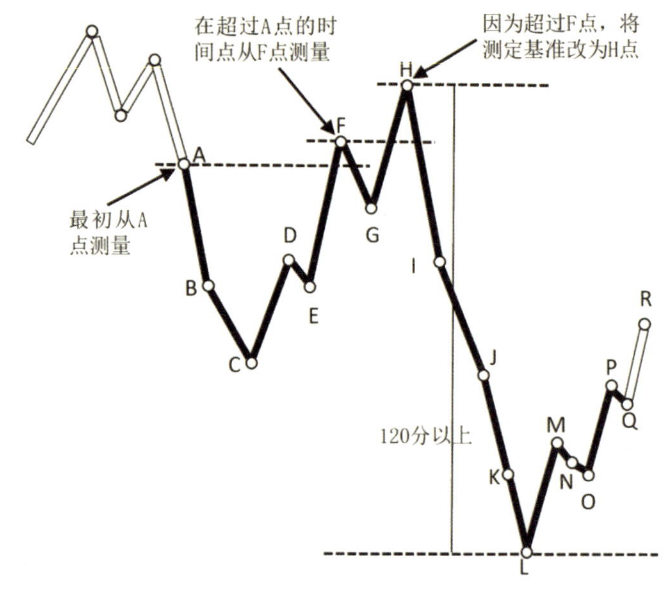

图 2.3.1 “转换后”概念说明图

可以看到，图中测算 120 分的起点是 A 点，即阴线与阳线的交点，而非阴阳分歧点 B，所以前文中提到的“转换后”并非是指转换形态之后，而是指阴线与阳线转换后。

所以这个问题的答案，就是计算 120 分的时候，要从阴线与阳线的交点开始，如图 2.3.I 中的 H 点。

第三章　同时转换

市场中的转换大多数都是以单一的形式出现的。在极少数的情况下，也会出现同时转换。那么，究竟什么时候才会出现同时转换呢？本章重点讲解中源线在实战中出现同时转换的各种情况以及对于实战获利的意义。

第一节　何谓同时转换

同时转换，指的是市场发生阴阳转换的条件既符合基础转换又符合 42 分转换。

同时转换中有三种比较常见的形式。第一种是基础转换与 42 分转换同时转换模型；第二种是 42 分转换与基础转换同时转换模型；第三种是基础转换与 42 分再转换同时转换模型。

基础转换与 42 分转换同时转换

当一波行情到达，并且也满足 42 分转换的前提条件时，就有可能会发生基础转换与 42 分转换的同时转换。在实际的情况中，根据 42 分转换的条件不同，它又分为不同的种类。

（1）基础转换一般提前于 42 分转换。但如果逆行一次性达到 42 分时，就有可能同时发生基础转换和 42 分转换。

如图 3.1.A，在基础转换模型基础上，当 CD 段逆行 42 分以上时，既满足了基础转换逆行 12 分的条件，也满足 42 分转换的值幅条件。此时需要结合前面的结构进一步研判，当前面阴线顺行 120 分以上，或者同色 36 天；D 点超过最近连续 2 个顺行线 3 分或以上，就符合 42 分转换。此时，既是基础阳转，也是上涨 42 分转换，属于同时转换。

（2）除此以外，当底部屈曲段值幅较大时，也可能导致基础转换与 42 分转换同时转换。

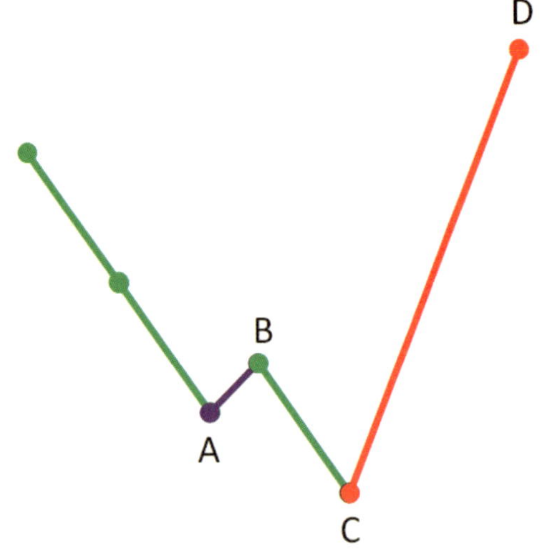

图 3.1.A　基础转换与 42 分转换同时转换模型示意图一

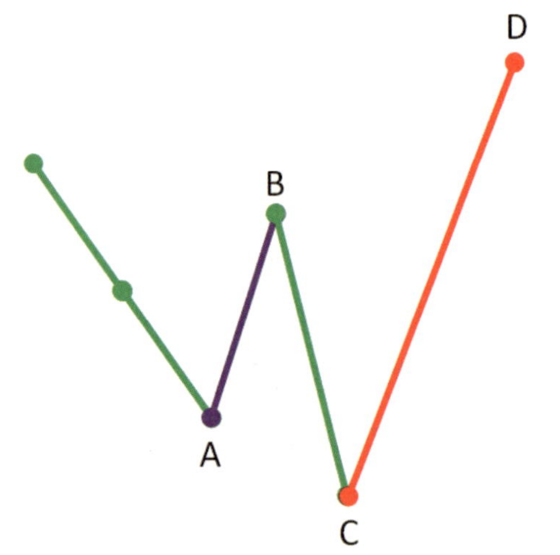

图 3.1.B　基础转换与 42 分转换同时转换模型示意图二

如图 3.1.B，在基础转换中，当屈曲段 AB20 分以上时，后面逆行线 CD 值幅必须达到屈曲段 AB 的 2 倍以上，极可能超过 42 分，达到 42 分转换的门槛。此时需要确认前期的结构是否满足条件：阴线顺行 120 分以上，或者同色 36 个交易日；D 点超过最近连续 2 个顺行线 3 分或以上。如果都符合就会发生 42 分转换。此时，既是基础阳转，也是上涨 42 分转换，属于同时转换。

(3) 另外，当没有连续 12 分以上逆行时，也不会在最低点 / 高点出现基础转换，延后出现时可能刚好和 42 分转换同时发生。

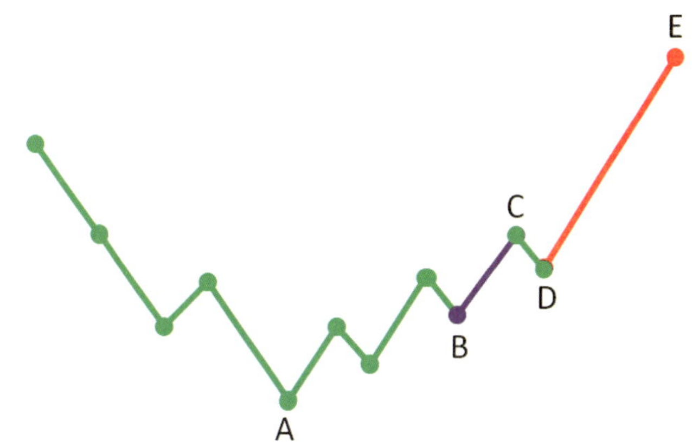

图 3.1.C　基础转换与 42 分转换同时转换模型示意图三

如图 3.1.C，从 A 点到 C 点，值幅达到 12 分以上，但由于不连续，不能发生阳转。随后屈曲段后移到 BC（最后满足 4 分的逆行），DE 逆行满足 12 分，且为 BC 两倍以上，E 点过 C 点 3 分，发生阳转。此时，AE 逆行值幅达到 42 分，达到 42 分转换的门槛。然后再看前面的结构是否满足条件：阴线顺行 120 分以上，或者同色 36 个交易日；E 点超过最近连续 2 个顺行线 3 分或以上。如果都符合就会发生 42 分转换。此时，既是基础阳转，也是上涨 42 分转换，属于同时转换。

42 分转换与基础转换的再转换同时转换

当基础转换发生后，有可能同时发生 42 分转换。在这个阶段当中，42 分转换满足的前提条件也是有所不同的，我们可以进一步将它的模型分为几个小类。

（1）当基础转换后，立刻进入水平震荡，达到同色 36 个交易日后，出现大幅突破，刚好满足 42 分转换的条件，也满足再转换的条件。

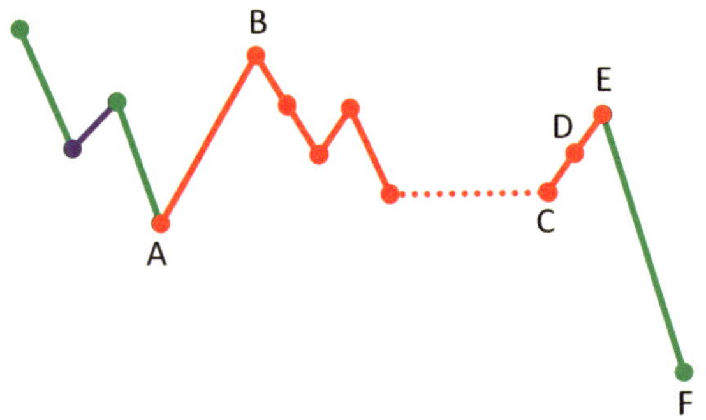

图 3.1.D　42 分转换与基础转换的再转换同时转换模型示意图一

如图 3.1.D，基础阳转后，股价窄幅震荡，但没有出现第二个顺行新值，只要低于 A 点 3 分就会发生再转换。EF 突然大幅逆行，BF 逆行值幅达 42 分，并超过两个连续顺行 3 分或以上，前面阳线满足 36 根，则出现下跌 42 分转换。此时，F 点也过 A 点 3 分或以上，则此处也是基础再阴转，属于同时转换。

（2）当暴涨暴跌中，第一个顺行达到 120 分以上，可以发生 42 分转换，恰巧与再转换在同一时刻发生。

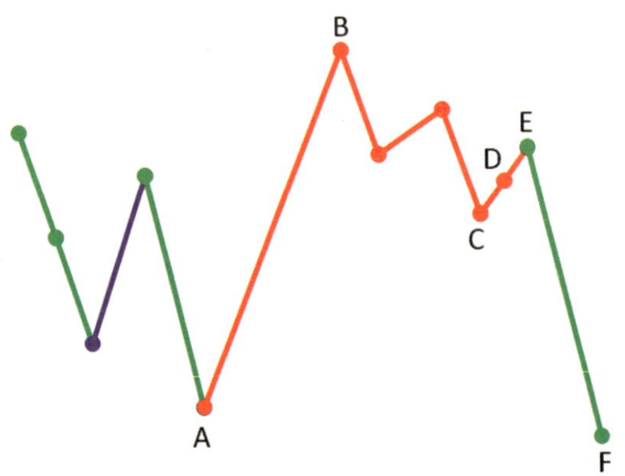

图 3.1.E　42 分转换与基础转换的再转换同时转换模型示意图二

如图3.1.E，前期大幅暴涨暴跌，AB值幅达120分以上，符合120分转换门槛。AB之后没有出现阳线顺行新值，只要低于A点3分就会发生再转换。BC逆行值幅达到42分，但是没有2个连续的顺行，不符合42分转换条件。EF大幅逆行，BF逆行值幅远远超过42分，超最近的2个连续顺行3分，达到42分转换条件，此处为下跌42分转换。同时，F点过A点3分，满足再阴转条件，发生同时转换。

基础转换与42分再转换同时转换

42分转换以后，如果有屈曲段，那么直接逆行12分就很可能发生基础转换，也就不存在42分再转换。但是假如不发生基础转换，就有可能会发生42分再转换。那么，在发生42分转换的时候，有少数的可能也会同时发生基础转换。这个结构相对比较复杂。有以下两种转换模型：

（1）当42分再转换逆行中出现同值时，逆行中断，前后两段刚好满足基础转换条件，就会发生同时转换。

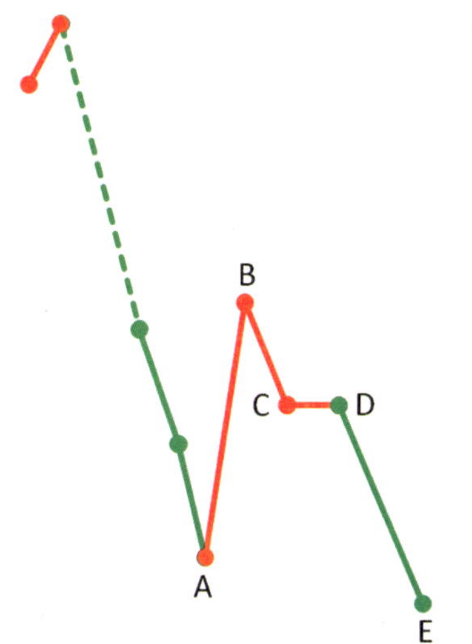

图3.1.F　基础转换与42分再转换同时转换模型示意图一

如图 3.1.F，42 分转换后，在一个顺行新值后开始逆行，中间有一个同值 CD，逆行出现中断，BC 逆行超过 4 分，符合屈曲段条件，但由于没有顺行新值，继续逆行仍可以发生 42 分再转换。DE 继续逆行过 A 点 3 分，出现 42 分再转换。此时，DE 逆行值幅 12 分以上，且是 BC 的 2 倍以上，E 点过 C 点 3 分，恰好满足基础阴转条件，属于同时转换。

（2）42 分转换值幅较大时，后期出现不创新高的一段顺行值幅后出现基础转换，刚好同时又满足 42 分再转换。

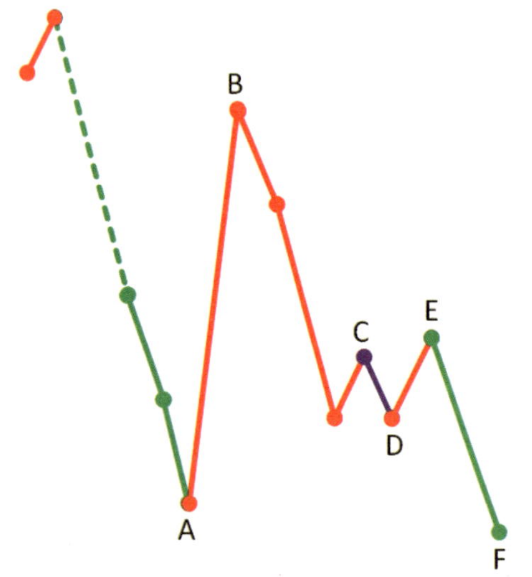

图 3.1.G　基础转换与 42 分再转换同时转换模型示意图二

如图 3.1.G，42 分转换后大幅逆行，在发生 42 分再转换之前又开始一小段顺行，顺行不创新值，继续逆行仍可以发生 42 分再转换。CD 逆行值幅达 4 分，符合屈曲段条件，EF 逆行值幅达 12 分，且为 CD 的 2 倍以上，F 点过 D 点 3 分，满足阴转条件。F 点刚好过 A 点 3 分，又出现 42 分再转换，属于同时转换。

第二节　同时转换的意义

中源线的转换在刚刚开始的时候，只能证明新的趋势展开，并不能证明其持续性的强弱。换句话说，趋势转变了，是大转变还是小转变，存在着变数。投资者在进行交易的时候往往把握不了这种转变，经常会碰到买了就下跌，卖了就上涨的情况。

基础转换后的操作要点

基础转换应该是属于最普通的转换，也是出现概率最多的转换。换句话说，基础转换出现失误的次数也肯定会是最多的。当然，如果有人能够准确地预测未来的上涨或者下跌的话，他就有可能赌上自己的所有筹码。事实证明，只要这么做，错一次，将万劫不复。

因此，中源线建仓永远都是控制在一个仓位，目的就是一旦出现错误，损失将在可控的范围内。当然，这也牺牲了获取较大的利润的可能。但是真正赚钱的不是初期的阶段，而是主升阶段——真正的拉升阶段。因此，中源线操作法的独特之处就是考

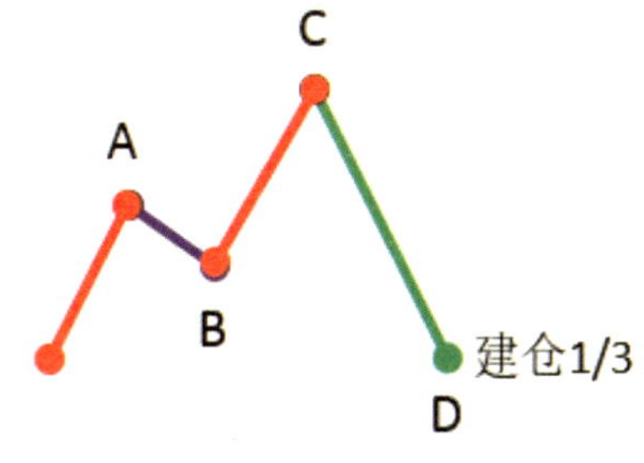

图 3.2.A　基础转换操作模型示意图

虑到了判断错误的可能性，它的系统将所有的风险跟机会做了一个统筹，把重仓位放在中间阶段，这恰恰与“吃鱼吃中段”的投资思路不谋而合。

42分转换后的操作要点

接下来要强调的是42分转换。42分转换是一种比较特殊的转换，因为它不存在屈曲段。在这种情况之下，研究者就可以假设整个市场是经历了不规则的运动，要么就是属于过快的暴涨，要么就是属于极缓慢的转折。这种情况属于另类的趋势结构，而这种结构在市场中比较少见。相对于基础转换而言，42分转换更加适合于极端的走势。中源线的研究者都清楚，极端的操作必然跟常规的操作有所不同。42分转换极大可能会带来暴涨暴跌的行情，也就是很多投资者都喜欢捕捉的黑马股形态。要么是V形上涨的黑马，要么是经过底部一段时间的横盘以后快速起跳的黑马。

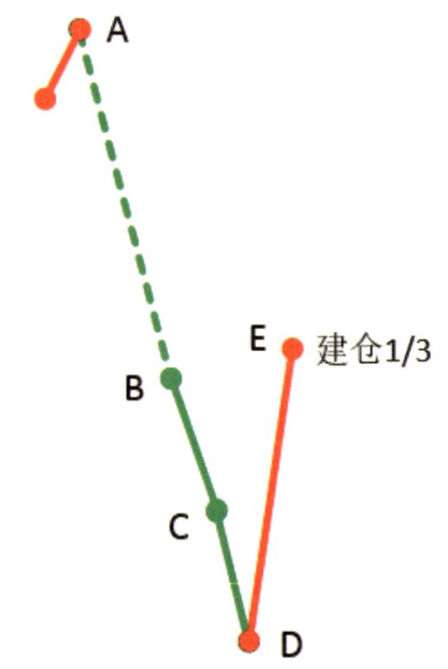

图3.2.B　42分转换操作模型示意图

有人会觉得既然42分转换的获利更加丰厚，就应该建更多的仓位。然而，中源线建仓法中，依然是限定一份仓位。由此可见中源线是一套保守的交易系统，它在行情极度不乐观的情况之下，依然可以保证投资的安全性。我们可以把它理解为股市当中的安全网、安全门。

接下来详细阐述几种常见的同时转换模型及其操作的要领，以便研究者能够正确使用。

基础转换与42分转换同时转换的操作要领

当基础转换发生时，规定建仓是1/3；当42分转换发生时，规定的建仓也是1/3。此时，有投资者可能认为，是不是需要建仓两个1/3。中源线建仓法中，对于仓位有严格的要求，比如仓位一定要分为几份，永远不能满仓。这些规定的初衷就是为了应对随时到来的风险。风险的大小取决于整个市场持续的力度高低。如果力度大，风险相对就会较小；如果力度小，风险相对就会大。投资者如果不能区分趋势的持续性，就区分不了风险的高低。

趋势在刚刚形成时是最不稳定的。中源线建仓法在一波趋势以后转为第二波趋势时是非常谨慎的，只建一份的仓位。基础转换跟42分转换都建一份仓位。这与我们很多投资者原本的操作系统完全不同。

基础转换和42分转换都是趋势刚刚开始的一个阶段，因此它们的重要性都是一样的。风险系数都相对较高，因而发生二者的同时转换，依然只建立一份的仓位。操作模型见图3.2.C：

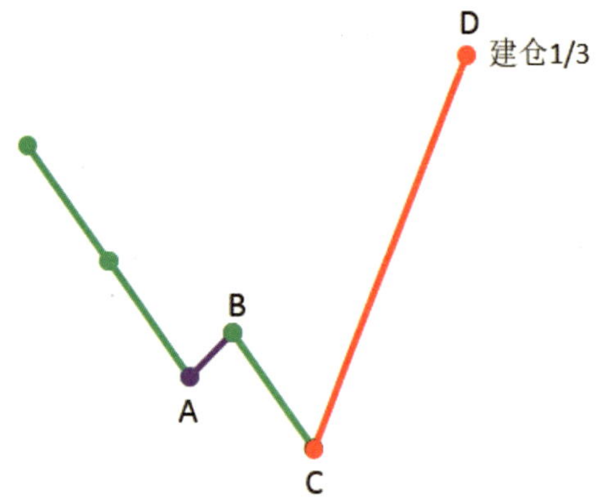

图 3.2.C　基础转换与 42 分转换同时转换操作模型示意图

42 分转换与基础转换的再转换同时转换的操作要领

42 分转换前文中已经阐述过，这里需要强调的是基础转换的再转换。基础转换的再转换可以说是对于原有转换的一次修正。失败并不可怕，可怕的是失败时没能做出正确的决策。当发生与预期相悖的走势时，大多数投资者往往就会茫然无措。这会导致更多的失误，错过最佳的自救时机。

投资者都知道，市场当中很多的行为都是人们刻意营造的，比如洗盘。当市场出现调整以后，一部分投资者离场，更多的投资者在加入，这种情况称之为洗盘。反之，当少量的人进入，大量的筹码流出，这种情况就叫做出货。如果在上涨的过程当中出现短暂的调整之后，再度进行上攻，后期往往都是较大的拉升行情。这个时候别管之前是否赚钱还是略有亏损，都应该积极地去把握后期的机会和利润。

基础转换再转换，说明整个市场经过整理以后，再度选择向上。这个阶段获利的概率就会相对较高。由于是基础转换的再转换，市场呈现横盘整理结构。股市中有句俗话：横有多长，竖有多高。如果横盘的时间长，意味着未来上涨的幅度将会更大。应该积极把握后面的机会。因此基础转换的再转换是建 2 份仓。

当基础转换的再转换和 42 分转换同时发生时，应该注重基础转换的再转换，建立 2 份仓位，而忽略 42 分转换。从这点看，再转换的机会比 42 分转换的机会更大。

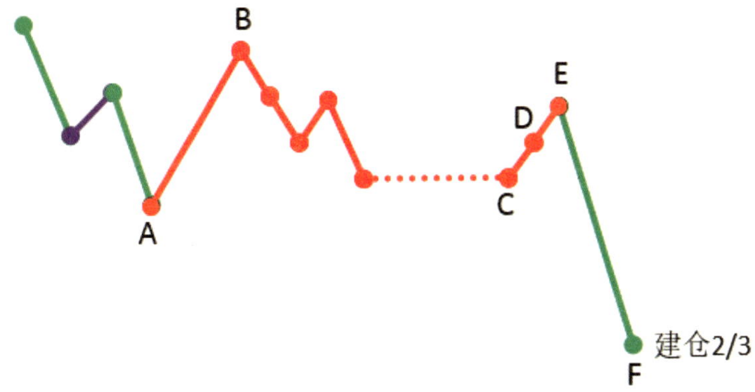

图 3.2.D　42 分转换与基础转换的再转换同时转换操作模型示意图

如图 3.2.D，基础转换后持有一份多仓，由于没有第二个顺行新值，因而在逆行 6 分以上不会增仓，一直保持一份多仓。当发生再转换时要把持有的一份多仓清掉，然后再反向建立两份空仓。

基础转换与 42 分再转换同时转换的操作要领

42 分转换以后往往是一波暴涨 / 暴跌的行情。如果 42 分转换以后，突然发生了再次逆行。那么，交易者可以把它理解为是一次快速的洗盘行为。洗盘之后，往往会有大幅度再次拉升或者是下跌。

42 分再转换往往发生在大黑马股的飙升途中。假如这个时候与基础转换一起发生，将有一个极其有力度的行情。基础转换与 42 分再转换同时发生的概率极低，出现这个情况，偶然因素非常多。出现同时转换时，应忽略常规转换，重心放在再转换上。

42 分再转换要建仓 2 份，无须考虑基础转换仓位。操作模型见图 3.2.E。

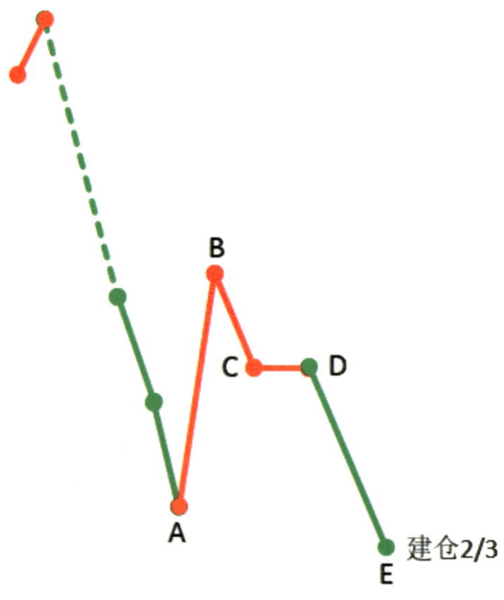

图 3.2.E　基础转换与 42 分再转换同时转换操作模型示意图

考验一个投资者是否成熟的关键要看他如何在逆水中行舟。每一个投资者其实都是生存在逆水当中，就如没有几个人能预测出市场趋势的转变一样。大多数投资者的预测准确率连 1/3 都达不到。谁也无法保证自己满仓操作时究竟是对还是错，因此 1/3 的建仓就显得尤为明智。

中源线为了应对这样的情况专门设计了仓位法，就是为了让研究者在走势还未明朗时谨慎交易。可能很多人觉得这太保守了。但是，这恰恰是那些能在市场中生存几十年而不倒的交易大师的制胜法宝。如果投资者不能够保护自己，又谈何去迎接更好的未来呢。正是中源线建仓法的不同点让使用中源线交易法的投资者能够更安全地进行获利。虽然在短期时间内获利可能没有一些成功的投机家强，但是从长远的角度，中源线投资者能够生存得更长久。

第三节　同时转换实战解析

不同转换不同力道

基础转换、42 分转换、基础转换的再转换，三种转换各有特点，其中基础转换适合大部分市场走势，基础转换后的市场走势有各种可能性；42 分转换大都类似“V”形反转，自然未来走势偏向强势；再转换可以迅速打破某种初始形成的趋势，未来市场也最容易趋向极端。不同转换后的市场会有不同的力道，这一点和三档逆势结算一样，都体现了中源线体系的“强弱观”。

同时转换

前文中提到，同时转换指的是市场发生阴阳转换的条件既符合基础转换又符合 42 分转换。基础转换的首要条件是顺行过程中有符合条件的屈曲段，当没有屈曲段时，市场随后的上行就有可能出现 42 分转换。或者出现的屈曲段差值过大导致对 CD 段要求更高，CD 段当满足两倍屈曲段后也可能符合 42 分转换条件，这就是一种既符合基础转换又符合 42 分转换的同时转换。如果把基础转换或 42 分转换看作一个使市场发生趋势转折的结构的话，同时转换就是导致市场反转的两个结构。经数据表明，发生同时转换的市场转折，力度较大，预测准确率也较高。

为了加强理解，此处有必要先对 42 分转换做进一步阐述，如图 3.3.A 所示：

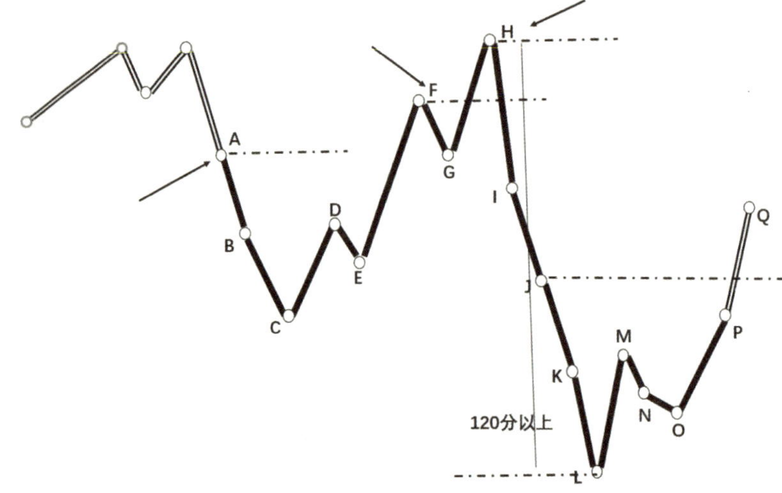

图 3.3.A　同时转换示意图

图中测算 120 分的起点是 A 点（即阴线的颜色起点），如果其价格超过了 A 点（也就是 F 点），测定基点就变为 F 点。当比 F 点更高的 H 点出现时，基点就会变成 H 点。该示意图自 H 点到 L 点符合 120 分条件，Q 比 J 点高出 3 分以上，且 L 到 Q 等于或大于 42 分，即为 42 分转换。

值得留意的是，图 3.3.A 中的 42 分转换是有屈曲段的，逆行 OP 之所以不是基本转换，是因为屈曲段 LM 差值较大。但运行至 Q 时市场即满足基础转换的所有条件，又符合 42 分转换的所有条件，这就是同时转换。正如前文中提到的那样，同时转换的市场准确率更高，力度也更强，此时可以直接以 2/3 的分量建仓。

接下来看一下同时转换的实战案例：

图 3.3.B 中个股春风动力自 2019 年 10 月 16 日阴转后一路卖空，25 日至 28 日是逆行屈曲段，11 月 1 号到 11 月 4 号是 CD

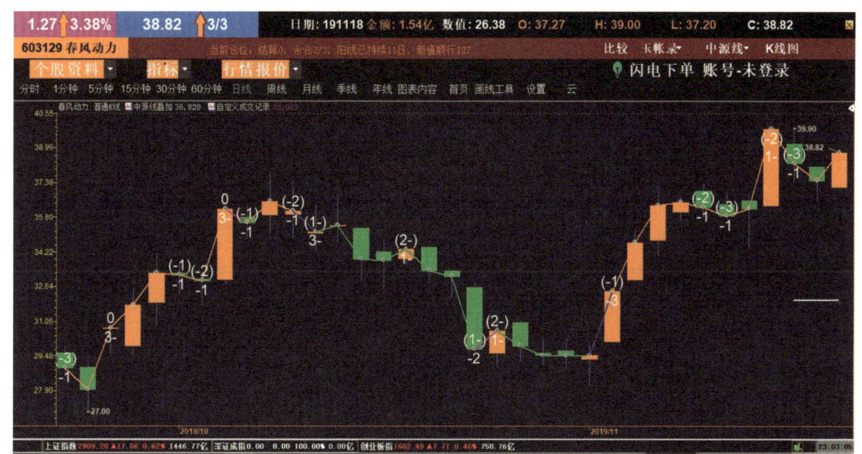

图 3.3.B　42 分转换与基础转换同时转换操作案例图

段，并满足屈曲段 2 倍以上条件，此时为基础转换。左侧阴线远远大于 120 分，右侧也够 42 分，且比左侧连续两段顺行高出 3 分，这里也是 42 分转换。两种转换条件同时符合时，可以在阳线中建仓，建仓一份而非两份。由于基础转换发生的概率比 42 分转换高出许多，研究者在选股时可以先确定 42 分转换后，再分析是否也符合基础转换，可以极大提高选股有效率。

同时转换后的再转换以及再次转换

虽然基础转换与 42 分转换同时发生的情况是存在的，但此后发生再转换的时候则让人比较难以理解，此处加以阐述。

图 3.3.C 为基础转换，如果 D 向上超过 H3 分，即可构成 42 分转换（超过连续的 2 根顺行线 3 分或 3 分以上）。也就是说，基础转换与 42 分转换已经同时发生了，这就是所谓的“同时转换”。

关键在于以后的走势，如果行情暴跌，出现了向下超过 C3 分的情形，在基础转换后出现了 2 根顺行线之后，不算是再转

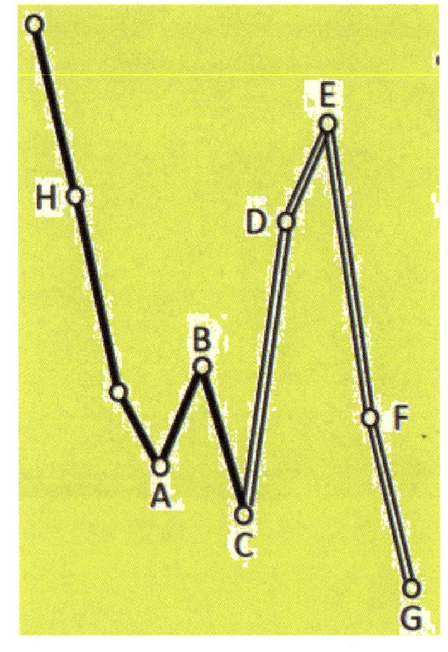

图 3.3.C　同时转换后的再转换示意图

换（D 如若是从 1 根顺行线开始逆行，就算是再转换）；若与 42 分转换同时发生，那就要按照 42 分转换的再转换的规定建仓。

实战案例如下图所示：

图 3.3.D 是比较复杂的一种转换，左侧持续的阴线于 A 处既符合基本转换也符合 42 分转换，B 处是同时转换后的再转换，此时仓位卖掉 1/3 多仓，然后买入 2/3 空仓。图中 C 处是再转后的再次转换，卖掉 2/3 空仓，并买进 2/3 多仓，这种连续转换意味着市场的异动，多仓在 D 处获利结算一份，保住了绝大部分的利润。

中源线的各种转换组合还有很多，投资者要根据不同转换的特点进行解析，分析转换的强弱，最终决定操作的仓位。

图 3.3.D　复杂转换案例图

第四章　分是中源线的精髓

对于大多数初学者来说，分值是中源线非常难理解且深奥的问题。因为“分”是中源线的独特之处，是其他分析方法所没有的要素，这也是为何难以参透其本质的最大原因。

因此，可以说熟练掌握分值也就意味着能熟练掌握中源线。但是，要想完全掌握，并将其作为工具熟练使用，还需要投入精力进行深入研究。

第一节　分的标准用法

虽说中源线的“分”是一个比较难理解的概念，但如果能掌握其基础，自然就能掌握应用的方法。

前文中提到，“分”是制定中源线的单位，行情的价格变动单位称之为“分值”。“分值”的主要功能就是选择何种程度的变动作为“行情的转换”。每一分代表的价格区间可以自行设定。分值不一样，中源线的交易结果就会不一样。分值具有灵活性和便利性的特点。

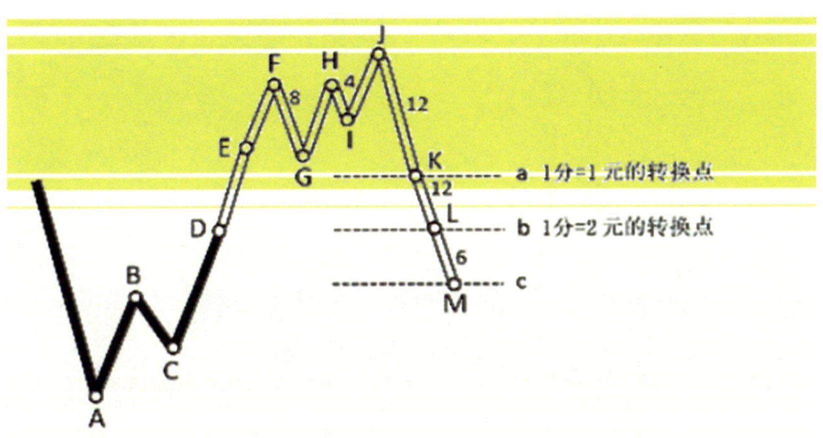

图 4.1.A　分的灵活性与便利性示意图

分值 1 分＝1 元时，a 点（K）阴转（基础转换）。

分值 1 分＝2 元时，b 点（L）阴转（基础转换）。

分值 1 分＝3 元时，c 点（M）不转换。

分值	仓位			
	点 G	点 K（a）	点 L（b）	点 M（c）
1 分＝1 元	2/3 买入	1/3 卖出	1/3 卖出	1/3 卖出
1 分＝2 元	1/3 买入	2/3 买入	1/3 卖出	1/3 卖出
1 分＝3 元	1/3 买入	1/3 买入	2/3 买入	2/3 买入

表 4.1.A　分的取值对转折的影响

可见，关于“分值”的研究非常重要。

本节的题目是分的标准用法，标准的意思就是根据最小变动单位来制定分值。由于 A 股交易的最小单位是 1 分钱，所以，标准分值 1 分＝0.01 元。当然，这种规定注定了对低价股才是最有效的。

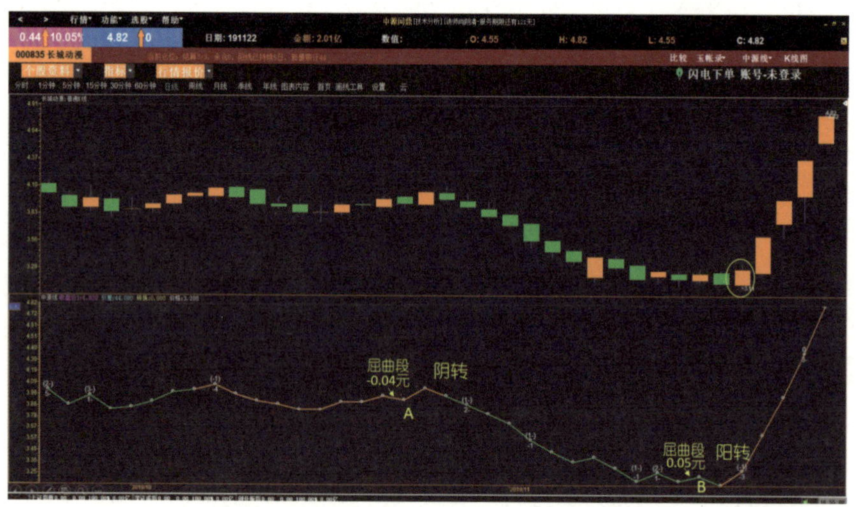

图 4.1.B　长城动漫分值使用示意图

如图 4.1.B 所示，长城动漫（000835）的日 K 线走势图上，该股股价在 3~4 元之间，涨跌过程中经历了阴转和阳转。在阳线的情况下，屈曲段 A 下跌 4 分（0.04 分），刚好符合屈曲段大于等于 4 分的条件，随后股价出现阴转，卖出股票。在阴线下跌的过程中，出现多次逆行，屈曲段 B 为 5 分（0.05 分），随后出现阳转，股价进入上升阶段。

由于这个标准的分值是最小的数值，通过中源线的阴转和阳转就能迅速地捕捉到细小的变动。对于低价股来讲，标准分值 0.01 元非常适合；对于高价股的走势，这样的规定就会出现错综复杂的变化。

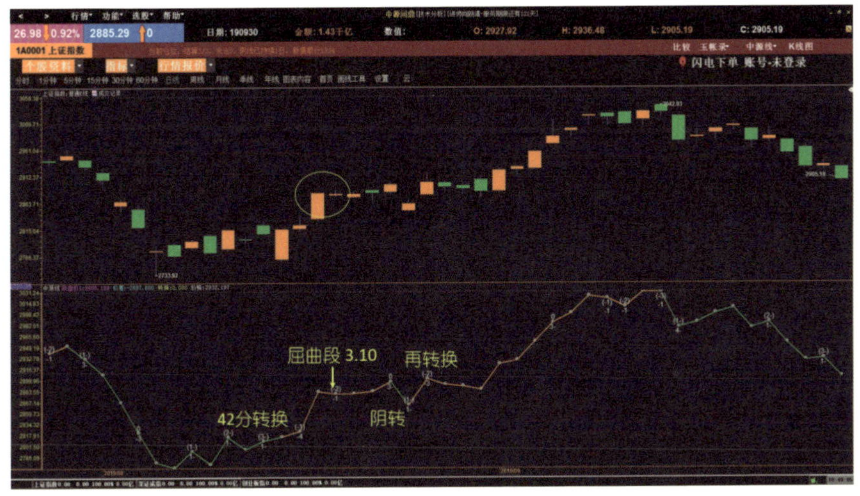

图 4.1.C　上证指数分值使用示意图

图 4.1.C 是上证指数 2019 年 8 月至 2019 年 9 月的日 K 线走势图。图中，8 月初，指数为阴线，随后见底上涨，出现 42 分转换。在上涨的途中，8 月 20 日下跌了 3.10 点，根据标准分值，此处是 310 分，符合屈曲段的条件（大于等于 4 分），随后股价下跌出现阴转和再转换。

如果把分值由 0.01 改成 1，8 月 20 日的下跌就不符合屈曲段的条件了，阴转就不会出现。所以，对于点位较高的价格走势不能采用此方式。对于高价股票需要采用区间参数的方法来确定分值。

由此可知，若是很擅长短线交易，就选小的分值；若是觉得

长线交易更好，就选择大的分值。要从利润率和使用的便利性来考虑。

除此之外，也有人使用属于自己的分值，根据自己的节奏进行交易。如果不考虑频率、效率，所有的股票，都可以把交易所的行情价格单位当做 1 分。投资者可以选择适合自己的价格单位进行操作。

第二节　分的区间参数

在上一节的内容中阐述了分的标准用法，这对于低价股的判断是非常实用的，但是，对于高价股的判断还有许多不便。本节将重点分析分值选取的另一种方案——区间参数。

对于中源线实战有研究的读者们会发现，分的取值对于中源线实战效果的影响是非常大的，很多初学者都倾向于提前选定一个固定的分值，这种方法的确是初学者的首选。

然而作为更进一步的研究者，这个时候就要开始学习区间参数了。

顾名思义，区间参数是指对于不同区间的股价，参数是不一样的。

在第一章第二节中提到中源线的优势时，对于分和分值阐述中提到一个最佳分值参考一览表，其中给出了对于不同价格区间的股票应该如何选取分值。

10 元以下，1 分＝ 0.010 元

10 ～ 20 元，1 分＝ 0.035 元

20 ～ 40 元，1 分＝ 0.075 元

40 ～ 500 元，1 分＝ 0.150 元

500 元以上，每 500 元增加 0.050 元，即当前分值＝ 0.150+ 0.05×（当前点位－ 1）/500，其中当前单位取整数，（当前点位－ 1）/500 的结果取整数值。

根据公式：价格在 501 ～ 1000 元，1 分＝ 0.200 元，价格在

1001 ～ 1500 元，1 分 = 0.250 元，价格在 1501 ～ 2000 元，1 分 = 0.300 元。

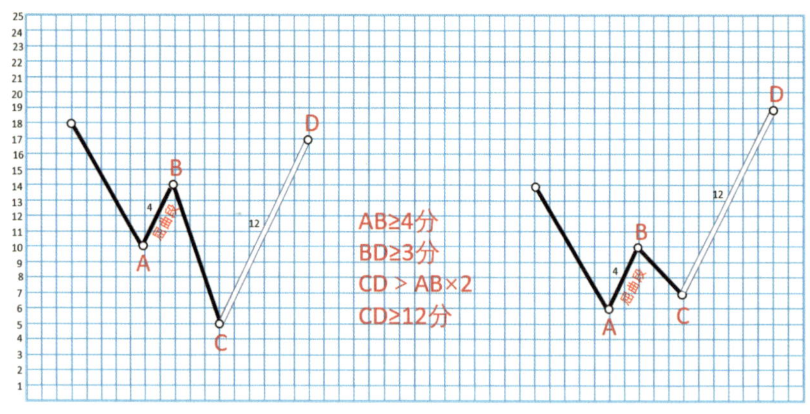

图 4.2.A　分的取值示意图

假设，当前贵州茅台的价格是 1233.7 元，1 分 = 0.250 元。对于基础转换，4 分 = 1.00 元，这个数据是屈曲段 AB 的最低要求，基础转换 CD 最低要求是 12 分 = 3 元。

根据基础转换的公式，我们可以轻松地计算出屈曲段的价格差和发生阳（阴）转的长度。如表 4.2.A 所示：

	分	屈曲段 AB 最少长度为 4 分	阳（阴）转 CD 最少长度为 12 分	CD 超过 AB 最少长度为 3 分
10 元以内	0.010 元	0.04	0.12	0.030
10 元 ~ 20 元	0.035 元	0.14	0.42	0.105
20 元 ~ 40 元	0.075 元	0.30	0.90	0.225
40 元 ~ 500 元	0.150 元	0.60	1.80	0.450
500 元 ~ 1000 元	0.200 元	0.80	2.40	0.600
1001 元 ~ 1500 元	0.250 元	1.00	3.00	0.750

表 4.2.A　完成转折需要的最佳分值表

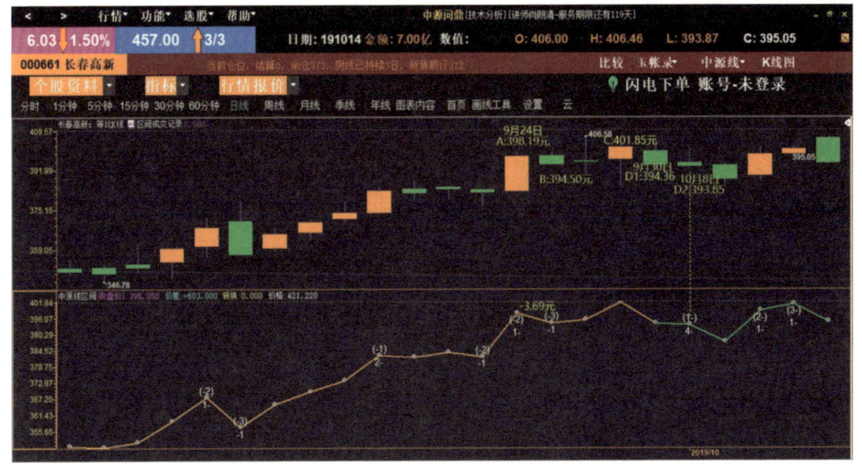

图 4.2.B　分值运用案例图一

如图所示，长春高新（000661）的日 K 线图上，我们利用区间参数发现该股在 D2（2019 年 10 月 8 日）出现阴转。由于该股的股价在 40 ~ 500 元之间，1 分＝0.150 元，D 点应该低于 B 点超过 3 分，即 0.450 元。B 是 394.50 元，D1 是 394.36 元，低于前方 0.14 元，不符合 3 分条件，D1 没有阴转，D2 是 393.85 点，低于前方 B 点 0.65 点，符合 3 分要求，且满足基础转换的其他条件，所以在 D2（2019 年 10 月 8 日）处阴转。

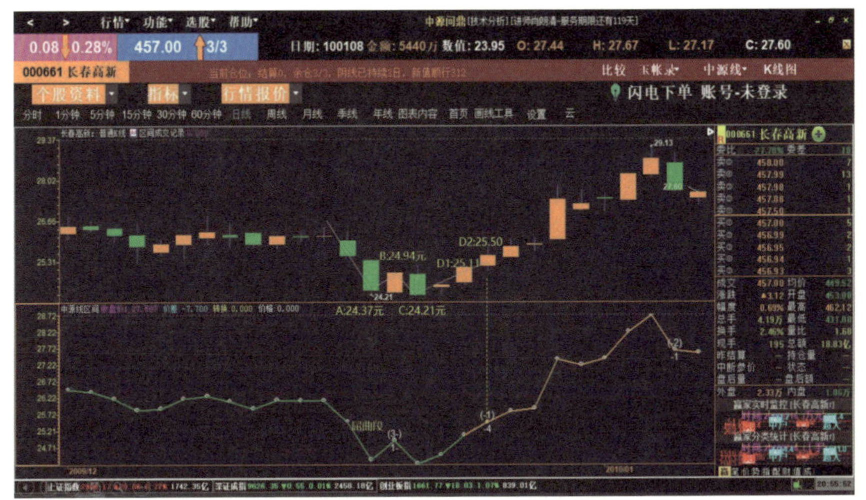

图 4.2.C　同一只股票价格变化对分的取值的影响示意图

如图 4.2.C 所示，同样是长春高新，在 2009 年 12 月至 2010 年 1 月之间，该股价是 24 ～ 30 元，屈曲段是 AB，AB = 24.94−24.37 = 0.57 元。如果该股此时的参数依然是 1 分 = 0.15 元，屈曲段 AB 就不符合大于等于 4 分的条件。该股的区间参数将不再是上面讨论高价时的参数（0.15 元），设定此时的参数是 0.075 元，屈曲段 AB 就大于或等于 4 分。随后，股价逆行，D1 超过 B 点 25.11−24.94 = 0.17，因为 1 分 = 0.075 元，不符合基础转换的条件（超过前方 3 分），只有到了 D2 点 25.50 点，才完全符合基础转换条件。

可以看出，运用区间参数，同一只股票，只要价格有太大的变化，分的参数就会出现较大的改变。所以，我们在运用中源线交易的时候，需要留意当时的价格，这样才不会犯错误。

当然也有股票快速拉升，股价经历了好几个不同区间，在不同区间的参数也不一样的情况。

比如中潜股份（300526）一波上涨就从 10 元上涨到 57 元，我们来看看它在不同阶段的分值情况。

图 4.2.D 中潜股份（300526）的日 K 线图上，在 C 处是一个

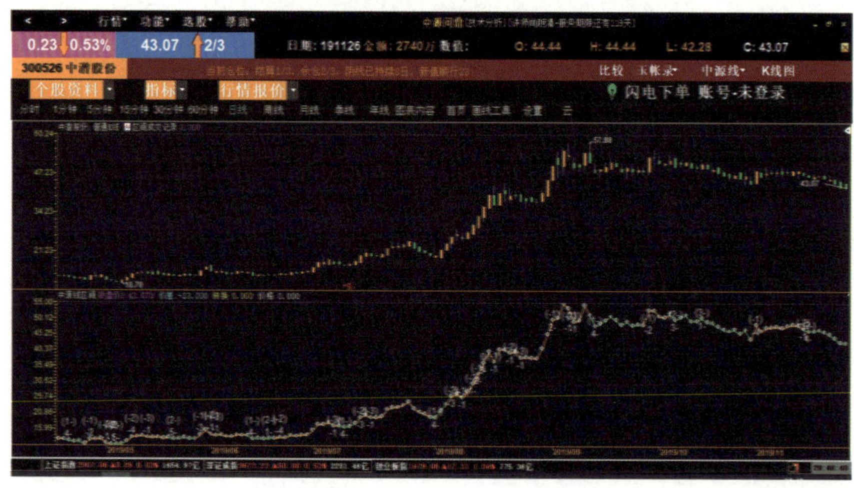

图 4.2.D　中潜股份日线走势图

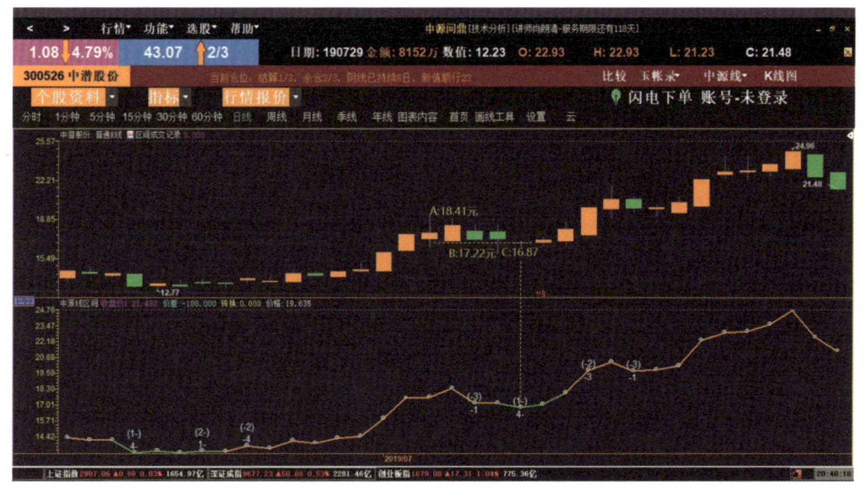

图 4.2.E　中潜股份价格变化对分值的影响示意图

典型的 42 分转换，后面出现再转换。根据区间分值的取值，此处股价是 10 ～ 20 元，1 分＝ 0.035 元。42 分＝ 1.47 元。股价从 A 下跌至 B，价差是 1.19 元，所以下跌至 B 不满足下跌 42 分的条件，而下跌至 C 的价差是 1.54，大于 42 分，此处符合 42 分转换。所以，在中源问鼎软件上显示的是下跌 42 分转换，随后又出现再转换。

随后，股价持续攀升，当股价到达 50 元左右，此时的分值是 1 分＝ 0.15 元。

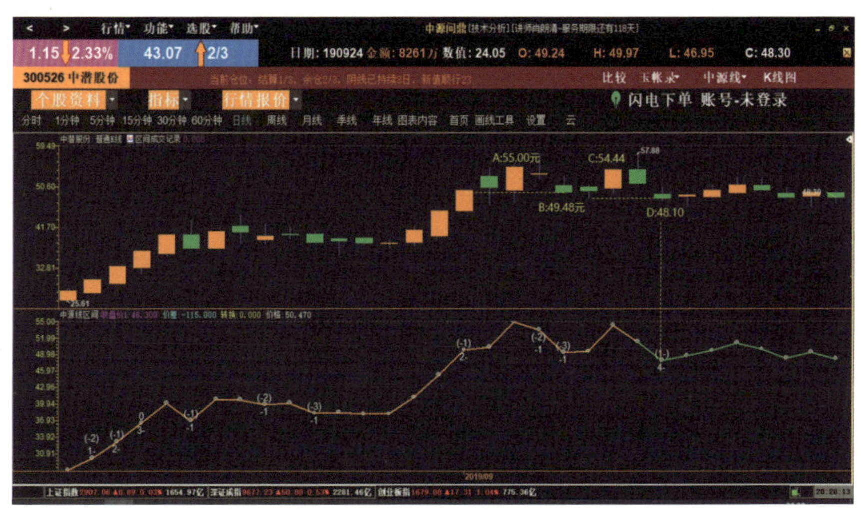

图 4.2.F　中潜股份日线走势图

如图 4.2.F 所示，中潜股份（300526）的日 K 线图上，A 点（2019 年 9 月 4 日）见顶，股价下跌至 B 点，跌破了前面连续两根顺行线，符合 42 分转换的其中一个条件，因为 1 分＝0.15 元，所以 42 分＝6.30 元。这里 AB＝55.00−49.48＝5.52，下跌小于 42 分，所以，AB 处并未出现阴转。随后在 C 点开始下跌至 D 点，CD＝54.44−48.10＝6.34，大于 42 分，所以在 D 处出现 42 分转换。

综上所述，股票处于不同价格时，中源线的分值取值不一样，这样可以让投资者使用中源线交易更加方便和精准。

扩展内容——分与转折的注意点

在研究中源线分值时，研究者们经常会遇到一些细节的问题，其中有一个问题非常典型。

如下图 600297——广汇汽车的日线走势。

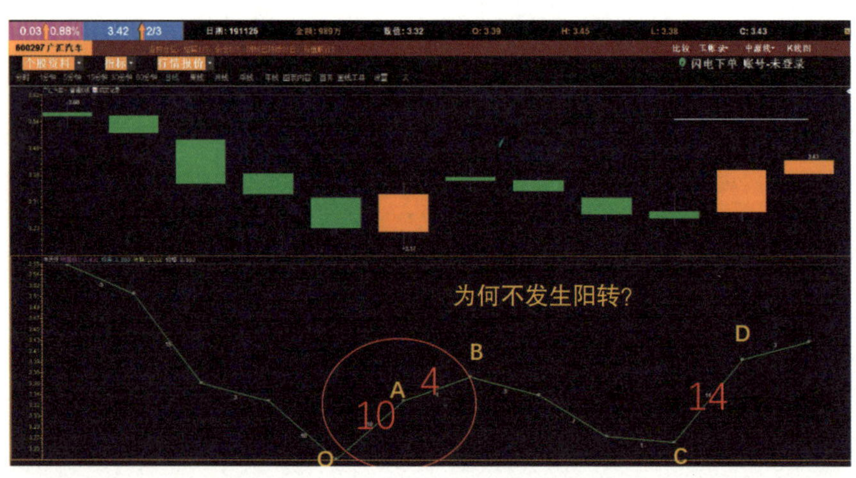

图 4.2.G　连续逆行的屈曲段示意图

几个关键地方的分值用加大的红色数字标识，最近的逆行 AB 为 4 分，符合屈曲段的条件。如果以此为屈曲段，则 CD 为

14分，大于12分，且大于2倍的AB，为何D处不发生阳转？

这里就涉及一个比较重要的知识，中源线交易法中要求屈曲段是最近的一段逆行，其中“一段”这个概念所隐含的是“连续的逆行会被视为一个整体”，如图4.2.G中，OA与AB之间两段是连续的逆行，所以不能单纯以AB为屈曲段，而是应该以OB为屈曲段，则此处屈曲段的分值为14，而CD并没有大于屈曲段两倍，所以此处不发生阳转。

第五章　结算和风险控制

股市里有句谚语，会买的是徒弟，会卖的是师傅，会休息的是祖师爷。

这句话从另一个角度阐述了风险控制的重要性。在市场中，新手投资者面临最大的风险往往是不知道何时应该离场。

第一节　仓位控制的重要性与安全性

交易没有秘密

交易没有秘密，令简易行，事简易成。

中源线系统简单直观，买卖方便，仓位清晰。即使是没有任何基础的投资者都可以轻松掌握其中的诀窍。

这也是中源线交易法的魅力所在，中源线的核心三法是预测法、操作法和仓位法，很多初学者都会特别重视其中的预测法，认为它是中源线交易法核心中的核心，但其实中源线交易法的核心并不是预测法，而是交易法。

预测法是前文中多次提到的多种转换方法，甚至是之前提到的再转换的补充，但是真正落实到获利上的，还是操作法。

在深入学习操作法之前，最重要的是要明白中源线的理念“贱入如珍宝，贵出如粪土”。

我们如何才能够找到真正喜欢的好股票呢？

贱入如珍宝。简单来说，精选大约 10 只股票，在数个月乃至一年中，只专注于这 10 只股票，最多同时持有 4 只股票（一般来说，持不过三，但是对于熟练掌握中源线的投资者来说，最多可以考虑同时持有 4 只股票）。当然，仓位不是均分的，专业的投资者通常会选择其中一到两只股票持有较多仓位，剩余几只股票只持有少量仓位。

如何精选这 10 只股票呢？首先你要考虑，长期关注这只股

票的话，它最好有足够大的上涨空间，所以要从便宜的股票里面去挑选。

当然这个“便宜”也不是自己感觉，有一个标准，比如选择股价为当前市场的平均股价一半左右的股票。这种情况下，因为这只股票的股价比市场平均价格低一半，所以它如果想要达到市场的平均价格，就会有一波翻倍的走势。但是还需要考虑另一个因素，这样的股票大多数都是比市场弱的，想要从这些股票里面随便选一只就能赚钱并不容易，所以你要像挑宝贝一样精挑细选。

贵出如粪土，当它差不多涨到了市场平均价格附近，就应该把它卖掉，以后这只股票是涨是跌，与你无关。

这种风格就是中源线交易系统所推崇的稳健操作风格，因为市场中机会常有，而每个投资者的资金却是有限的。你有资金，永远有机会等着你；你没资金，多少机会对你都没用。

而中源线的仓位控制和大多数投资理论最大的区别就是，它是逆向的，跌买涨卖。正如巴菲特所说：在别人恐惧时我贪婪，在别人贪婪时我恐惧。这种思想贯彻在整个中源线的仓位控制手法中。

如图 5.1.A 所示：我们看到，图中左起第一个粉色圆角矩形标记的位置，中源线刚刚出现转换（阳转），此时买入 1/3 仓位，左起第二个粉色圆角矩形标记的位置，两根顺行线以后跌 6 分以上再买 1/3，左起第三个圆角矩形标记的位置，再次跌 6 分以上，直接满仓，三个涨停之后告诉你清仓（图中左起第三个蓝色圆角矩形处）。可以看到，清仓之后股价即开始一路下跌，

它是在下跌的时候出现买点，当阴阳分歧点出现以后，每次回调都买，涨上去之后，在没有下跌之前就会出现清仓的信号。

如图中左起第三个蓝色圆角矩形处，如果没有中源线的提示，

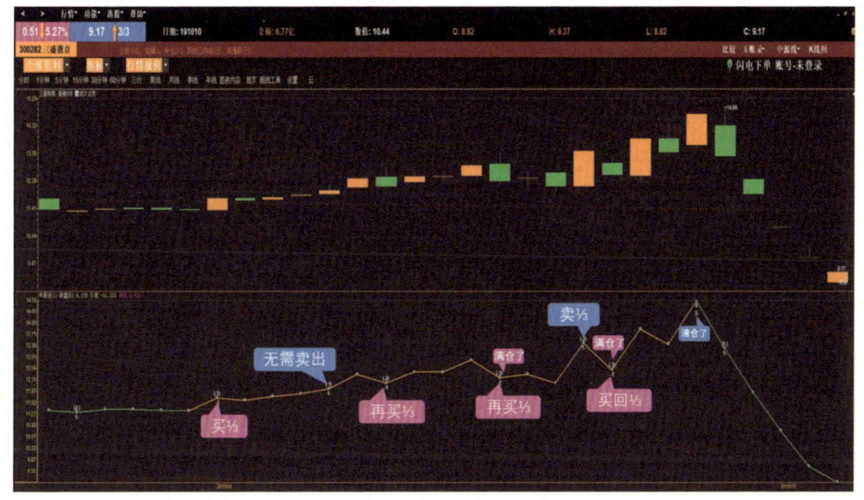

图 5.1.A　中源线仓位控制示意图

在这个位置，市场上大多数投资者都会对于接下来的行情充满信心，但这种时候往往是风险来临的时候。中源线交易法将这种逆向思维的买卖法则应用到了极致。

这里有一个小技巧跟研究者分享一下，这是作为普通投资者，在初学中源线三个月以内都要遵守的规律：晚上把图画出来，第二天开盘再卖掉。因为中源线操作法在卖出的时候，市场是处于强势的，买入的时候市场是处于弱势的。而强势的时候市场很容易出现高开，开盘时的时候再卖掉往往能够攫取更多的利润；同样的道理，弱势买入的时候，也在做好图之后第二天开盘再买进，往往能够买到比较低的位置，

这样不用每天盯盘，但是你的买卖点都会选得不错。

仓位控制的重要性与安全性

在近年的市场运行规律中，稳定正在不断减弱，市场正在越来越多地展现出其多变性与难以预测性。

突然出现的跌停和涨停很容易让投资者失去方寸，而连续的

跌停更是可怕的是陷阱，只要投资者反应稍慢就会损失大量资金。

而这种突然地连续跌停甚至是没有任何征兆的，如图 5.1.B 中的案例所示：

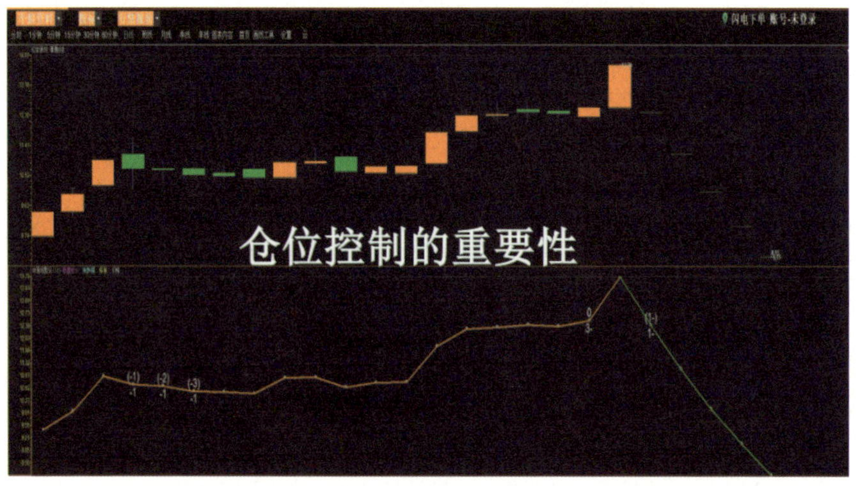

图 5.1.B　仓位控制的重要性示意图

所以，控制仓位的重要性就凸显出来。一方面，提前减仓规则可以在很大程度上回避风险；另一方面，中源线交易法的仓位控制技巧可以让投资获得较高的安全性。

举一个简单的例子，比如某位投资者有 100 万资金。根据前文中提到的贱入如珍宝、贵出如粪土的操作理念，10 选 4 的标准，每一只个股平均分配到的资金在 25 万上下。

在个股中，中源线的仓位控制要求把资金分成 6 份，每一份资金的体量大约为 4.17 万，也就是总资金的 4% 左右。通过预测法可以最大限度地保证这些资金的安全。

——当然，在实际操作中我们不太可能把资金平均分为 4 份，也不一定会选择 4 只股票，每只股票中的资金必然是有侧重的，但通常来说，一个成熟的，掌握了仓位控制技巧的投资者在任意一只股票上投入的资金也不会超过整体资金的 50%。在前面的例子中也就是 50 万，这部分资金的 1/6 大概是 8 万多，也就是总资金量的 8% ~ 9%。

在中源线的仓位控制中，第一个 1/3 或以上的仓位止损往往是最迅速的。也就是说，大多数时候投资者使用这套仓位控制技术所面临的最大风险也不会超过总资金的 10%，平均不到 5%，理想情况下（比如轻仓投入的个股）则会进一步降低。

另外，我们都知道，中源线操作法会随着市场的上涨而增加仓位，也会随着市场的异动而及时止损。

因为市场的多变性，无论是多么完美的方法，总会有判断失误的可能，正如常在河边走，哪能不湿鞋。你可能在某一只股票上赔了，仓位很少；另外一只股票上赚了很多，仓位却很多，即使九败一胜仍能获利，这才是中源线的真正魅力。

这就是为什么在前文中提到交易法才是中源线操作法的核心。

第二节　中源线结算规则

中源线结算的基本规则

中源线建仓法将总资金分成6份，每只个股最多建仓3份，即总资金的一半。

出现阴线与阳线转换（即阴阳分歧点）的时候，现有仓位立即清空，在新的方向上建立新的仓位。

建仓：指当满足特定条件时，投资者所能买入的最大仓位。

结算：指当满足特定条件时，投资者所应卖出的最小仓位。

余仓：指当满足特定条件时，投资者手中持有的最大仓位。

具体规则如下：

建仓和增仓规则：

1. 如果出现了阴阳分歧点，则在阴阳分歧点确认的地方进行1/3建仓；

2. 阴阳分歧点前后，两条连续的顺行线之后逆行值幅大于等于6分时，可以增仓1/3；

3. 若只有一条顺行线即开始逆行，逆行结束后再次顺行，当第二次顺行结束后的逆行值幅大于等于6分时，则增仓1/3；

4. 阴阳分歧点后立即发生逆行时，若此逆行处发生再转换，则直接建仓2/3；

5. 若出现42分转换的再转换或者基础转换的再转换时，也直接建仓2/3；

6. 每一只股票的最大仓位为 3/3，即总资金的一半。

减仓和清仓规则：

1. 连续三条顺行线（可以不连接）都大于等于 9 分，且第三条顺行线的值幅最大，顺行新值大于等于 3 分时，则结算 1/3（此时余仓 2/3）；

2. 连续三条顺行线（可以不连接）都大于等于 18 分，且第三条顺行线的值幅最大，顺行新值大于等于 3 分时，则结算 2/3（此时余仓 1/3）；

3. 连续三条顺行线（可以不连接）都大于等于 27 分，且第三条顺行线的值幅最大时，顺行新值大于等于 3 分时，则全部结算（无余仓）。

需要注意的是，出现阴阳分歧点后，所有的建仓和增仓都是通过逆行线来进行的，而所有的减仓和清仓都是通过顺行线来进行的。

三种波段结算

中源线结算的方法看似简单，但是随着研究的深入，以及与实战相结合得越来越多，就会有多来越多的全新的应用技术出现，中源线结算的方法是会在原有基础上不断更新和发展的。

接下来就会给各位研究者介绍一些比较尖端的技巧，也是在原有基础上新发展出来的三种全新的结算方式。

常规的结算方法都属于在顺行和逆行基础上的结算，在股价实际运行的过程中会有中期的波段，这种波段的结算是值得单独拿出来研究的。

但是在此之前我们首先要明确一个概念，什么叫做波段？在中源线交易法中，对于“段”的定义是什么？

波段的概念和股市中讲到的波差不多，如下图所示：

图 5.2.A 中的走势在市场中是比较常见的。通常来说，我们

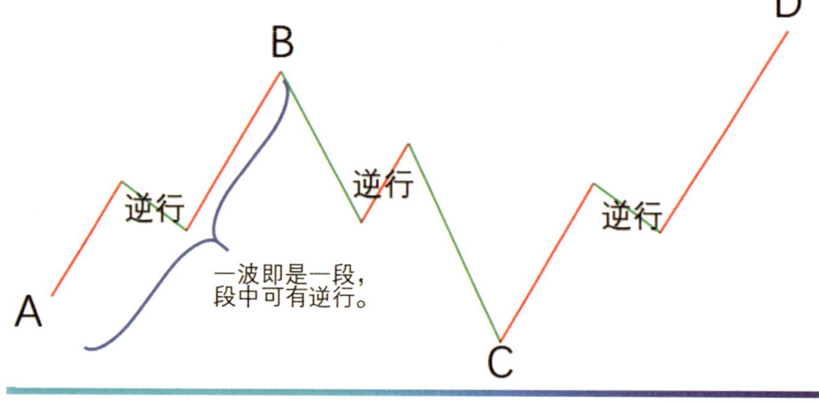

图 5.2.A　波的概念示意图

会认为 AB 是“一波”，BC 是“一波”，CD 是“一波”，但是每一波中间都可能会出现数量不等的“逆行”。

实际上在中源线理论中，我们往往认为“一波”即是“一段”，每一段中都可能出现逆行。

每一波的明确界定是通过高低点，整体的一波上涨是从低点到高点，如图中 A 到 B；整体一波下跌是从高点到低点，如图中 B 到 C。

理解了波段，就可以更进一步来研究波段的结算。

因为波段走势一般都属于中长期，所以波段的结算和传统中源线结算技巧中的单独一根一根的结算是有区别的。

波段的结算规则有 3 种，分别是结算 1/3，结算 2/3 和结算 3/3 的规则。首先来看结算 1/3 的规则，如下图所示：

图 5.2.B 中左侧的走势出现连续 3 根顺行值幅依次放大（此处强调，这 3 根顺行必须是连续的），当出现这种情况的时候，应当结算 1/3。

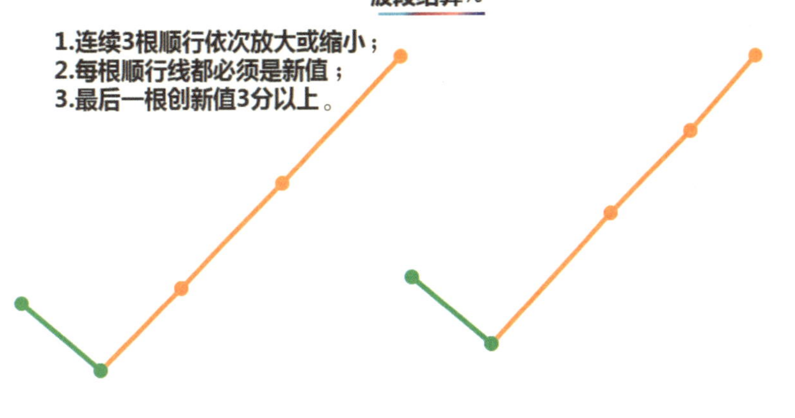

波段结算⅓
1.连续3根顺行依次放大或缩小；
2.每根顺行线都必须是新值；
3.最后一根创新值3分以上。

图 5.2.B　波段结算 1/3 示意图

图 5.2.B 中右侧的走势出现 3 根连续的顺行线且值幅依次减少的时候，也要结算 1/3。

除了连续的顺行线值幅依次放大或减少之外，还有两个条件，第一是这 3 根连续的顺行线必须都是新值，第二是最后一根顺行线必须要创出新值 3 分或以上。

需要注意的是，这里的结算 1/3，并不是指在原有基础上减少 1/3 仓位，而是让仓位最多维持在 2/3。即如果原有仓位为满仓，则减仓至 2/3；若原有仓位小于等于 2/3，则不操作。

下面我们来看一个实战案例，如图 5.2.C 中蓝色箭头表示建仓的位置和当前的持仓量，红色箭头标识符合条件后的结算位置和结算的幅度。

可以看到，当中源线由阴转阳之后，建仓 1/3，随后连续出现 3 根连续的顺行线，且其值幅依次缩小（42、19、18），每根顺行线都创出新值且最后一根顺行线的新值大于 3，符合结算 1/3 的条件。

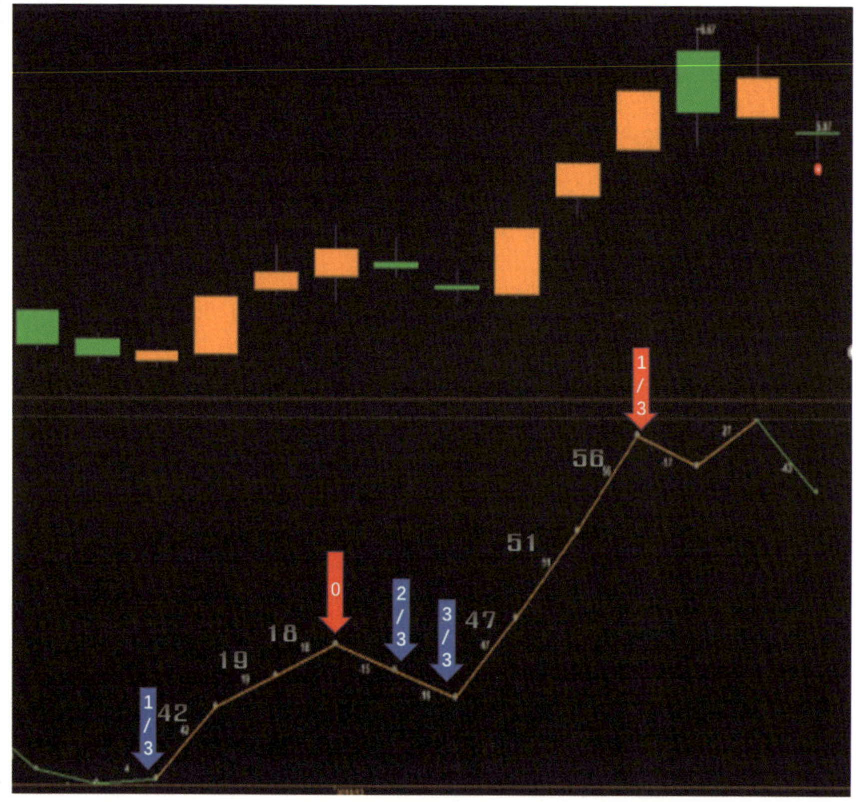

图 5.2.C　波段结算 1/3 实战案例图

需要注意的是，此时的仓位是 1/3，小于 2/3，所以此时即使符合条件也不进行减仓操作，如左起第一个红色箭头标识。

接下来出现两次逆行，分别建仓 1/3，当再次出现顺行时已经是满仓了。满仓之后连续三次顺行，其值幅依次放大（47、51、56），每根顺行线都创出新值且最后一根顺行线的新值大于 3，符合结算 1/3 的条件。

此时仓位是 3/3，大于 2/3，应结算 1/3，（如图中左起第二个红色箭头标识）。

接下来是结算 2/3 的规则，如下图 5.2.D 所示：

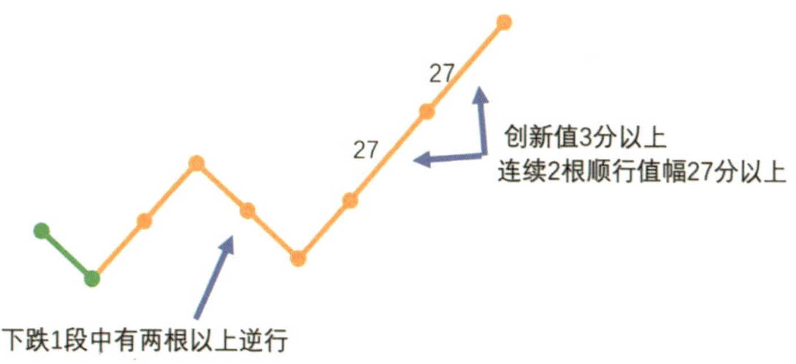

图 5.2.D　波段结算 2/3 示意图

阳转以后，出现一段上涨和一段下跌（其间可以出现逆行），下跌段中有两根以上的逆行，在这两段走势以后出现两根顺行值幅在 27 分以上的顺行，两个大于 27 分的顺行都创出 3 分以上的新值。符合以上条件，则应该结算 2/3。这里的结算 2/3，并不是指在原有基础上减少 2/3 仓位，而是让仓位最多维持在 1/3。即如果原有仓位大于等于 2/3，则减仓至 1/3，若原有仓位小于等于 1/3，则不作操作。

我们来看实际的案例，如下图 5.2.E 所示：

图中蓝色箭头表示建仓的位置和当前的持仓量，红色箭头标识符合条件的结算位置和结算的幅度。

出现阳转之后，中源线经历了一波上涨，随后经历一波下跌，且下跌中出现了两次逆行（图中红色实心箭头标识）。

一波下跌之后，中源线继续开始顺行，但顺行线的值幅分别为 21、45、39，不符合 1/3 结算的要求。

后续若出现两根创出新值 3 分或以上且值幅大于 27 分的顺行，则符合 2/3 结算的条件。

下跌波段结束之后的顺行中，第一根顺行的值幅为 21，小于

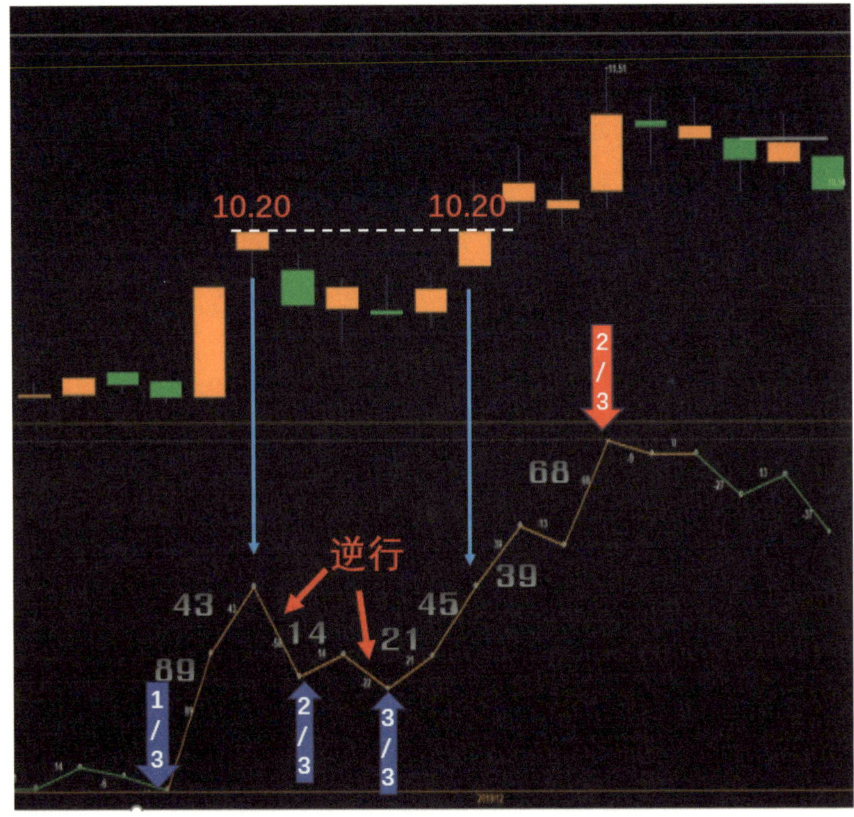

图 5.2.E　波段结算 2/3 实战案例图

27，不符合条件，第二根顺行的值幅为 45，大于 27，那么这根顺行是否符合条件呢？

我们要判断它是否创新值 3 分或以上。

前一上涨波段的高点当日收盘价为 10.20 元，顺行值幅为 45 分的交易日收盘价也为 10.20 元，无新值，所以不符合条件。

第三根顺行的值幅为 39，大于 27，且创新值 3 分以上，符合条件。

之后出现了一段逆行，逆行之后的第四根顺行值幅为 68，大于 24 且创新值 3 分以上，符合条件。

此为第二根符合条件的顺行，则此处符合结算 2/3 的条件。

此时所持仓位为满仓，则结算 2/3 的仓位。

可以看到，案例中结算的位置正好为本轮上涨的高点。

最后，我们来看结算 3/3 的规则，如下图所示：

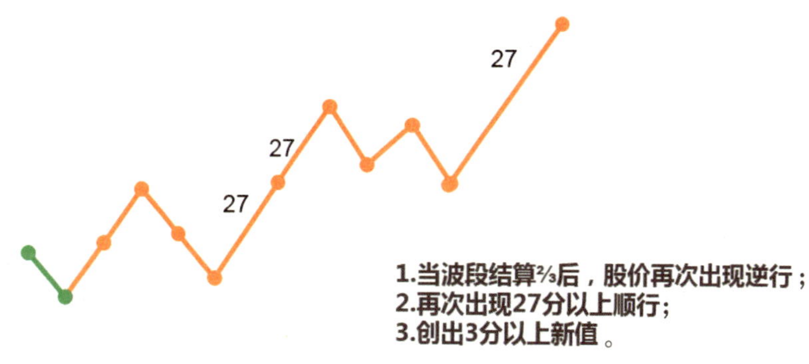

27
27
27
1.当波段结算⅔后，股价再次出现逆行；
2.再次出现27分以上顺行；
3.创出3分以上新值。

图 5.2.F　波段结算清仓示意图

波段结算 3/3 的技巧是建立在波段结算 2/3 的基础上的。当波段结算 2/3 以后，若中源线再次出现逆行，且逆行之后再次出现 27 分及以上顺行，并且该顺行创新值 3 分以上时，则结算全部仓位。

如图 5.2.G，图中蓝色箭头表示建仓的位置和当前持仓量，红色箭头标识符合条件后的结算位置和结算的幅度（注：因为本案例是大盘走势，所以分值较大）。

前期出现了符合 2/3 结算条件的走势，之后中源线出现了逆行，并且随着逆行的出现进行建仓，如图中左起第四、第五个蓝色箭头标识处。

逆行结束之后出现了顺行，其值幅为 2242，大于 27，且创出了新值 3 分以上，则符合全部结算条件，此时结算全部仓位（如图中左起第二个红色箭头所示）。

以上三种结算规则的核心要点就是以波段而非某根顺行或者

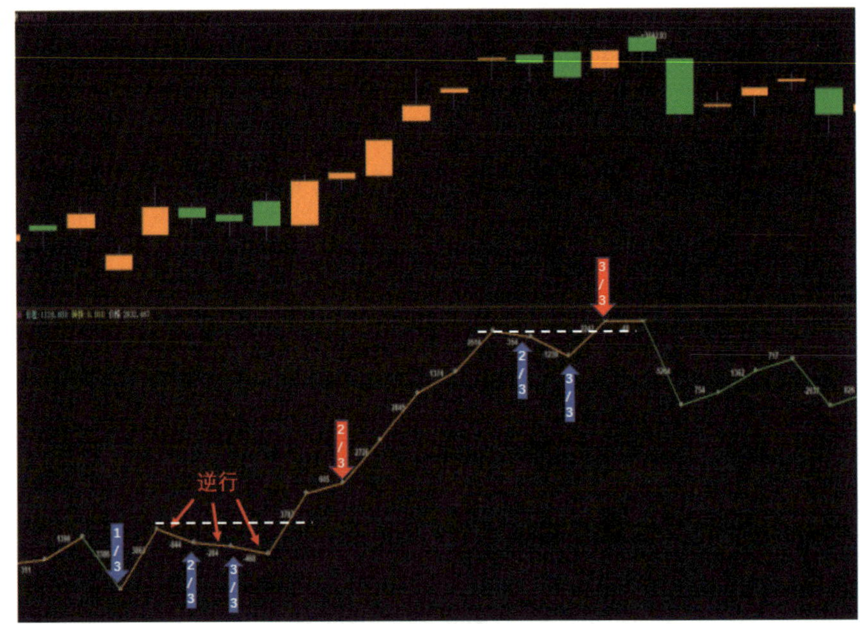

图 5.2.G　波段结算清仓实战案例图

逆行作为分析依据，在实战中熟练掌握将会让投资者更大限度地回避风险，扩大收益。

这种方法需要投资者具备一定的专业性和熟练度，初学者应当深入研究和练习之后再投入实战。

第三节　结算知识精解

结算规则详解

中源线投资法中，比较核心的是操作法，其核心思想是逆势交易，也就是“下跌买，上涨卖”。而中源线投资法中把“下跌买”定义为增仓，把“上涨卖”定义为结算。

上一节对于中源线的结算基础规则做了简单介绍，本节将对结算规则做进一步的深入阐述。

首先，结算是对持有仓位的了结清算，具体分为三种结算，分别是 9 分结算、18 分结算、27 分结算。

这三种结算规则都是发生在顺行 3 条线后，结算规则如下：

1. “3 根都在 9 分（18 分、27 分）或以上”；

2. “第 3 根最大”；

3. “超过顺行新值 3 分或 3 分以上”。

其中，在满仓 3/3 的情况下：

符合 9 分结算则结算 1/3，余仓 2/3；

符合 18 分结算则结算 2/3，余仓 1/3；

符合 27 分结算则结算 3/3，余仓为 0。

如图 5.3.A 所示：三条顺行线上涨值幅分别是：10 分、15 分、20 分，符合 9 分结算规定，结算 1/3，也就是卖出 1/3。

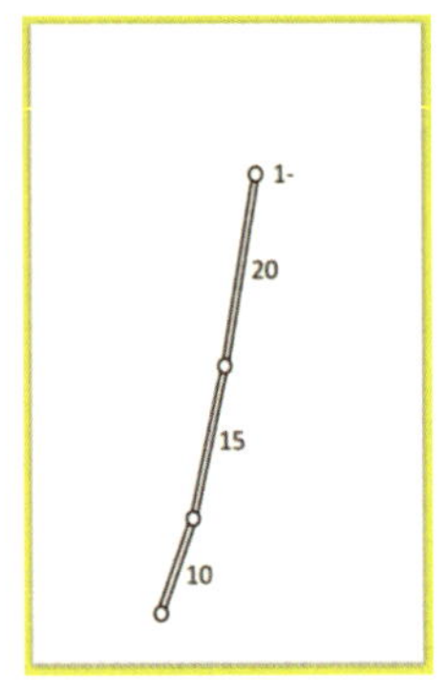

图 5.3.A　标准结算形态示意图

图 5.3.A 所示是标准结算形态，除此之外还有一些延伸形态：

1. 三条线中间存在逆行的情况：

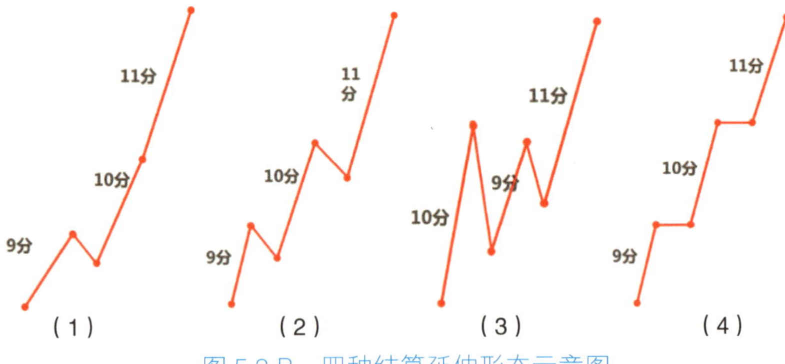

图 5.3.B　四种结算延伸形态示意图

如图 5.3.B（1）所示：9 分顺行后出来一条逆行线，然后再顺行两条线 10 分和 11 分，这样的情况也可以结算。

如图 5.3.B（2）所示：出现符合 9 分结算规定的三条顺行线，且中间夹杂着逆行线，这样的形态也可以结算。

如图 5.3.B（3）所示：出现符合 9 分结算规定的三条顺行线，且中间夹杂着逆行线，第二条顺行线并未创出新值，而第三条顺行线出现创新值的 3 分或以上，这样的形态也可以执行结算。

如图 5.3.B（4）所示：三条顺行线都符合结算规定，但顺行线之间出现同值的情况，这样的形态也可以执行结算。

2. 不结算的情况：

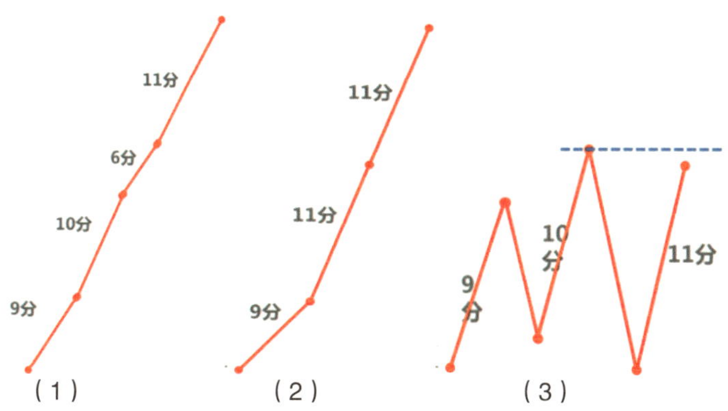

图 5.3.C　三种不结算的情况示意图

如图 5.3.C（1）所示，分别出现了 9 分、10 分、6 分、11 分的顺行线。由于中间出现了 6 分顺行，不符合结算规定中的“三条线都≥ 9 分”，而且也不可以顺行线合并和忽视掉这个 6 分顺行线，所以即使最后出现 11 分的顺行线，也不结算。

如图 5.3.C（2）所示，分别出现 9 分、11 分、11 分的三条顺行线，但由于第二条和第三条顺行线都是 11 分，不符合结算规定中“第 3 根最长”的条件，所以，这样的形态不可以结算。

如图 5.3.C（3）所示：出现三根顺行线，分别是 9 分、10 分、11 分的顺行线，并且中间出现逆行，但是第三条 11 分顺行的新值虽然比第一条顺行线新值高过 3 分，但并没有比第二条 10 分的顺行线新值高过 3 分，所以不能结算。

3. 其他情况说明：

如图 5.3.D（1）所示，出现 9 分、10 分、11 分、12 分的顺行线，在顺行 11 分上涨后，满仓前提下，符合 9 分结算规定，结算卖出 1/3，余多仓 2/3。随后又出现顺行 12 分的上涨，同样符合 9 分结算规定，但不会结算，原因是 9 分结算规定最终余仓

是 2/3，而当下就是余仓 2/3，所以不用结算。

如图 5.3.D（2）所示，假设在满仓 3/3 情况下，出现 9 分、18 分、19 分、20 分的顺行线。在顺行 19 分上涨后，符合 9 分结算规定，结算 1/3，余多仓 2/3。随后出现 20 分的顺行上涨，符合 18 分结算规定，按照结算规定应该结算 2/3，但实际只需要结算 1/3，原因是之前余仓为 2/3，而 18 分的结算规定最终余仓是 1/3。

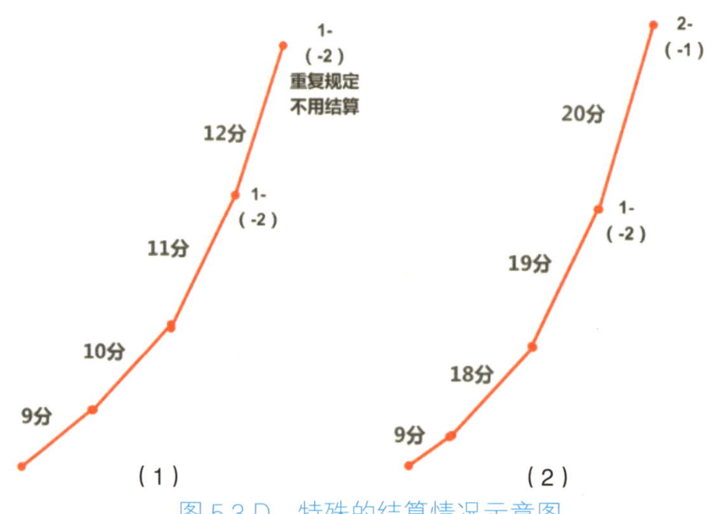

图 5.3.D　特殊的结算情况示意图

综上所述，结算规则的注意事项如下：

1. 以“余仓”为准。

当已建仓 2/3 时，即便出现了 1/3 的结算指示也不进行结算，（因为 1/3 的结算＝ 2/3 余仓）。

2. 同一规定不能重复使用〔如图 5.3.D（1）〕。

3. 不同规定连续和重复时，要优先余仓少的规定。〔如图 5.3.D（2）〕。

4. 所有的顺行线都要计算〔如图 5.3.C（1）〕。

结算技巧

中源线建仓法中结算是一种规避风险的最佳方式。在实际的操作中，要根据市场的节奏来调整结算的方式。

比如市场在刚刚启动的时候，此时风险较低，结算的比例应该有所降低。在拉升的过程当中，容易出现 3/3 的结算，也就是清仓的操作。在拉升的过程当中，其实不可能只有三根阳线，因此对于这种 3/3 的结算，我们要持审慎的态度。当拉升完毕，如果股价在高位继续进行上攻，这个时候风险的积累已经很大，可能涨不到 3/3 结算，这时我们的结算比例应该进行加大。

分区结算

我们可以考虑把市场上一个波段当中的风险划分为三个等级，初级、中级以及高级。初级风险较低，最多只进行 1/3 的减持；中级可以考虑 2/3 的减持；高级风险最大，应该全部减持。

如何划分整个市场波动的风险等级呢，我们可以参考前一个顺行。风险区间可以平均划分为三等分。最上方风险大，大量进行减持；中间部分可以适当考虑进行减持；最下方的区间可以考虑不减持，或者少减持。

这里的区间是同色顺行的区间，不是同色区间，不考虑进行划分。

如图 5.3.E，*ST 仰帆从左侧出现再转换开始上涨，刚开始突破时连续三日大涨，满足 3/3 结算条件，但由于是刚开始上涨，最多结算 1/3。到 B 处时市场经过 1 日短暂调整后继续上攻，力度仍然很强，此时再出现 3/3 结算，却还没到必须全部结算的地步，因而需结算 2 份。C 处在经过了 3 日调整后继续上攻，但力度仍未减弱，因而风险级别不需要加大，仍只结算 1 份。D 处股

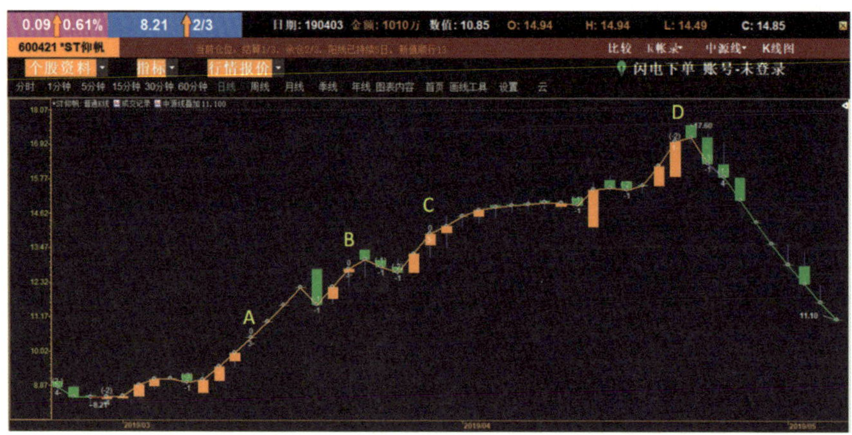

图 5.3.E　灵活运用结算规则案例图

价经过了一段缓慢的爬坡，上攻力度明显减退，而且也经过了一大波的上涨，此时风险极高，虽然只出现了 1/3 结算，但实际进行结算时，应该加码减持，至少卖出 2 份，甚至卖出 3 份。改变后的好处是在 A 处保留了 2 份仓位，重仓上涨，大部分利润保住了。BC 两处改动后，结算 2 份，在回调中规避了风险，上涨中至少持有 1 份仓位，不至于丢失所有利润。D 处原本持有两份仓位，遇到 1/3 结算应持股不动，但修改后至少卖出 1 份仓位，甚至空仓，规避了较大风险。

通过该案例，投资者应该对风险有了新的认知，结算规则的灵活使用能够赢得更多收益。

变权结算

改变结算的另一种方法，是改变它的份数，可以变大或者变小。在底部时，可以把份数变多，也就是每一次进行减持的数量变少。比如说原先一次是减 1/3，现在我们可以考虑一次减 1/4 或者 1/5。但在高风险区，比如头部位置，我们可以考虑将份数调整为两份，也就是说两次全部减仓完毕。当出现 2/3 结算时，你就已经全部清仓了。

上面所考虑的就是权重。当然也可以进行这样的仓位操作，比如说将整个仓位分成四份，一次减两份，这也是一种减仓的方式。

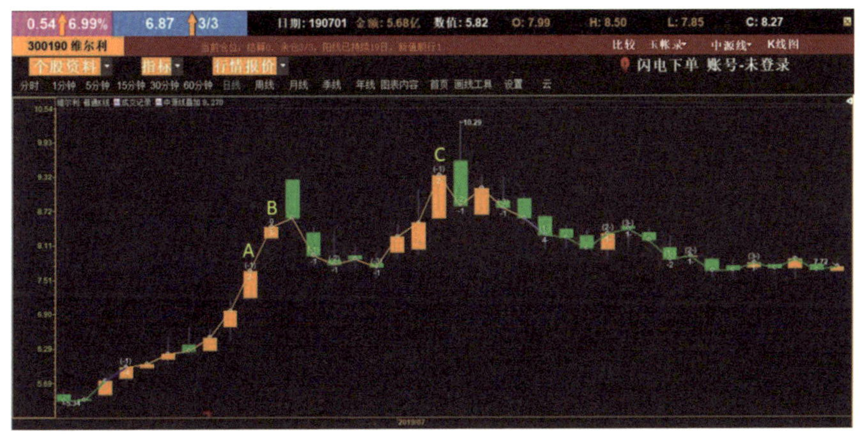

图 5.3.F　仓位操作案例图

如图 5.3.F，维尔利在 6 月份出现阳转后一直上涨，A 处出现 2/3 结算，因为该处涨幅不大，风险较低，按权重规则，应该把份数变大，也就是 2/4 结算，等同于余仓 2/4。由于原来仅 1/3 余仓，因而不需要结算。B 处股价已经有了一定涨幅，风险累积，份数无需变大，仍按 3 份算。该处为 3/3 结算，则全部结算，余仓为 0。随后逆行分 3 次加仓至满仓。到 C 处风险已经很大，根据权重规则，应该把份数变小，变成 2 份，即满足 1/3 结算时等同于 1/2 结算，满足 2/3 结算时就应该清仓。C 处刚好是 2/3 结算，原来需要保留余仓 1/3，变权后直接清仓，躲过了后期的长期下跌。

通过该案例，投资者对变权的掌握有了一定的了解，后期在实践中可根据不同的股票走势特征划分好风险区间，从而尽可能获得更大的收益。

中源线结算规则针对的是涨幅较快的股票。如果是那些横盘、

涨幅慢的股票，则很难出现结算。涨幅慢不代表后期还会涨，可能会在横盘震荡当中出现转换信号。因此，对于那些涨幅较慢的股票，投资者需要注意出现再次转换卖出的信号。

第四节　扩展内容——结算实战

中源线建仓法是一套立足于震荡市场的交易方法。在市场交易中，如果不是单边上涨，而是震荡波动，此时防范风险的意义将大于持有股票的意义。因此在交易当中，要时刻关注风险的变化。在高风险的位置，应该持有较低的仓位，而在无风险或低风险的区域应该持有较重仓位，甚至是满仓。

当然，结算最主要参考的是分值的定义，如果我们的分值定义太小了，很可能刚刚起步上涨，就得清仓，规则将会比较混乱。我们应该这样去进行定义：出现了结算必然就是在一波拉升中，出现的拉升幅度跟力度必然远超于底部。同样，在震荡位置的分值肯定远远小于 9 分。

我们可以用结算来反推分值。也就是说，对于目前的股票而言，涨幅最大的就是 20% 涨停，在结算当中，最大的结算就是 27 分以上。我们可以把最小的一个涨停的幅度定义为 27 分。那么就意味着，如果是连续三个涨停，必然就要清仓。换言之，满足 9 分的时候，必然就是属于 6.7% 以上的这种涨幅。因此可以得出，大概在出现三根中大阳线时才会考虑减仓。

同理，如果一只股票一直在震荡，却从没有出现结算的信号，就意味着我们设置的分值可能太大了，应该缩小。

如图 5.4.A，云南白药在 2019 年 3 月底出现 42 分再转换，建 2 份多仓，在回调时又建立 1 份多仓，A 处满足 3/3 结算条件，结算 3 份多仓，次日股价冲高回落，开始调整。逆行中分三次进

图 5.4.A　云南白药仓位操作案例图

行加仓至 3 份多仓，B 处再次满足 3/3 结算条件。连续出现 3/3 结算条件，说明市场在该位置风险较大，再次结算 3 份多仓。随后出现阴转开始下行，阴转时建立 1 份空仓，在反弹逆行时分两次加仓至 3 份空仓。C 处满足 3/3 结算条件，结算 3 份空仓，后面股价见底，并出现阳转开始上涨。上涨后立刻遇到阴转，但过 2 天进行了再转换，意味此时仅是一次洗盘，直接建立 2 份多仓。D 处满足 1/3 结算条件，但只有 2 份仓，不结算，后面股价继续上行。E 处满足 3/3 结算条件，结算 2 份多仓。过两天价格见顶并出现阴转，开始震荡下行。可以看出中源线结算法在震荡波段中可以帮助投资者提前规避风险，风险越大持有的仓位越少，风险较小时持有仓位可以不动。

涨停板结算

在结算当中有一个特殊的情况，那就是遇到涨停板后的结算。如果出现连续的涨停，往往会出现结算的信号。涨停以后是否要马上结算，并非简单根据结算规则。相信读者见过很多连续涨停的股票。一字板涨停后往往持续上涨的概率大，这个时候可以不进行结算。那么涨停后该如何进行结算呢？可以等到不涨停时再考虑结算。也就是说在涨停板时看第二天是否能封住，封住了不结算，封不住的情况下，则要进行结算。

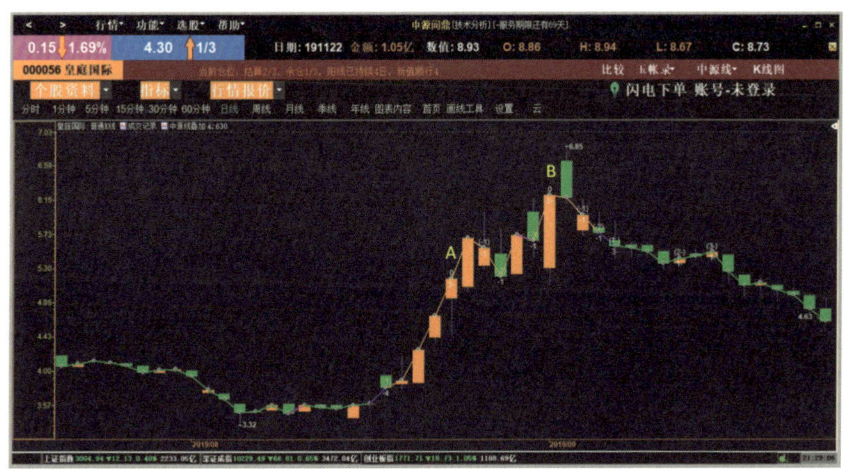

图 5.4.B　皇庭国际仓位操作案例图

如图 5.4.B，皇庭国际在 2019 年 8 月出现阳转时建立一份多仓，之后出现 3 个连续的涨停板，满足 3/3 结算条件。然而涨停具有持续性，需观察次日是否涨停，若是涨停可以继续持有。第二天果然再次涨停，则先不结算。第三天没有涨停，则需要结算。但由于此时满足逆行 6 分需要加 1 份多仓的条件，而原本只有 1 份仓位，则不用加仓。后面股价经过 2 次逆行再加 2 份多仓，一共持有 3 份多仓。在 B 处再次满足 3/3 结算条件，但当天也是涨停，故先不结算，观察次日涨停是否持续。第二天高开冲击涨停，但随后涨停打开一路下跌，则需要于收盘附近结算 3 份多仓。

投资者在使用结算时，要评估风险等级，风险较低的情况可以延时结算，风险较高时可以提前结算。当然这需要投资者具有极其敏锐的分析能力，能提前洞悉市场走势变化。

第六章　多周期协同

市场应该怎么分析？

这个问题困惑了一代又一代的投资者，在对市场的解读方面，不同的流派有不同的看法。但无论如何，对于市场的分析，最稳妥的方式还是“先大后小，先长后短”。

第一节　先大后小的多周期协同技巧

中源线交易法有一套完整的交易系统，它既可以做多又可以做空。但在和学员的沟通过程中发现，很多学员对中源线的理解还有所欠缺和偏差。为了提高各位学员运用中源线的能力，特分享几招中源线实战的方法。

中源线实战技巧之周期的切换与协同

前面给读者介绍的内容更多的是为了解决诱惑点过多的问题，但实际上解决这一问题最佳的办法还是从周期入手。

毕竟分值的调整需要考虑的因素过多，而且单纯依靠分值的调整来减少诱惑点在实战中的效果不是太好，需要使用者有相当的实战经验才能取得最佳效果。

关于周期的切换和协同，可以从三个角度分别给读者做出分享，分别是固定切换，先大后小的多周期协同与先小后大的多周期协同。

首先是固定切换，顾名思义就是根据所选择的分的取值和个股的情况进行周期的切换。

比如，对于低价股和高价股来说，如果选择默认模式（指软件中的默认模式），则将周期切换至分时级别（特指分时折线图而非 K 线图）效果最佳，转换的准确率最高，诱惑点最少。

同样是在分时级别的周期中，如果是那些股价在平均价格以内的个股（既不属于高价股也不属于低价股的个股），则使用标准模式最佳。

一般来说，研究者需要熟练掌握的固定切换，只需要涵盖分时和日线的周期级别即可。

但是这种固定切换的技巧实际上是熟能生巧，书中给出的都是普适性的规律，想要达到实战的程度，还需要读者对此熟练地掌握（比如高价股和低价股的区间界定）。

当然，这部分内容对于一些读者来说可能不太好理解，感兴趣的读者可以深入研究，不感兴趣的作为扩展阅读即可。

实际上比较重要的是先大后小的多周期协同与先小后大的多周期协同。

先大后小的多周期协同解决的是诱惑点过多的问题，而先小后大的多周期协同解决的是转折点较慢的问题。

形象点说，一个是求稳，一个是求快，长线求稳，短线求快。

首先咱们来看先大后小的多周期协同。在利用中源线交易的过程中，很多弱势股票小幅度的价差很难抓到，所以，在利用中源线交易之前，最好先判别一下股票趋势的强弱，越是强势上涨或下跌的股票，价差越大，利用中源线交易的盈利就越大。

因此，可以利用先大后小的多周期协同，结合中源线自身阳线为强、阴线为弱的原理对股票做简单的强弱判定，确定是强势股票，才进行操作，反之则尽量不参与。

简单地讲，先大后小的多周期共振就是指当前周期与上一级别周期的趋势共振，比如在周线级别中，中源线是阳线的前提下，才会在日线出现阳转后进行操作。

具体的方法，如图所示：

根据图 6.1.A 和图 6.1.B 所示，图 6.1.A 是股票漫步者（002351）周线图形，从 2019 年 6 月 14 日开始，一直到 12 月 5 日，周线图形都显示中源线为阳线状态，代表强势上涨状态。在日线图形显示阳转后，开始做多，展开逆市增仓和顺势结算，盈

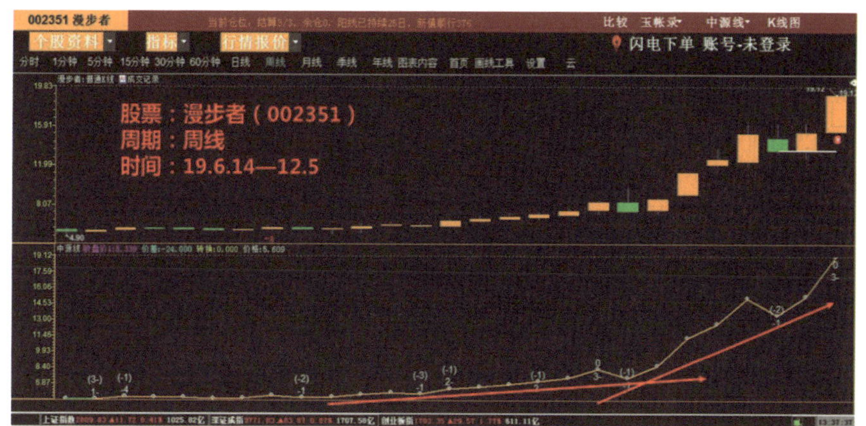

图 6.1.A　漫步者周线走势图

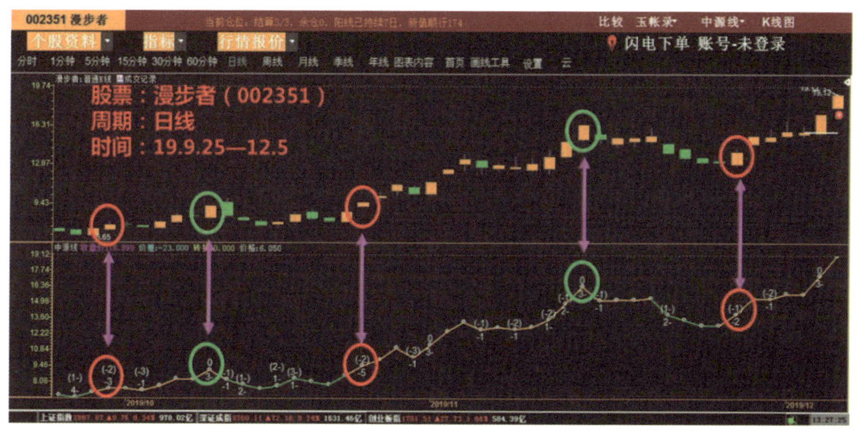

图 6.1.B　漫步者日线走势图

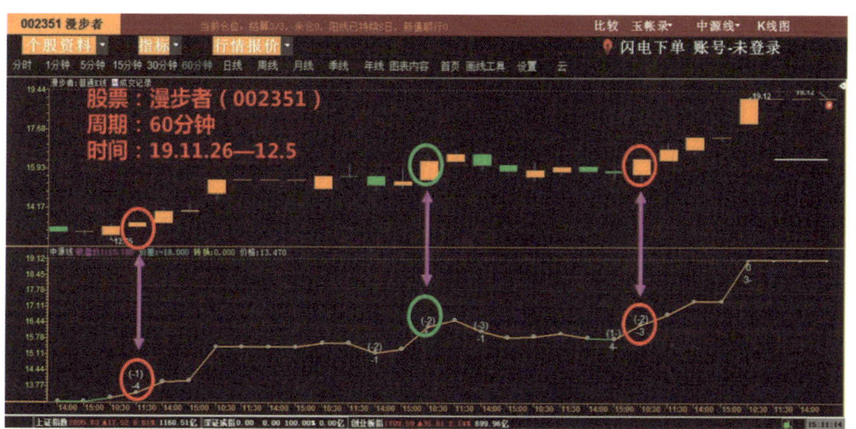

图 6.1.C　漫步者 60 分钟线走势图

利效果非常好。

同理，在日线周期中，漫步者（002351）为阳线强势上涨状态，如图 6.1.C 所示，股票漫步者的 60 分钟走势出现阳转和再转换，依然可参与短线交易，最终获利概率大，效果也相当好。

先大后小的多周线协同的要点是在大周期（周线）阳线强势上涨状态的前提下，进行小周期（日线）的阳转做多交易。反之，在大周期（周线）阴线强势下跌的前提下，进行小周期（日线）的阴转做空交易。另外，所谓周期的大小是相对的，并非周线就一定是大周期，日线就一定是小周期。如 30 分钟周期为大，15 分钟周期为小，可进行协同；15 分钟与 5 分钟可进行协同。

第二节　先小后大的多周期协同技巧

前文中提到，先小后大的多周期协同解决的是转折点较慢的问题。这是一个用来抢点的操作手法。

先大后小的多周期协同是通过抬高一个级别（有时可能是抬高多个级别）的周期，以保证转折的安全性。而先小后大的多周期协同则是降低一个级别来提前获得转折的提示。比如在日线周期级别上并未出现转折，但投资者判断股价已经够低了，随时可能出现阳转，此时就可以降低一个级别的周期，去分时图上去寻找阳转的出现，以分时级别周期出现阳转的交易日作为一个低仓位的试探性买入点。

这一技巧直接关联着后期中源线高端技巧中的“超额建仓技巧”。

这里需要特别注意的一点是，先小后大的多周期协同技巧其目的是求快，而求快就意味着面临的风险会比较大，要求使用者能够及时加以调整。

理论说了一大堆，没有实践终究很难有直观的理解，接下来结合案例给读者简单加以说明。

图 6.2.A 是上证指数从 2019 年 11 月 25 日到 12 月 13 日的日线走势图（注：截图的时候还未收盘，所以 13 日的 K 线可能会发生变化）。

可以看到，这是日线级别的中源线走势图，图中出现了一次阳转，在 12 月 5 日对应的位置阴线转为阳线，但阴阳分歧点出

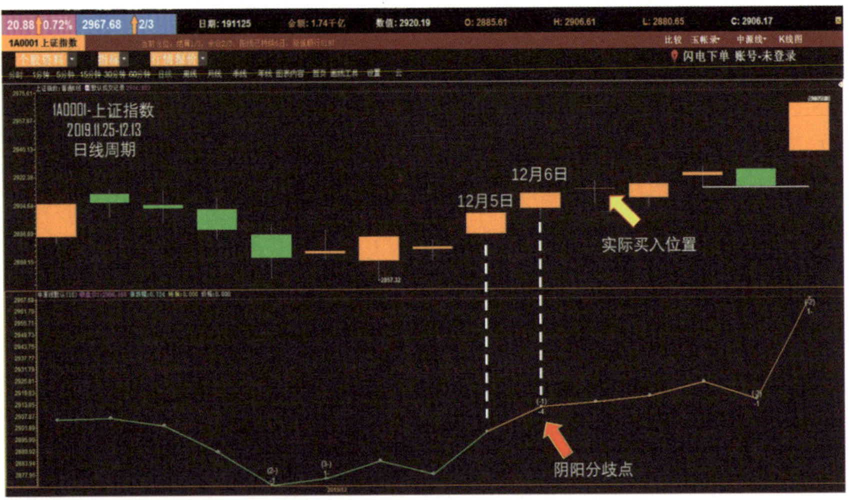

图 6.2.A　上证指数日线级别周期中源线使用案例图

现在 12 月 6 日对应的位置，图中用红色箭头标识（这一点很重要，很多人容易把阴阳分歧点找错）。

阴阳分歧点的出现是建仓的时机，但是在实际操作中，日线级别想要确认阴阳分歧点需要等到 12 月 6 日的收盘价出现以后，而收盘价都出现了，也就失去了买入的机会。实际上的买入位置是下一个交易日的开盘价，如图中黄色箭头标识。

对比一下阴线转阳线的位置和实际买入的位置，是不是觉得错过了很多利润？

此时就可以用先小后大的多周期协同来减少这种损失。

图 6.2.B 是上证指数从 2019 年 11 月 28 日上午 10∶30 到 2019 年 12 月 13 日下午 3∶00 的 30 分钟 K 线走势图。

图中白色虚线标记的是阴线转为阳线的位置，对应 K 线为 12 月 3 日 11∶00 的 K 线，红色箭头标识的位置为阴阳分歧点（同时也是黄色虚线标识的位置），对应的 K 线为 12 月 3 日的 11∶30。

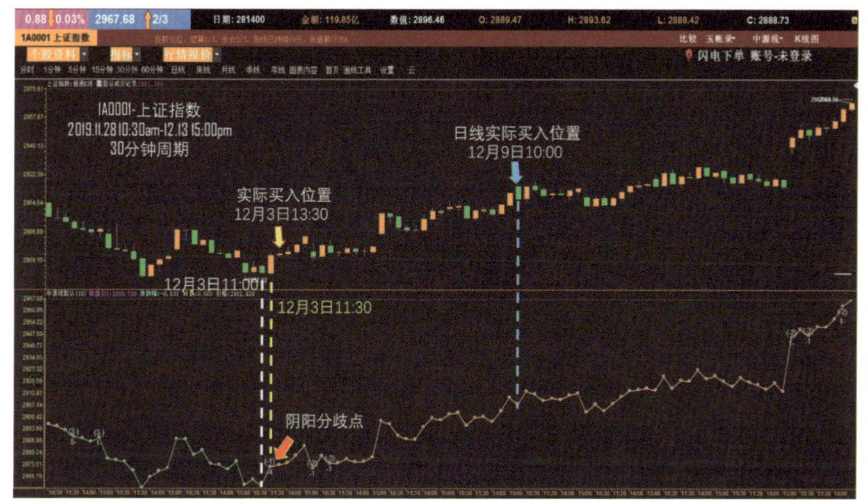

图 6.2.B　上证指数 30 分钟线级别周期中源线使用案例图

同样，只有等这根 K 线成形之后才能买入，也就是说，实际的买入点位是下一根 K 线（也就是 12 月 3 日 13:30 的 K 线）的开盘价，如图中黄色箭头所示。图中蓝色虚线标识的是日线的实际买入位置，对比一下两个买入点，在 30 分钟线上买入比日线上买入提前了 34.24 个点位。这就是先小后大的多周期协同技巧的魅力。

但是不能光看见贼吃肉，看不见贼挨打。这里必须要重点给读者强调这么做的风险所在。

因为这一技巧本质上是追求快，所以风险必然存在，想要减少这种风险，一方面需要对应用这种技巧的个股足够熟悉，另一方面还要能够果断调整。

首先解释第一个方面，如表 6.2.A：

表 6.2.A　多周期协同各 K 线周期列表

图中可以看到，多周期协同可以使用的周期有很多，在日线级别以下的周期足有 6 个，即使排除掉“分时”这一周期，单纯由 K 线构成的周期也有 5 个，为什么前文中选择 30 分钟周期而不是其他呢？

实际上，这么做有两个原因，第一个原因，对于技巧的熟练掌握。先小后大的多周期协同技巧在使用时有一个规律，就是如果要是从周线及以上级别周期（含周线、月线、季线、半年线和年线）开始缩小周期找买入点的话，一般都只缩小一个级别，比如周线就从日线上找买点，月线就从周线上找买点。

如果从日线及以下级别周期（含日线、60 分钟线、30 分钟线、15 分钟线等）开始缩小周期找买入点，则一般都需要缩小两个级别，比如日线就从 30 分钟线上找买点，60 分钟线就从 15 分钟线上找买点。结合对于股性的掌握，很快就能找到合适的周期。

另一个原因是对于股性的掌握。有些个股使用先小后大的多周期协同准确率会非常低，而有些个股则很适用，所以对于股性的掌握就很重要。读者可以通过观察发现哪一些个股更适合这种技巧。

接下来要强调的是，果断调整，因为降低了周期的级别，所以诱惑点就会变多，有时候买了之后发现错了，就要果断出来，避免越陷越深。

以上是关于先小后大的多周期协同的一些简单技巧，希望能够对读者有所帮助。

第三节　多周期协同实战技巧

在前面的文章中给研究者重点讲解了多周期协同的两种方法，实际上，中源线在实战中除了周期与周期之间的协同之外，还可以与其他因素进行协同，比如资金和趋势。

本节将会详细介绍中源线周期分别与资金和趋势协同的实战技巧。

与资金协同

在利用中源线交易的时候，应该会有学员碰到这样的情况，有的股票阳转后，可以涨百分之七八十，有的股票阳转后，只是涨了一点；有些股票再转换后加速上涨，有些股票再转换后也没啥反应。接下来要讲到的这个技巧就可以解决这样的问题，就是与大资金协同。

当一个股票发生阳转之前，主力资金大幅度长时间进行底部建仓，之后肯定会有拉升行情出现，在发生阳转时和阳转后的做多操作，就会有很高的收益预期和成功概率。如图 6.3.A 所示：

图 6.3.A 是南宁百货（600712）的日线走势图，在发生中源线基本阳转前和之后的 5 天时间里，下方的流止筹码功能中玄一的数字一直在增加，代表主力吸筹建仓非常明确，之后果然出现拉升上涨。

要点总结：当股票发生阳转时，股票之前有主力大资金提前建仓，这样的股票阳转后的上升行情规模很大，交易成功概率很高。

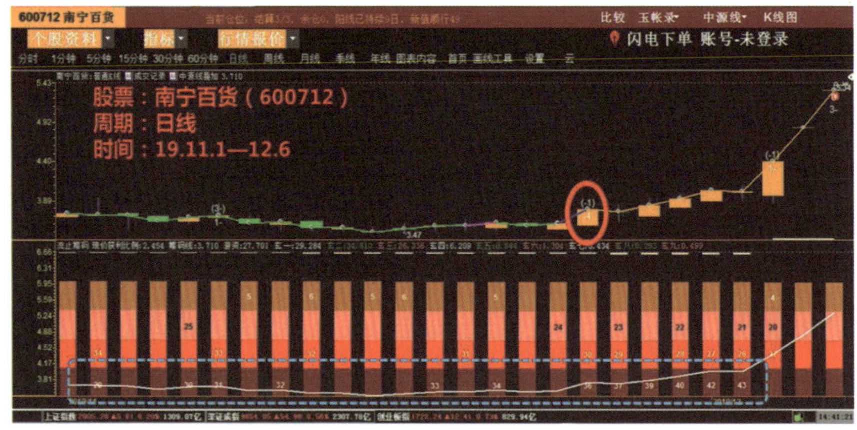

图 6.3.A　南宁百货日线走势图

与趋势协同

中源线交易法优点很多，在实战中，还可以与趋势类指标相互结合使用，比如与多空王指标配合。

当一只股票开始上涨或在上升过程中，出现中源线的逆势操作点，借助中源线的交易点和仓位进行参与，最终获利也非常可观。

如图 6.3.B 所示，富临精工（300432）的多空王指标显示趋势一直保持匀速上升趋势。在其上升过程中，中源线系统出现多次买卖交易提示，交易结果获利丰厚。

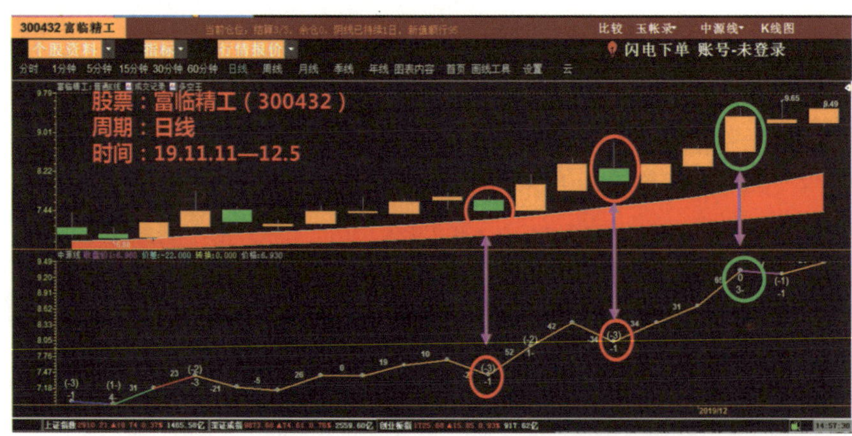

图 6.3.B　富临精工日线走势图

要点总结：当股票处于上升趋势时，利用中源线交易法的提示进行买卖交易和仓位布局，最终获利幅度和获利概率都很大。

中源线交易法可以让投资者对交易的所有短板进行补充。中源线交易法不存在交易死角。在实际交易过程，重点应该放在如何优化中源线交易的操作环境上，这些需要从选股和分析的角度进行。

第七章　超分建仓法

如果你一直在市场中积极实践中源线交易法的话，相信你对这一套方法已经了如指掌并且运用得得心应手了。

如果你能够达到这样的境界，就应该更进一步拓展自己的思路，开发中源线交易法的新用法。

本章就将带你开辟全新的领域。

第一节 超分建仓法的理论依据和使用规则

在学习中源线时提到“守、破、离”三个境界，如今，可以开始尝试向着“离”的境界迈出第一步了。

实际上，到了“离”的境界，已没有既定规则，我们需要在前人的基础上开辟出自己的道路来。接下来，我会给研究者介绍几种饱经市场考验的中源线交易法的优化方案。

首先需要强调的是，接下来我要讲到的内容有一个前提，是你必须已经完全掌握中源线交易法的使用方法，并且能够得心应手地将之应用于实战——如果您现在连几种仓位变化的要求都还没记清，那么下面的内容对您来说，有害无益。

我看到一直有读者说我们的晋级考试题目非常简单，总是轻而易举就能够通过——这是为了照顾读者的学习热情，总不能让读者对于更高层次的知识可望而不可即吧？所以考题总是怎么简单怎么来。通过了考试并不代表你对之前的内容已经有足够的掌握了，基础还是要重视的。

再次强调，接下来的内容，对于并没有完全掌握中源线交易法的读者来说，有害无益，甚至有可能学了之后会误入歧途。在开始阅读之前，请先审视自己，千万慎重，切勿自误。

如果你确实做好了“离”的准备，那么就让我们开始全新的开拓之旅吧！

众所周知，中源线交易法建仓时是把资金分成六份，其中三份用来做多，三份用来做空。但是在实际操作中，我们可能会遇

到特殊的情况。我们都知道中源线交易法是逆向操作的，其建仓点都出现在回调的位置，但是有些股票非常强势，只在启涨的时候有一个建仓点，这就造成股票可能上涨了很大幅度，但是我们一直只持有1/3的仓位。

针对上述问题，可使用“超分建仓法”。“超分建仓法”可以在单一方向上建仓超过三份。

“超分建仓法”实际上包含七种情况，分为三大类，分别是“四分建仓法”“五分建仓法”和“倍仓建仓法”。

“四分建仓法”，顾名思义就是在“三分建仓法”的基础上多建一份仓位。

但是这多建的一份仓位建在哪里，如何建仓，其建仓的多寡，以及建仓之后如何结算，都是读者在实际使用中需要注意的点。（因为国内市场目前只能做多，且从两个方向来讲解这套方法会比较复杂也显得啰嗦，所以本节只阐述在阳转上涨的情况下的建仓与结算技巧。）

想要超分建仓，需要股票的走势满足一定的条件，单纯从做多的角度考虑就是这只股票的走势必须足够强势，至少在接下来一段时间要足够强势，这样才值得我们超分建仓。

我们不是为了多建仓而使用这种方法，而是为了把握强势而迅速上涨的股票中难得的买点。

明确了这一点，在实际使用时就不会沉迷于“技巧”，而是会更多地关注实战，追求获利。这样就不会本末倒置，过分追求技巧和建仓本身。

首先我们需要判断股票是否强势，这才是超分建仓的前提。这种判断，可以依托于形态，具体来说是转换的形态。转换形态一共有三大类八种，三大类分别是基本转换、42分转换和再转换。

这里我们关注的仅仅是基础阳转和上涨 42 分转换两种形态，在这两种形态原本的要求上额外附上一些条件，就可以作为判断上涨强势的依据。

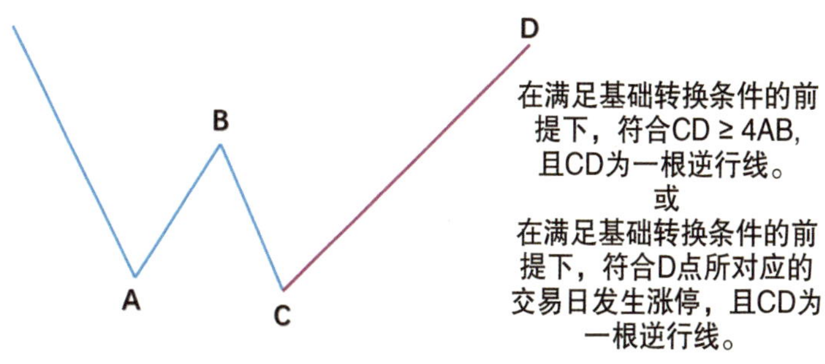

图 7.1.A　基础阳转示意图

图 7.1.A 为基础阳转示意图，在符合基础阳转条件的前提下，如果这段走势能够满足下列两个条件之一，则我们可以在 D 点进行超分建仓，也就是建仓 2/3。

条件一：CD ⩾ 4AB，且 CD 为一根逆行线。

条件二：D 点所对应的交易日发生涨停，且 CD 为一根逆行线。

需要特别注意的是，以上两个条件都要求 CD 为一根逆行线，如果 CD 不为一根逆行线会引发很多问题。

上涨 42 分转换的超分建仓条件更加简单一些，如下图所示：

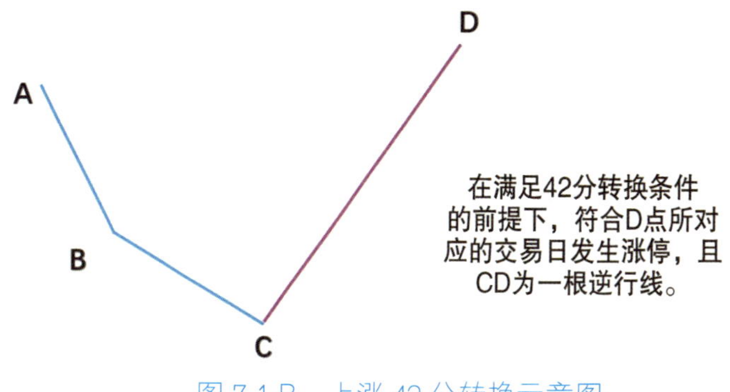

图 7.1.B　上涨 42 分转换示意图

图 7.1.B 为上涨 42 分转换示意图，在符合上涨 42 分转换条件的前提下，如果这段走势能够符合 D 点所对应的交易日发生涨停，且 CD 为一根逆行线的条件，则我们可以在 D 点进行超分建仓，也就是建仓 2/3。

超分建仓法之第一步建仓

接下来，我们结合实战应用最基础的超分建仓规则，如下图所示。

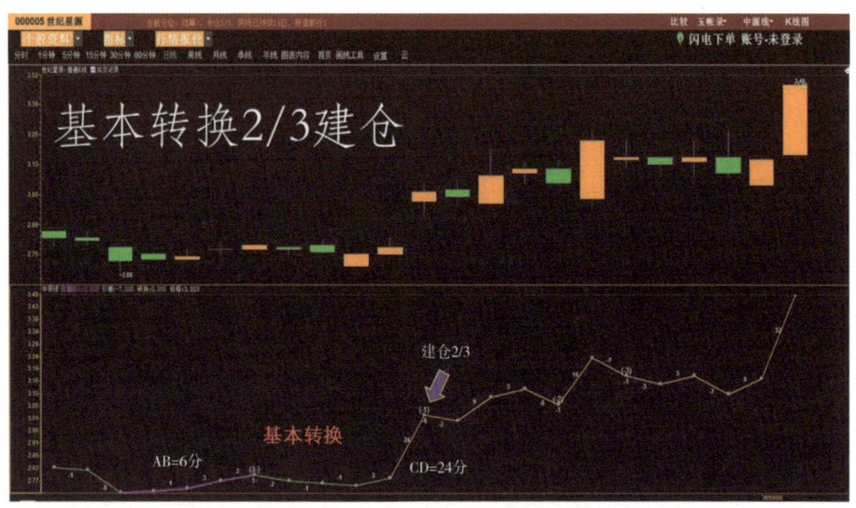

图 7.1.C　世纪星源日线走势图与中源线折线图

图 7.1.C 是 000005——世纪星源从 2019 年 8 月 2 日到 2019 年 9 月 3 日的日 K 线走势图与中源线折线图。

图中出现了一个基本转换（阳转），在这个转换中 AB 的分值为 6 分，CD 的分值为 24 分，恰好为 AB 的 4 倍。

在本案例中，在满足基本阳转的前提下满足了 CD ≥ 4AB 的条件，且 CD 为一根逆行线，符合超分建仓的条件，则可以在 D 点处建立 2/3 的仓位。后期随着走势的变化，如果不再出现符合超分建仓的加仓位置，则最高仓位可以达到 4/3。

下面我们再来看 42 分转换 2/3 建仓的案例，如下图所示。

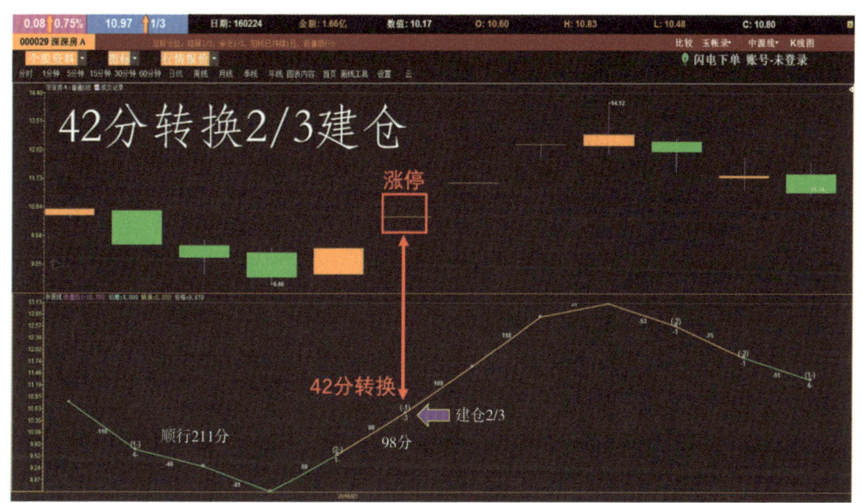

图 7.1.D　深深房 A 日线走势图与中源线折线图

图 7.1.D 是 000029——深深房 A 从 2016 年 2 月 24 日到 3 月 10 日的日 K 线走势图与中源线折线图。

图中出现了一个上涨 42 分转换，42 分转换条件满足 CD ⩾ 4AB，或者满足 D 点对应的交易日涨停，两个条件符合任意一个都可以。

图 7.1.D 中当 42 分转换形成之后，其 D 点的位置用红色双向箭头标识，当日对应的涨幅为 10.02%，是一个涨停板，且 CD 为一根逆行线，符合条件，则可以在此建立 2/3 的仓位。

需要注意的是，超分建仓每次建仓的幅度都为 2/3，绝不会一次建立 3/3 的仓位。由于再转换之后会直接建仓 2/3，所以超分建仓的情况不会出现在再转换上。

以上的两种情况是根据转换的形态进行超分建仓的情况，也就是阳转之后第一次建仓的情况。

第一次建仓之后，还可能发生超分建仓么?

答案当然是肯定的。第一次建仓之后发生超分建仓的条件就不再是转换的形态，而是建仓位置之间的关系。

超分建仓改变的只是建仓的仓位，而不会改变建仓的位置，出现加仓位置的条件与中源线交易法是一致的。

第一次建仓之后发生超分建仓的条件是第二次或者第三次加仓的位置强于前一个加仓（或建仓）的位置，两个建仓位置之间距离小于5个交易日，且后一个加仓位置对应交易日的收盘价高于前一个加仓（或建仓）位置对应交易日的收盘价，且幅度小于3%，此时可以让原本建仓1/3的位置改为建仓2/3，但最高只能建仓2/3。

如下图所示：

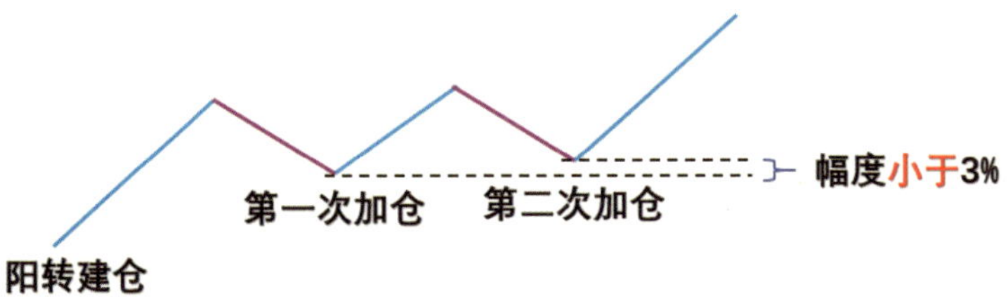

图 7.1.E 加仓条件示意图

这里需要特别强调的是，加仓条件要求幅度小于3%，而非大于3%，这是初学者很容易记错的一点。

第二节　四分建仓法

四分建仓法的多种建仓模式

一般情况下，运用中源线交易法，只能建仓三次。超分建仓法有七种建仓模式，分别是属于四分建仓法的 2−1−1 建仓模式，1−2−1 建仓模式，1−1−2 建仓模式，属于五分建仓法的 2−2−1 建仓模式，2−1−2 建仓模式，1−2−2 建仓模式，以及最为强势的 2−2−2 建仓模式。

接下来将会通过实际案例给读者讲解四分建仓法的集中建仓模式。

在超分建仓法中，四分建仓法是最为常见的，而在四分建仓法中，2−1−1 建仓模式是最为常见的，如下图所示：

图 7.2.A 是 000007——全新好从 2019 年 9 月 17 日到 10 月 15 日的日 K 线走势图与中源线折线图。

图中走势就属于典型的 2−1−1 建仓模式，图中出现了一个基础转换（阳转），在这个转换中 AB 的分值为 12 分，CD 的分值为 50 分，大于 AB 的 4 倍。根据前文中提到的条件，在 CD 为一根逆行线的情况下，基础转换只要满足 CD ≥ 4AB 或者 D 点所对应交易日发生涨停两个条件中任意一个，就可以在基础转换后建立 2/3 的仓位。

因此，在这里建立 2/3 仓位，如图中紫色箭头所示。通过对后面走势的观察，我们发现，所有的买入点都低于之前的买入

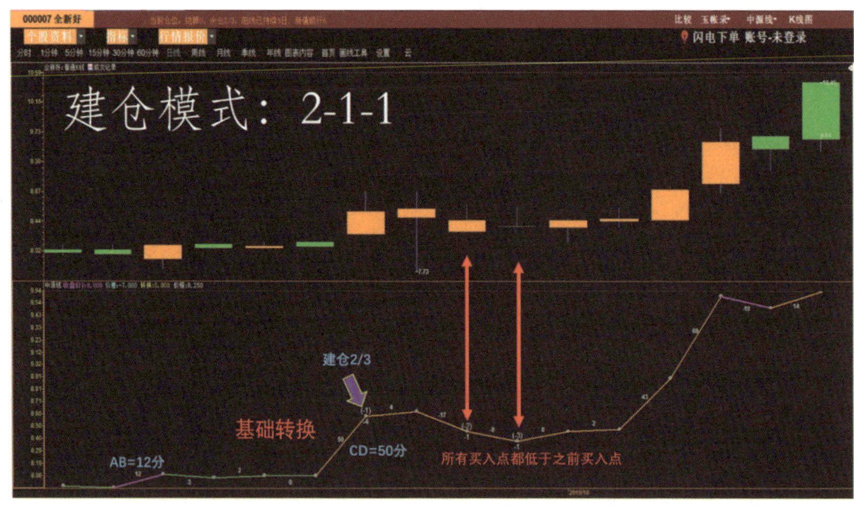

图 7.2.A　全新好日线走势图与中源线折线图

点，不符合超分建仓的条件，只能进行正常的加仓，也就是买入 1/3，三份仓位分别为 2/3,1/3,1/3，属于 2-1-1 建仓模式，最终建仓 4/3。

这种属于比较典型的 2-1-1 建仓模式，接下来看另一种 2-1-1 建仓模式，如下图所示：

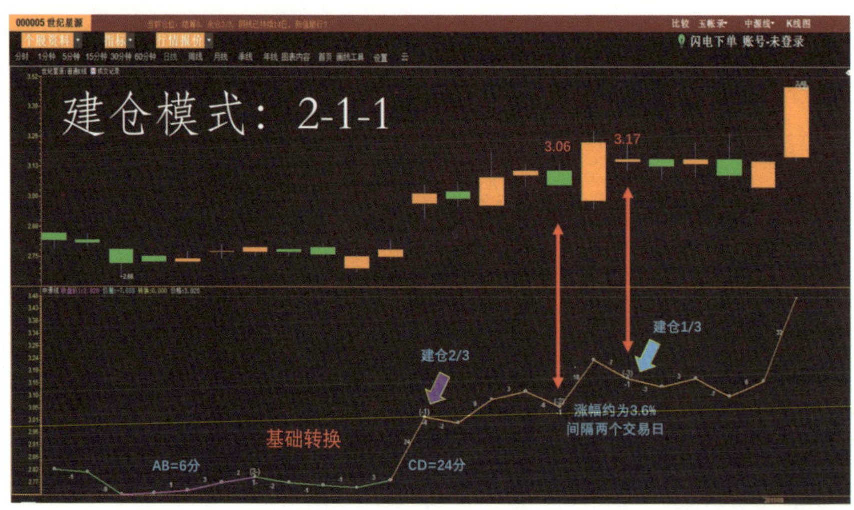

图 7.2.B　世纪星源日线走势图与中源线折线图

图 7.2.B 是 000005——世纪星源从 2019 年 8 月 2 日到 2019 年 9 月 3 日的日 K 线走势图与中源线折线图。

在前文中讲解基础转换 2/3 建仓的时候选取过这个案例，前面的基础转换符合 CD ≥ 4AB 的条件，建仓 2/3；第二个加仓位置的收盘价低于第一个建仓位置的收盘价，不符合 2/3 建仓条件；第三个加仓位置的收盘价高于第二个加仓位置的收盘价，且间隔两个交易日。图中用红色双向箭头标识了后两个加仓位置，其收盘价分别为 3.06 和 3.17，3.17 大于 3.06，且涨幅约为 3.6%。

两个加仓位置间隔两个交易日，符合小于 5 个交易日的要求，第三个加仓位置的收盘价高于第二个加仓位置的收盘价，但是其幅度超过了 3%，不符合超分建仓条件，仍然只建立 1/3 的仓位，如图中蓝色箭头所示。这是初学者很容易忽略的地方。

下面是 1–2–1 建仓模式的案例，如下图所示：

图 7.2.C 是 000029——深深房 A 从 2016 年 3 月 10 日到 3 月 28 日的日 K 线走势图与中源线折线图。

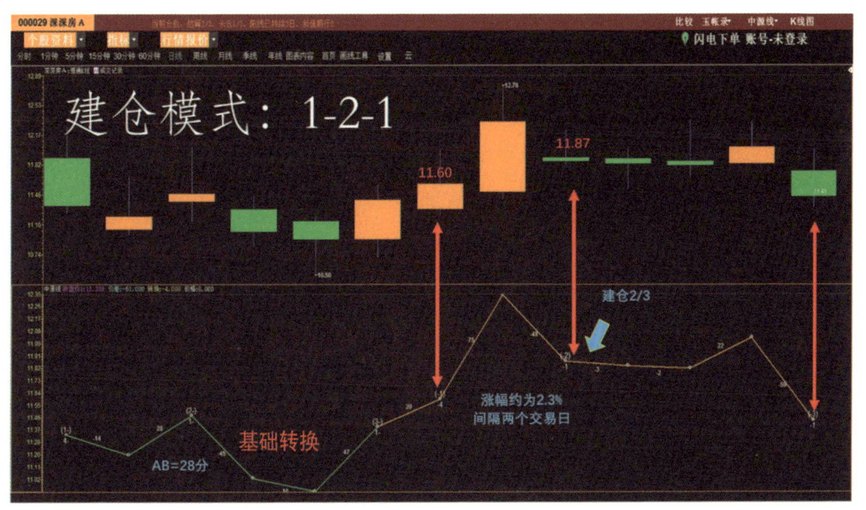

图 7.2.C　深深房 A 日线走势图与中源线折线图

这是前文中 42 分转换 2/3 建仓案例的后续走势，此处是一个标准的 1-2-1 建仓模式。首先是一个基础转换，AB 为 28 分，CD 为 67 分，不满足 CD ≥ 4AB 的条件，且 D 点对应交易日当天并没有涨停，不符合超分建仓条件，正常建立 1/3 仓位。

此后出现了两个加仓位置，图中分别用红色双向箭头标识出三处加仓或者建仓的位置。可以看到，三个建仓位置之间的距离都小于 5 个交易日，但是第三个加仓位置低于第二个加仓位置，不符合超分建仓的条件。

第二个加仓位置高于第一个建仓位置，两者的收盘价分别为 11.87 和 11.60，两者之间相差的幅度为 2.3%，小于 3%，符合超分建仓条件，第二个加仓位置可以进行超分建仓，如图中蓝色箭头标识位置，建立 2/3 仓位。三处建仓或者加仓分别为 1/3,2/3,1/3，总仓位为 4/3，属于 1-2-1 建仓模式。

因为 1-1-2 的建仓模式在市场中并不多见，所以在这里就不做详细论述了，接下来要着重给读者讲的是再转换后的超分建仓模式。

前文中提到，只有基础转换和 42 分转换的形态才会发生超分建仓，那么由再转换开始的上涨中也可能发生超分建仓吗？当然是可以的。再转换只是影响了转换之后建仓的位置，不会发生超分建仓，但是转换之后的加仓位置是完全可以发生超分建仓的。

图 7.2.D 是 000030——富奥股份从 2019 年 1 月 28 日到 4 月 23 日的日 K 线走势图与中源线折线图。

图中最左侧发生了再转换，建立了 2/3 仓位。根据中源线建仓规则，在不减仓的情况下，此后只会出现一个增加 1/3 仓位的加仓位置，也就是说，再转换之后一般只会有一个加仓位置，不像是基础转换和 42 分转换那样出现两个加仓位置。这一点是需

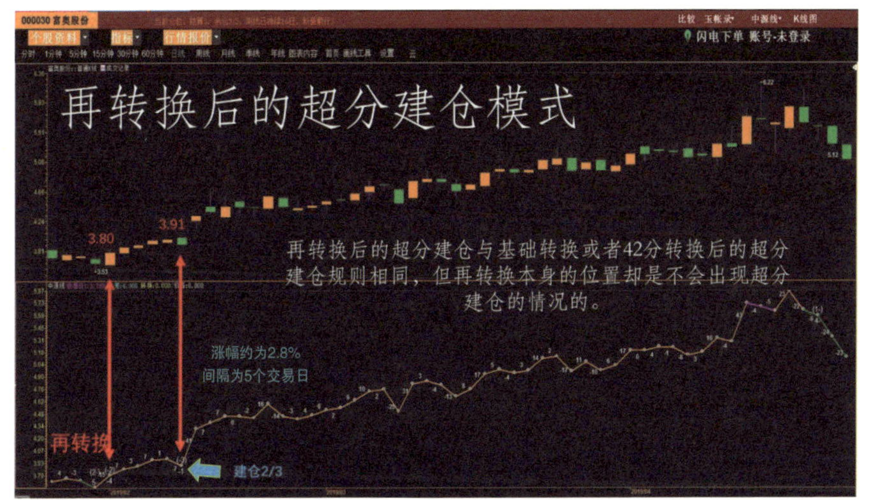

图 7.2.D　富奥股份日线走势图与中源线折线图

要注意的。

但除此之外，再转换后的超分建仓模式与一般情况下的超分建仓模式没有什么不同，条件也完全一样，图中用红色双向箭头标识了再转换之后的建仓位置和第一处加仓的位置，两个位置之间的间隔刚好 5 个交易日，符合条件（小于 5 个交易日，但实际使用时，正好为 5 个交易日的情况也可以认为符合条件）。且后一个加仓位置高于前一个建仓位置，两个位置的收盘价分别为 3.91 元和 3.80 元，两者之间的涨幅约为 2.8%，小于 3%，在第一个加仓位置建立 2/3 仓位。在此一共建仓两次，都是 2/3 仓位，总仓位为 4/3。

在实际使用时，还需要考虑前期正常建仓和结算之后出现额外建仓的情况。比如阳转建仓 1/3 之后正常出现结算，结算之后再次加仓，并且出现了符合超分建仓条件的走势，可以超分建仓，但是建仓之后的结算规则要遵循超分建仓法的结算规则。

读到这里，我们又发现一个新名词“超分建仓法的结算规则”，没错，超分建仓法是有其独有的结算规则的。因为超分建仓在把

握更多机会的同时，也增加了风险，需要一套行之有效的结算规则来降低这些风险，这也是超分建仓法结算规则的魅力。接下来，我们会将结算规则和五分建仓法结合起来进行讲解。

第三节　五分建仓法

通过实际的操作和数据分析，我们发现有的股票很强势，只有一次的买入的机会，属于强势转换，此时，更适用于“五分建仓法”。

不同于既定规则的“五分建仓法”，其最大的特点是“CD ≥ 4AB，也就是其后的逆行需在屈曲段的 4 倍或 4 倍以上”或者“当天出现涨停”，当满足这两个条件中的一个，且符合原本基础转换的其他三个条件，就可以打破原有建仓 1/3 的“惯例”，发生基础转换的当下直接建仓 2/3。需要注意的是一次建仓最多只能是 2/3，并且 CD 是一天形成的逆行，不能是多天形成的。

在第一次建仓之后，当第二次或者第三次建仓的位置高于前一个建仓位置时，两个买点之间的距离小于等于 5 个交易日，后一个买点高于前一个买点的收盘价，且幅度小于 3%，可以将原本建仓 1/3 改为建仓 2/3，但最高也只能建仓 2/3。

以上是关于“五分建仓法”特点的说明。接下来就“五分建仓法”中常见的几种模式以及注意事项进行解说。

建仓模式 2–2–1

如图 7.3.A 所示，图中是 300596——利安隆从 2019 年 8 月 1 日到 2019 年 9 月 12 日的日线走势图与中源线折线图。首先需要明确一点，如同前文提到的，出于目前国内市场实操性的考

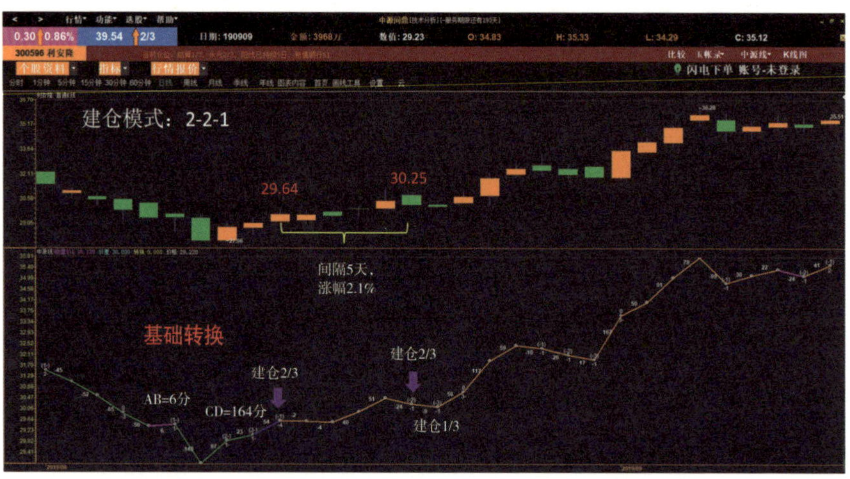

图 7.3.A　利安隆日线走势图与中源线折线图

虑，我们只阐述在阳转上涨情况下的建仓与结算技巧。图 7.3.A 中股价处于上涨走势之中，出现了基础转换的阳转，图中 AB 为屈曲段，分值为 6，CD 的分值为 164，但其实，如同前面提到的条件一：CD ≥ 4AB，且 CD 为一根逆行线，也就是说 CD 逆行的分值只能是由一天达到，因此，此时 CD 应该取值为 54，符合 CD ≥ 4AB 的条件，故而在图中的 D 点位置（第一个紫色箭头处）直接建仓 2/3。

在完成了第一次建仓之后，又在图中的第二个紫色箭头处建了 2/3 仓位。这是因为两个买点之间，间隔了 5 个交易日，第一次建仓位置的收盘价为 29.64，第二次建仓位置的收盘价为 30.25，涨幅为 2.1%，满足一次性建仓 2/3 的条件。接着又出现了 9 分（≥ 6）的逆行，故而再建仓 1/3 达到 5 分的满仓。

建仓模式 2–1–2

如图 7.3.B 所示，图中是 000728——国元证券从 2019 年 11 月 27 日到 2020 年 1 月 7 日的日线走势图与中源线折线图。由图

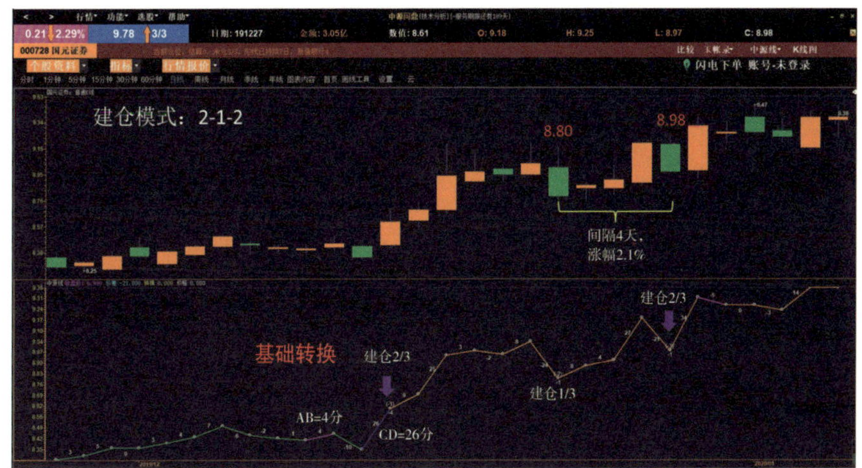

图 7.3.B　国元证券日线走势图与中源线折线图

可知，出现了基础转换的阳转，总体向好，处于上涨走势之中。图中 AB 为屈曲段，AB ＝ 4 分，CD ＝ 26 分，符合 CD ⩾ 4AB 的条件，且 CD 是由一天形成的逆行，故而在图中 D 点位置（第一个紫色箭头处）建仓 2/3。在完成第一次建仓之后，股价经过一段时间的上涨，出现了 24 分（⩾ 6 分）的逆行，此时增仓 1/3。在这一点上跟三分建仓法的增仓规则是一样的，即“分歧点后，取得两根顺行新值后的逆行值幅在 6 分或 6 分以上时，则以 1/3 的仓位进行增仓”。

再看图中第二个紫色箭头，此时又建了 2/3 仓位。这是因为两个买点之间，间隔了 4 个交易日，第二次建仓位置的收盘价为 8.80，第三次建仓位置的收盘价为 8.98，后一个买点比前一个买点的收盘价高，涨幅为 2.1%，满足一次性建仓 2/3 的条件，故而再建 2/3 仓位直到 5 分满仓。

建仓模式 1–2–2

如图 7.3.C 所示，图中是 000801——四川九洲从 2019 年 7

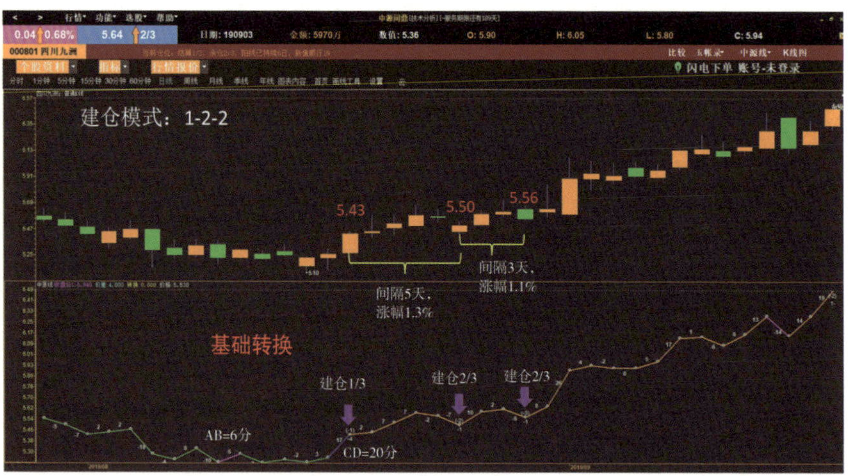

图 7.3.C　四川九洲日线走势图与中源线折线图

月 30 日到 2019 年 9 月 19 日的日线走势图与中源线折线图。首先，我们可以看到，AB 为屈曲段，AB = 6 分，CD = 20 分，注意此时无需按照“五分建仓法”的“CD ⩾ 4AB”的条件进行建仓，因为此时所满足的是正常情况下的基础转换条件，出现了基础转换的阳转，因此，根据原本的建仓规则，在第一个紫色箭头处建仓 1/3。

接着在总体向好的上涨趋势中，股价走到第二个紫色箭头处，此时建仓 1/3。因为，第一个建仓点和第二个建仓点之间，间隔了 5 个交易日，第一个建仓点的收盘价为 5.43，第二个建仓点的收盘价为 5.50。由此可知，后一个买点的收盘价比前一个买点高，且涨幅为 1.3%，故而在图中第二个紫色箭头处建 2/3 仓位。同理，在完成了第二次建仓之后，又在第三个紫色箭头处建仓 2/3，直到 5 分满仓。

以上是“五分建仓法”的三种建仓模式。此外，相对于“五分建仓法”的建仓规则，其结算规则简单许多。具体要求如下：

1. 获利大于 20%；

2. 连续两次出现涨停，且出现卖点时，清空全部仓位。这里需要提醒各位投资者的是，“出现卖点”指的是要符合原来中源线的三条（9 分，18 分，27 分）结算规则。研究者需留意一点，“五分建仓法”的结算规则和中源线的结算规则一样，都是以余仓为基准。这一点非常重要，在实际交易时，研究者要做到融会贯通，灵活运用。

通过以上的几个案例，投资者应该对仓位管理法有了新的认知，要想得到有别于他人的收益，就是要坚持不符合条件坚决不进场。行情天天时时都会有，这一波没抓住，我们就总结经验等待下一波。市场箴言“宁愿错过，绝不做错”是非常值得学习和效仿的。

第八章　中源线的高级秘密

本章主要揭示运用中源线实战需要注意的内容，这些内容属于中源线技巧的高级用法，也被称为“中源线的高级秘密”。

第一节　“分”的增补

学习中源线，第一堂课就是了解分和分值，而要想精研中源线的技巧，最终也要落在分上。分是中源线的特点，也是中源线的精髓。

对于很多外国研究者来说，中源线技巧中最令人费解的部分就是分值的设定，因为这完全不符合常规意义上的投资规律，甚至对于深受中国文化影响的日本、韩国或者是马来西亚等地的投资者来说也很难理解。

市场在发展，如今的股市与陈雅山先生所处时代的白银市场差别巨大，如今的投资者和清代的白银炒手们也完全不同。陈先生留下的理论完全适用于当前的市场，但是具体的操作技巧却不一定适用。

这时候就需要“离”开前人的窠臼，根据理论创造出适合当下、适合自己的技巧。

分，正是中源线理论中最大的宝藏。

无论是在陈雅山留下的手稿中，还是在其他研究中源线的相关书籍中都多次强调了“分”在中源线交易中的重要性。但是在所有可知的文稿中，都没有像中源线的其他规则那样有详尽、系统的讲解。

这可能是因为作为中源线高级秘密的“分”在很多问题上本身就没有标准答案，正如一千个读者就有一千个哈姆雷特，每个人对分都有自己的理解，有自己的应用，可谓是仁者见仁智者见

智。接下来的内容，也只是我对于分这个概念的理解，我认为还是具有一些普遍意义的。

前面七章给读者介绍中源线规则，如“基础转换”“42 分转换”，以及重要的“再转换”等规则时曾经多次提及的“分”，更多的是作为一种计量单位，凭借这样的计量单位来衡量市场的变化。可以说，没有分，中源线的绝大多数技巧也就无从谈起。

有趣的是，在一些文献的字里行间寻找分的奥秘的时候，我发现了一些规律，似乎有一个很重要的点，以散碎的形式被隐藏在这些文字中，我把它们做了简单的归纳，发现它们似乎是一个整体。

比例分值

接下来我就简单给读者梳理一下这些散碎的点，需要注意的是，因为需要把散碎的点拼合成整体，很多内容并不是按照原文的表现形式来写，这样会比较方便各位读者理解。

何为分值？分是制定中源线指标的单位，行情的价格变动单位称之为“分值”，每一分代表的价格区间可以自行设定，这就决定了其具有灵活性和便利性。此外，分是其他分析方法所没有的要素，熟练掌握分值也就意味着能熟练掌握中源线。

关于刚才提到的分值具有灵活性和便利性的问题，在第一章第三节中有详细的阐述。在此需要提醒读者的是，除了前文提到的内容之外，在实战过程中，我们还需要从利润率和使用的便利性上来考虑分值的设定问题。很多时候读者会过分追求技巧的完美性而忽略最根本的利润率的问题。这个问题，越是研究型的高手越容易出现。使用的便利性也是需要考虑的，过于复杂的技巧在日常使用时可能会给我们带来极大的负担。

我们必须关注的一个问题就是“通过分值的调整来改变转换

发生的时机”，一般会通过设定适合的分值来规避一些无效或者低效的买卖点。

如100元左右的股票如果按照“1分＝1元”的分值，来把握中源线发生转换的话，1000元左右的股票，想要把握相同级别的转换就需要把每一分的分值修改为10元。由此可知，分值的设定存在着倍数关系。这一点很重要，这是在前文的阐述中没有提到的。其实并不是有意忽略，只是当时并没有讲到“离”的程度，为了避免干扰，对于这部分内容做了淡化处理。

这是一种通过保持同比例来简化计算过程的技巧，比如，一只股价为100元的股票，按照1元＝1分绘制了中源线图表，若接下来要研究一只股价为10元的股票，则最好选择.0.1元＝1分来绘制中源线图表，这样股价之间的比例与每一分所代表的价格之间的比例是完全一致的，绘制出的图表中的规律就会更加明显，两相对照会非常的方便。

有些读者喜欢给每一只个股设定一个分值，这本身没有问题，甚至可能准确度会更高，但是个股与个股之间的研究和绘图就不能互相借力，会比较麻烦。而通过同样的比例将所有的中源线图表绘制成“同一系列”，就会非常规律。

变动分值

关于分值的界定还有一点非常容易被忽略，很多时候我们根据股价来设定分值都是固定的，比如1分等于几元几角。

随着价格上升，分值也变大，做表格时使用对数刻度、等比刻度比较有效。

这和值幅图表中的值幅不是通过“一定的值幅”决定，而是由“比率”决定的思路一样。

这个概念被称之为“变动分值”，我们直接以股价的几分之

一作为分的值，而非以固定的价格。

如果你对于比例的选择茫无头绪的话，可以用以下的公式求取一个近似值，再根据实际情况调整。

日经指数／欲测算的个股（指数）股价＝650/X

选择欲测算的个股股价的1/X作为分的值即可。需要注意的是，这个公式仅能提供一个近似值，在实际使用时还需要根据实际情况进行调整。

之所以这个公式需要用到日经指数，是因为在海外市场已经测定日经指数用1/650的比例来作为分值是相对准确的。

有效分值

研究者们还需要注意的一个概念叫做“有效分值”，其含义大体是前文中提到的最佳分值，关于这一部分内容，在相关文献中有相当多的阐述：

关于中源线的有效分值问题，本节将结合案例进行详细讲解。根据自己选择的股票找出最适合的分值是一件非常考验基本功的事情，对于新手来说很困难，甚至需要反复尝试，但是对于熟练掌握中源线技巧并且有丰富的使用经验的人来说则很容易。

这种经验的获取也有捷径，具体来说，就是通过对同一只个股的同一段走势选取不同的分值进行统计，在当前分值下运用中源线交易法进行操作，需要投资者关注的是盈亏的百分比、持仓周期、买入以及卖出次数、盈利以及亏损的操作次数、单次最大亏损比例、单次最大获利比例、最大回撤的百分比等数据。

根据以上数据，确定最适合的分值。下面通过对晶方科技（003005）和同泰科技（600745）两只个股从3月12日到3月13日的走势观测，截取其中4000组不同的分值所产生的数据，确定最佳的分值区间，如下面的表格8.1.A所示：

代码名称	指标	参数	资产	盈亏%	余额	最高收盘	最低收盘	最新收盘	持仓周期	买入次数	卖出次数	获利次数	亏损次数	单次大亏%	大亏日期	损益比%	最大获利%	最大亏损%	最大回撤%	回撤日期	交易总额	交易费用
603005 晶方科技	新中源线	481	4850359.29	385.036	4850359.29	135.700	13.843	110.010	21	20	20	10	10	-16.274	20200228	1630.294	385.036	-5.226	23.618	[20200224-20200228]	26845547.57	26845.55
603005 晶方科技	新中源线	482	4850359.29	385.036	4850359.29	135.700	13.843	110.010	21	20	20	10	10	-16.274	20200228	1630.294	385.036	-5.226	23.618	[20200224-20200228]	26845547.57	26845.55
603005 晶方科技	新中源线	483	4850359.29	385.036	4850359.29	135.700	13.843	110.010	21	20	20	10	10	-16.274	20200228	1630.294	385.036	-5.226	23.618	[20200224-20200228]	26845547.57	26845.55
603005 晶方科技	新中源线	484	4850359.29	385.036	4850359.29	135.700	13.843	110.010	21	20	20	10	10	-16.274	20200228	1630.294	385.036	-5.226	23.618	[20200224-20200228]	26845547.57	26845.55
603005 晶方科技	新中源线	485	4850359.29	385.036	4850359.29	135.700	13.843	110.010	21	20	20	10	10	-16.274	20200228	1630.294	385.036	-5.226	23.618	[20200224-20200228]	26845547.57	26845.55
603005 晶方科技	新中源线	486	4850359.29	385.036	4850359.29	135.700	13.843	110.010	21	20	20	10	10	-16.274	20200228	1630.294	385.036	-5.226	23.618	[20200224-20200228]	26845547.57	26845.55
603005 晶方科技	新中源线	487	4728144.87	372.814	4728144.87	135.700	13.843	110.010	21	20	20	10	10	-16.274	20200228	1578.590	372.814	-7.603	23.617	[20200224-20200228]	26139296.85	26139.30
603005 晶方科技	新中源线	488	4728144.87	372.814	4728144.87	135.700	13.843	110.010	21	20	20	10	10	-16.274	20200228	1578.590	372.814	-7.603	23.617	[20200224-20200228]	26139296.85	26139.30
603005 晶方科技	新中源线	489	4728144.87	372.814	4728144.87	135.700	13.843	110.010	21	20	20	10	10	-16.274	20200228	1578.590	372.814	-7.603	23.617	[20200224-20200228]	26139296.85	26139.30
603005 晶方科技	新中源线	490	4728144.87	372.814	4728144.87	135.700	13.843	110.010	21	20	20	10	10	-16.274	20200228	1578.590	372.814	-7.603	23.617	[20200224-20200228]	26139296.85	26139.30
603005 晶方科技	新中源线	491	4728144.87	372.814	4728144.87	135.700	13.843	110.010	21	20	20	10	10	-16.274	20200228	1578.590	372.814	-7.603	23.617	[20200224-20200228]	26139296.85	26139.30
603005 晶方科技	新中源线	492	4728144.87	372.814	4728144.87	135.700	13.843	110.010	21	20	20	10	10	-16.274	20200228	1578.590	372.814	-7.603	23.617	[20200224-20200228]	26139296.85	26139.30
603005 晶方科技	新中源线	493	4728144.87	372.814	4728144.87	135.700	13.843	110.010	21	20	20	10	10	-16.274	20200228	1578.590	372.814	-7.603	23.617	[20200224-20200228]	26139296.85	26139.30
603005 晶方科技	新中源线	494	4728144.87	372.814	4728144.87	135.700	13.843	110.010	21	20	20	10	10	-16.274	20200228	1578.590	372.814	-7.603	23.617	[20200224-20200228]	26139296.85	26139.30
603005 晶方科技	新中源线	495	4728144.87	372.814	4728144.87	135.700	13.843	110.010	21	20	20	10	10	-16.274	20200228	1578.590	372.814	-7.603	23.617	[20200224-20200228]	26139296.85	26139.30
603005 晶方科技	新中源线	496	4728144.87	372.814	4728144.87	135.700	13.843	110.010	21	20	20	10	10	-16.274	20200228	1578.590	372.814	-7.603	23.617	[20200224-20200228]	26139296.85	26139.30
603005 晶方科技	新中源线	497	4728144.87	372.814	4728144.87	135.700	13.843	110.010	21	20	20	10	10	-16.274	20200228	1578.590	372.814	-7.603	23.617	[20200224-20200228]	26139296.85	26139.30

表 8.1.A　不同分值产生的结果

图表中“参数”即为分值的取值，单次大亏为单次最大亏损，最大亏损为操作期间的最大亏损，最大回撤为期间中源线走势图的最大回撤百分比。整体的数据库为两只股票的参数从 1 到 1000 的中源线交易结果统计。

首先要说的是，在盈亏百分比这一栏 4000 组数据全都为正，也就是说，4000 组数据全都是盈利的。

在数据库中寻找最佳分值，以晶方科技为例，首先以“盈亏”这一项为准，盈利百分比最大的是“参数”取值为 481 ～ 501 这段区间，从 481 到 501 逐渐降低，如下表 8.1.B 所示：

盈亏的百分比是最值得投资者关注的，接下来集中分析这一段获利最丰厚的数据。

我们可以初步确定 481 ～ 501 这段区间是晶方科技近期中源线走势图中最佳的分值区间。

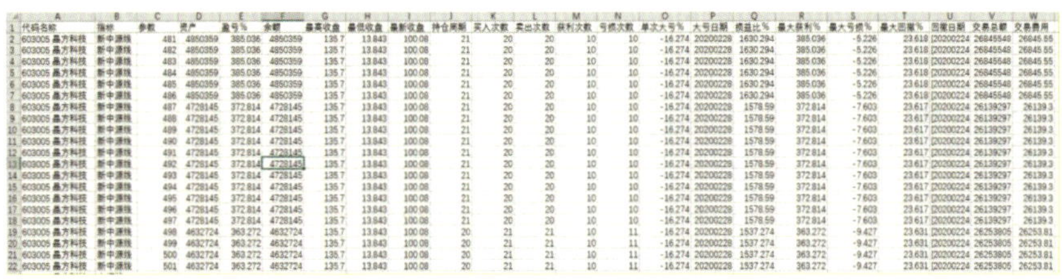

代码名称	指标	参数	资产	盈亏%	余额	最高收盘	最低收盘	最新收盘	持仓周期	买入次数	卖出次数	获利次数	亏损次数	单次大亏%	大亏日期	损益比%	最大获利%	最大亏损%	最大回撤%	回撤日期	交易总额	交易费用
603005 晶方科技	新中源线	481	4850359	385.036	4850359	135.7	13.843	100.08	21	20	20	10	10	-16.274	20200228	1630.294	385.036	-5.226	23.618	20200224	26845548	26845.55
603005 晶方科技	新中源线	482	4850359	385.036	4850359	135.7	13.843	100.08	21	20	20	10	10	-16.274	20200228	1630.294	385.036	-5.226	23.618	20200224	26845548	26845.55
603005 晶方科技	新中源线	483	4850359	385.036	4850359	135.7	13.843	100.08	21	20	20	10	10	-16.274	20200228	1630.294	385.036	-5.226	23.618	20200224	26845548	26845.55
603005 晶方科技	新中源线	484	4850359	385.036	4850359	135.7	13.843	100.08	21	20	20	10	10	-16.274	20200228	1630.294	385.036	-5.226	23.618	20200224	26845548	26845.55
603005 晶方科技	新中源线	485	4850359	385.036	4850359	135.7	13.843	100.08	21	20	20	10	10	-16.274	20200228	1630.294	385.036	-5.226	23.618	20200224	26845548	26845.55
603005 晶方科技	新中源线	486	4850359	385.036	4850359	135.7	13.843	100.08	21	20	20	10	10	-16.274	20200228	1630.294	385.036	-5.226	23.618	20200224	26845548	26845.55
603005 晶方科技	新中源线	487	4728145	372.814	4728145	135.7	13.843	100.08	21	20	20	10	10	-16.274	20200228	1578.59	372.814	-7.603	23.617	20200224	26139297	26139.3
603005 晶方科技	新中源线	488	4728145	372.814	4728145	135.7	13.843	100.08	21	20	20	10	10	-16.274	20200228	1578.59	372.814	-7.603	23.617	20200224	26139297	26139.3
603005 晶方科技	新中源线	489	4728145	372.814	4728145	135.7	13.843	100.08	21	20	20	10	10	-16.274	20200228	1578.59	372.814	-7.603	23.617	20200224	26139297	26139.3
603005 晶方科技	新中源线	490	4728145	372.814	4728145	135.7	13.843	100.08	21	20	20	10	10	-16.274	20200228	1578.59	372.814	-7.603	23.617	20200224	26139297	26139.3
603005 晶方科技	新中源线	491	4728145	372.814	4728145	135.7	13.843	100.08	21	20	20	10	10	-16.274	20200228	1578.59	372.814	-7.603	23.617	20200224	26139297	26139.3
603005 晶方科技	新中源线	492	4728145	372.814	4728145	135.7	13.843	100.08	21	20	20	10	10	-16.274	20200228	1578.59	372.814	-7.603	23.617	20200224	26139297	26139.3
603005 晶方科技	新中源线	493	4728145	372.814	4728145	135.7	13.843	100.08	21	20	20	10	10	-16.274	20200228	1578.59	372.814	-7.603	23.617	20200224	26139297	26139.3
603005 晶方科技	新中源线	494	4728145	372.814	4728145	135.7	13.843	100.08	21	20	20	10	10	-16.274	20200228	1578.59	372.814	-7.603	23.617	20200224	26139297	26139.3
603005 晶方科技	新中源线	495	4728145	372.814	4728145	135.7	13.843	100.08	21	20	20	10	10	-16.274	20200228	1578.59	372.814	-7.603	23.617	20200224	26139297	26139.3
603005 晶方科技	新中源线	496	4728145	372.814	4728145	135.7	13.843	100.08	21	20	20	10	10	-16.274	20200228	1578.59	372.814	-7.603	23.617	20200224	26139297	26139.3
603005 晶方科技	新中源线	497	4728145	372.814	4728145	135.7	13.843	100.08	21	20	20	10	10	-16.274	20200228	1578.59	372.814	-7.603	23.617	20200224	26139297	26139.3
603005 晶方科技	新中源线	498	4632724	363.272	4632724	135.7	13.843	100.08	20	21	21	10	11	-16.274	20200228	1537.274	363.272	-9.427	23.631	20200224	26253805	26253.81
603005 晶方科技	新中源线	499	4632724	363.272	4632724	135.7	13.843	100.08	20	21	21	10	11	-16.274	20200228	1537.274	363.272	-9.427	23.631	20200224	26253805	26253.81
603005 晶方科技	新中源线	500	4632724	363.272	4632724	135.7	13.843	100.08	20	21	21	10	11	-16.274	20200228	1537.274	363.272	-9.427	23.631	20200224	26253805	26253.81
603005 晶方科技	新中源线	501	4632724	363.272	4632724	135.7	13.843	100.08	20	21	21	10	11	-16.274	20200228	1537.274	363.272	-9.427	23.631	20200224	26253805	26253.81

表 8.1.B　盈利百分比最大的参数区间

更进一步，我们可以通过操作次数、最大回撤等方面更加精确地锁定分值取值的区间，具体来说操作次数（买入次数和卖出次数）越少越好，最大回撤越小越好。

从上面的表格中可以看到，分值取值为 498 ～ 501 区间内的买入和卖出次数都为 21 次，而 481 ～ 497 区间操作的次数仅为 20 次，且区间内的获利百分比也是比较高的，所以最佳区间可以进一步缩小为 481 ～ 497。

而最大回撤在分值取值 487 ～ 497 之间为 23.617，481 ～ 486 之间为 23.618，如下面的表格所示：

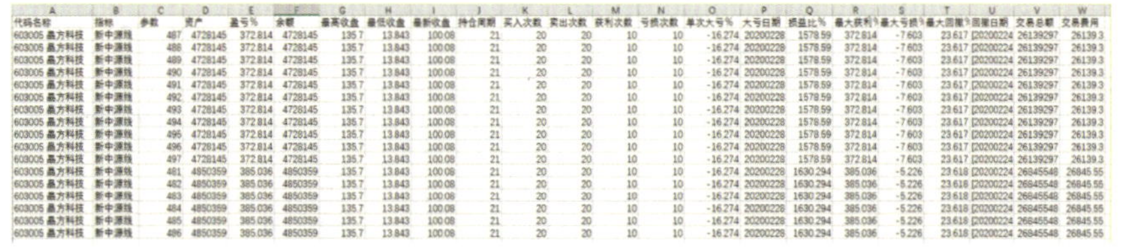

代码名称	指标	参数	资产	盈亏%	余额	最高收盘	最低收盘	最新收盘	持仓周期	买入次数	卖出次数	获利次数	亏损次数	单次大亏%	大亏日期	损益比%	最大获利%	最大亏损%	最大回撤%	回撤日期	交易总额	交易费用
603005 晶方科技	新中源线	487	4728145	372.814	4728145	135.7	13.843	100.08	21	20	20	10	10	-16.274	20200228	1578.59	372.814	-7.603	23.617	20200224	26139297	26139.3
603005 晶方科技	新中源线	488	4728145	372.814	4728145	135.7	13.843	100.08	21	20	20	10	10	-16.274	20200228	1578.59	372.814	-7.603	23.617	20200224	26139297	26139.3
603005 晶方科技	新中源线	489	4728145	372.814	4728145	135.7	13.843	100.08	21	20	20	10	10	-16.274	20200228	1578.59	372.814	-7.603	23.617	20200224	26139297	26139.3
603005 晶方科技	新中源线	490	4728145	372.814	4728145	135.7	13.843	100.08	21	20	20	10	10	-16.274	20200228	1578.59	372.814	-7.603	23.617	20200224	26139297	26139.3
603005 晶方科技	新中源线	491	4728145	372.814	4728145	135.7	13.843	100.08	21	20	20	10	10	-16.274	20200228	1578.59	372.814	-7.603	23.617	20200224	26139297	26139.3
603005 晶方科技	新中源线	492	4728145	372.814	4728145	135.7	13.843	100.08	21	20	20	10	10	-16.274	20200228	1578.59	372.814	-7.603	23.617	20200224	26139297	26139.3
603005 晶方科技	新中源线	493	4728145	372.814	4728145	135.7	13.843	100.08	21	20	20	10	10	-16.274	20200228	1578.59	372.814	-7.603	23.617	20200224	26139297	26139.3
603005 晶方科技	新中源线	494	4728145	372.814	4728145	135.7	13.843	100.08	21	20	20	10	10	-16.274	20200228	1578.59	372.814	-7.603	23.617	20200224	26139297	26139.3
603005 晶方科技	新中源线	495	4728145	372.814	4728145	135.7	13.843	100.08	21	20	20	10	10	-16.274	20200228	1578.59	372.814	-7.603	23.617	20200224	26139297	26139.3
603005 晶方科技	新中源线	496	4728145	372.814	4728145	135.7	13.843	100.08	21	20	20	10	10	-16.274	20200228	1578.59	372.814	-7.603	23.617	20200224	26139297	26139.3
603005 晶方科技	新中源线	497	4728145	372.814	4728145	135.7	13.843	100.08	21	20	20	10	10	-16.274	20200228	1578.59	372.814	-7.603	23.617	20200224	26139297	26139.3
603005 晶方科技	新中源线	481	4850359	385.036	4850359	135.7	13.843	100.08	21	20	20	10	10	-16.274	20200228	1630.294	385.036	-5.226	23.618	20200224	26845548	26845.55
603005 晶方科技	新中源线	482	4850359	385.036	4850359	135.7	13.843	100.08	21	20	20	10	10	-16.274	20200228	1630.294	385.036	-5.226	23.618	20200224	26845548	26845.55
603005 晶方科技	新中源线	483	4850359	385.036	4850359	135.7	13.843	100.08	21	20	20	10	10	-16.274	20200228	1630.294	385.036	-5.226	23.618	20200224	26845548	26845.55
603005 晶方科技	新中源线	484	4850359	385.036	4850359	135.7	13.843	100.08	21	20	20	10	10	-16.274	20200228	1630.294	385.036	-5.226	23.618	20200224	26845548	26845.55
603005 晶方科技	新中源线	485	4850359	385.036	4850359	135.7	13.843	100.08	21	20	20	10	10	-16.274	20200228	1630.294	385.036	-5.226	23.618	20200224	26845548	26845.55
603005 晶方科技	新中源线	486	4850359	385.036	4850359	135.7	13.843	100.08	21	20	20	10	10	-16.274	20200228	1630.294	385.036	-5.226	23.618	20200224	26845548	26845.55

表 8.1.C　最大回撤最优的参数区间

在分值取值 487 ～ 497 之间盈亏比例为 372.814，481 ～ 486 之间盈亏比例为 385.036，综合考量，应该以盈利较大的区间，即 481 ~ 486 为主。在这一区间内，各项数值基本一致，则这一区间为最佳分值的取值区间。

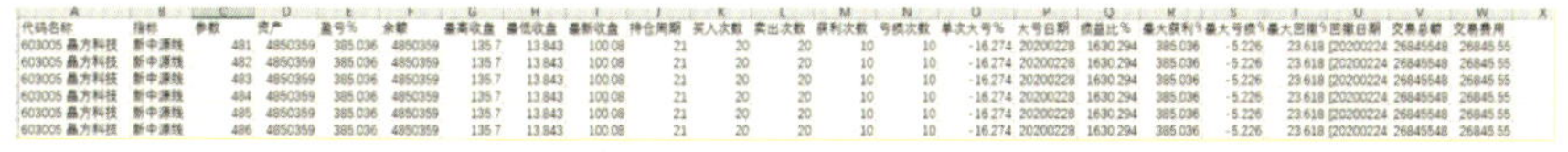

代码名称	指标	参数	资产	盈亏%	余额	最高收盘	最低收盘	最新收盘	持仓周期	买入次数	卖出次数	获利次数	亏损次数	单次大亏%	大亏日期	损益比%	最大获利%	最大亏损%	最大回撤%	回撤日期	交易总额	交易费用
603005 晶方科技	新中源线	481	4850359	385.036	4850359	135.7	13.843	100.08	21	20	20	10	10	-16.274	20200228	1630.294	385.036	-5.226	23.618	20200224	26845548	26845.55
603005 晶方科技	新中源线	482	4850359	385.036	4850359	135.7	13.843	100.08	21	20	20	10	10	-16.274	20200228	1630.294	385.036	-5.226	23.618	20200224	26845548	26845.55
603005 晶方科技	新中源线	483	4850359	385.036	4850359	135.7	13.843	100.08	21	20	20	10	10	-16.274	20200228	1630.294	385.036	-5.226	23.618	20200224	26845548	26845.55
603005 晶方科技	新中源线	484	4850359	385.036	4850359	135.7	13.843	100.08	21	20	20	10	10	-16.274	20200228	1630.294	385.036	-5.226	23.618	20200224	26845548	26845.55
603005 晶方科技	新中源线	485	4850359	385.036	4850359	135.7	13.843	100.08	21	20	20	10	10	-16.274	20200228	1630.294	385.036	-5.226	23.618	20200224	26845548	26845.55
603005 晶方科技	新中源线	486	4850359	385.036	4850359	135.7	13.843	100.08	21	20	20	10	10	-16.274	20200228	1630.294	385.036	-5.226	23.618	20200224	26845548	26845.55

表 8.1.D　最佳分值参数区间

需要注意的是，不同的操作风格、不同的投资者选择的确定最佳分值取值区间的依据也不一样，表中数据可以作为锁定最佳区间的依据。

针对上述过程进行重复，就会迅速积累经验，触类旁通，在不同个股上确定分值就会越来越得心应手。

通过表格展示的数据有限，如果对整个数据库中的 4000 组数据进行分析，就会对于分值取值的规律有更加清晰的认识。

如果有兴趣深入研究的话，请扫描本书最后的二维码，关注“模型理论”公众号，作者会在公众号上将前文中提到的 4000 组数据进行分享，供读者下载并研究。

总之，不论技巧如何，找出适合自己的分值，也就是确定容易掌握价格动向的分值，就是好方法。

第二节　基础转换再转换的补充

事物都有两面性，有优点就有缺点，再转换是对基础转换的修正，有它自己独特的优点。但是也要看到，由于基础转换再转换条件的局限性，会在实际的操作中利弊同现，如下图所示：

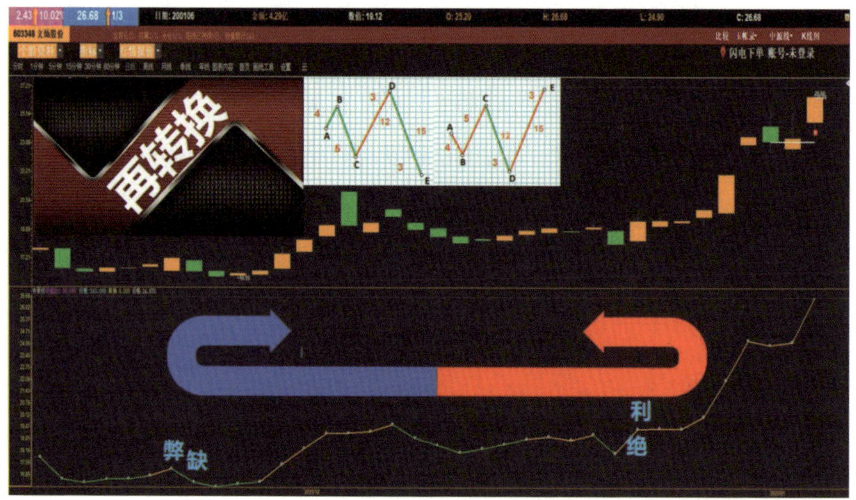

图 8.2.A　走势中的“陷阱”示意图

图 8.2.A 中可以看到，既有刚刚出现阳线就快速变成阴线的走势，也有刚刚出现阴线就变成阳线的走势。对于前者，意味着买入就会被套，对于后者意味着买入就会赚钱。虽然说只要机械地操作就能获得不错的收益，但是我们也要注重在实际过程中的操作。交易的过程是三分技术七分心理，再转换是可以应对突发事件的，关键在于出现的频率，要想解决这些问题

就需要先了解再转换的不足之处。

基础转换再转换的不足之处

通过基础转换的再转换的公式可以知道，当基础转换发生后，第一根率先开始逆行的时候，才符合再转换的条件，那有没有第2根顺行或者是第3根顺行出现在转换的走势中呢？如图8.2.B答案是一定会有。这样就会出现“股票涨到很高，但依然是阴线的走势”或者是“股价跌了很多，却依然是阳线的走势”。甚至是连续涨停或跌停，都不会让它发生反转，原因就在于第二个顺行出现的上涨或下跌。为弥补基础转换再转换的缺陷，需要对再转换的条件进行补充。经过长时间的验证和修正，我们对基础转换再转换的条件进行了补充设置，如图8.2.C所示：

图8.2.C是基础转换再转换的补充条件，总共有两条：一个是关于顺行的条件，一个是关于逆行的条件。AB之间可以有两个以上顺行，但是第二个顺行一定要低于画线起始点。在这个条

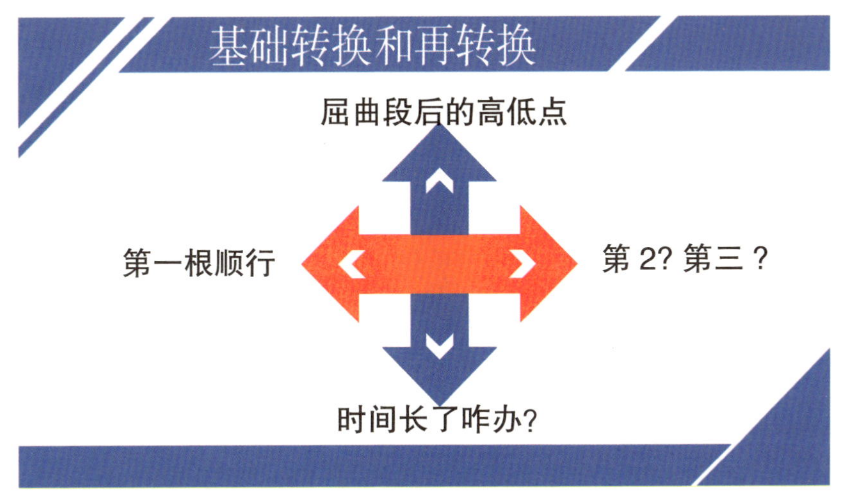

图8.2.B 基础转换再转换的不足之处

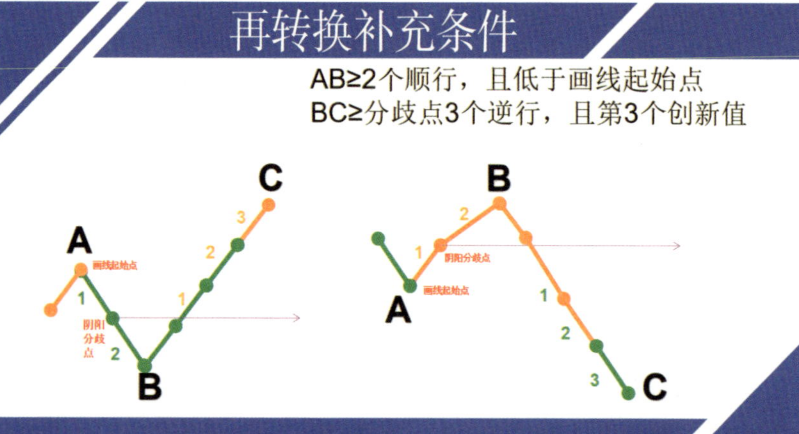

图 8.2.C　基础转换再转换补充条件示意图

件里既对两个以上的顺行放开了条件，又对第二个顺行做了要求，低于画线起始点就意味着股价不是横盘震荡，而是洗盘后的调整。无论股价有什么样的震荡走势，可以是直接跌下来再涨上去，也可以是在阴阳分歧点附近反复震荡，只要是第二个顺行低于画线起始点，就可以断定股价经过了充分的调整；另外一个条件是关于逆行的，BC 之间要有三个以上逆行，这三个逆行都必须要大于阴阳分歧点。只要是在阴阳分歧点以上的部分出现的逆行，就是阳转的再转换；在阴阳分歧点以下的三根逆行，就是阴转的再转换，这样的设计既用到阴阳分歧点，又对反转的可靠性做了要求，两个顺行三个逆行，证明反转的时间和空间都很充分，这就是我们对基础转换的再转换进行的补充。在这个条件里面，我们既对基础转换的再转换第一个顺行的条件进行了补充，同时又对阴阳分歧点和画线的起始点做了强调。首先说阴阳分歧点，既然叫做阴阳分歧点，也就是说这个点位就像破晓之际和秋冬之交，是阴阳分歧最重要的地方，这个地方内产生震荡行情属于正常的走势。再说画线起始点，画线起始点是为了对股价反转的力度进行评估，无论股价是简单的连续两个顺行的走势，还是在一段时间内的震荡走势，都可以参考画线起始点来判断反转的大小。第二个顺行必须低于画线起始点，说明股价已经经过了充分的反转走势，在这种前提下产生的再转换更加可靠，这样既考虑到规则的重要性，也可以对股价的特殊走势保持灵活性。还要注意一个关键条件，那就是符合条件的第三个逆行必须是创出顺行新值的，也就是说第三个顺行是最高的，当然不需要比画线起始点高，也就是不一定是同色线的新值，如下图所示。

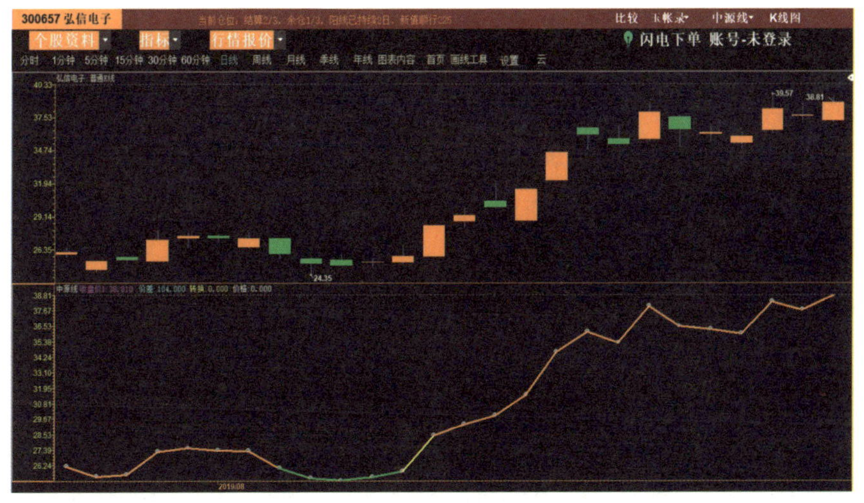

图 8.2.D　弘信电子日线走势图与中源线折线图

图 8.2.D 中可以看到，股价在第二个顺行以后出现上涨，这里，我们就不能机械地使用基础转换再转换的条件，而是要运用补充条件规避风险。

上图是基础转换再转换补充条件最简单的图形走势。在这三

个条件以下还会出现很多种组合走势，我们一一地来看一下，如图 8.2.E 所示。

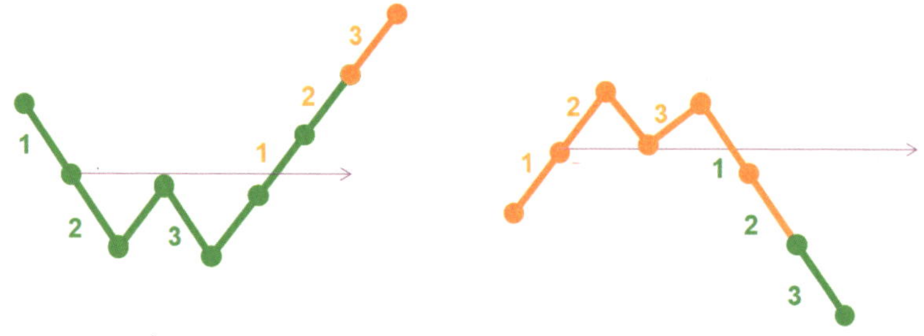

图 8.2.E　简单条件下的组合示意图

在图 8.2.E 中，我们可以看到，这是对上面简单条件的一个扩展，当股价经过两个以上的顺行时，就有可能出现更多的顺行，既可以是简单的双底或双头的走势，也可以是在阴阳分歧点上下反复震荡的走势，这里是没有时间限制的，即随时有可能出现符合条件的走势，也有可能就此保持原来的走势不再反转，我们只要关注再转换的两个补充条件就可以了。既然是两个以上的顺行，出现更多顺行或者是顺行更长的时间都没有关系，我们再来看看案例，如图 8.2.F 所示。

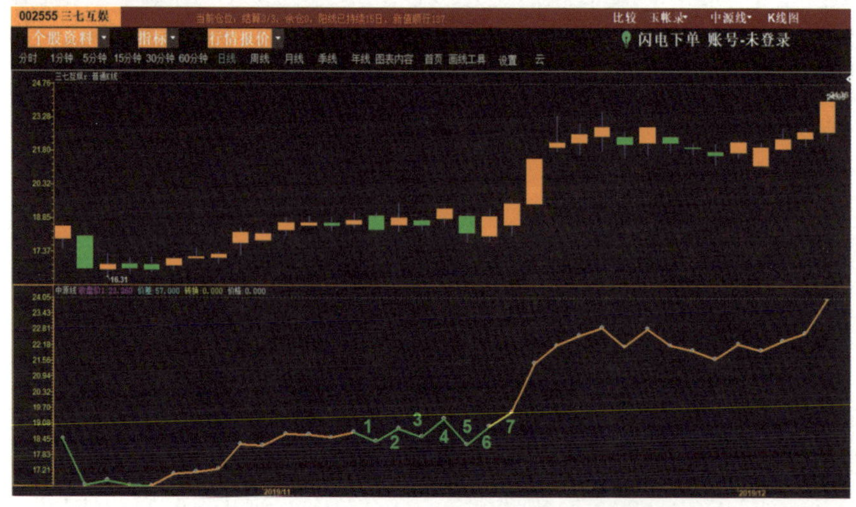

图 8.2.F　三七互娱日线走势图与中源线折线图

图 8.2.F 是 002555——三七互娱的走势图与中源线折线图，在图中我们可以清晰地看到，股价出现了一个顺行以后的逆行，而后反复震荡，虽创出了新高，但是没有符合基础转换再转换的条件。1 就是刚刚出现转换的第 1 个顺行，第二天出现逆行且创出新高，但没有达到 3 分以上。第三天再次出现顺行，且收盘价在画线起始点以下，到此时两个顺行的条件已经满足，一旦股价出现 3 个以上的逆行，在这个地方反转就符合条件了。但是此时，只出现了一个逆行，还差两个逆行才能满足条件。第四天再次出现逆行，这时已经有两个逆行了。在第五天，出现了顺行，已经是第 3 个顺行。在第六天出现了一个上涨的逆行，但是没有创出逆行的新值，不能算作符合条件的第 3 个逆行。第 7 天出现创出新值的逆行，此时三个符合条件的逆行都有了，即图中 2、4、7 三个逆行，此时构成反转。

我们再来看一下第二个顺行条件的解析，如图 8.2.G 所示。

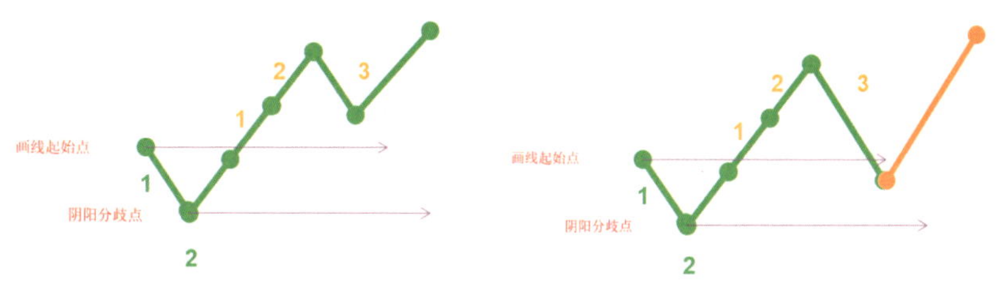

图 8.2.G　第二个顺行条件示意图

图 8.2.G 是第二个顺行条件示意图，左图中虽然创出新高但是不会发生转换，原因是第二个逆行的收盘价高于画线起始点；右图就是符合补充条件的基础转换再转换的走势，第二个顺行虽然下跌力度较大，但只要是再次出现三个逆行的条件，依然会出现反转。这种走势往往会出现在未出现 3 分以上新值的情况下，因为基础转换再转换的条件就差 3 分以上的新值了。我们来看一

个具体的例子，如图 8.2.H 所示。

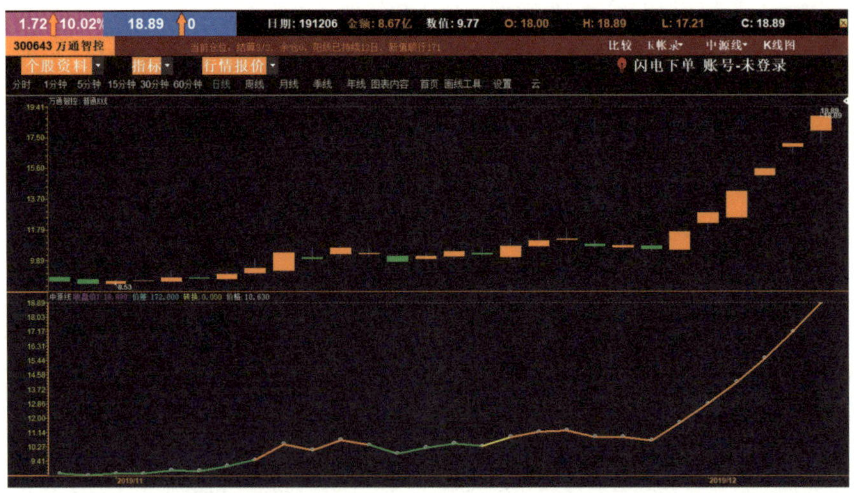

图 8.2.H　万通智控日线走势图与中源线折线图

图 8.2.H 是 300643——万通智控的日线趋势图中源线折线图，图中黄色的逆行就是符合补充条件的基础转换再转换的走势，也是非常标准的 2 顺 3 逆的走势。股价在之前先是出现了基础转换，持续 4 日的阳线过后又出现了阴转，上涨时间较短，更像是洗盘走势，后期股价小幅震荡，并没有出现跌破第一个顺行的新低，说明股价强势调整。而后经过连续两个顺行后创出新高，现在的条件就差一个符合条件的逆行和顺行。随后出现了第二个顺行，股价小幅下跌但是低于画线起始点的价格，第二个顺行条件符合，次日又出现第三个逆行创新值的走势，股价出现反转。与再转换相类似，补充条件的基础转换再转换也意味着股价会出现剧烈的波动，所以一旦出现补充条件的基础转换再转换的走势，就可以直接建仓 2/3。反转后虽然股价小幅震荡一周，但随后走出了急速的上涨走势，我们再来看一下时间较长的补充条件的基础转换再转换的走势，如下图所示。

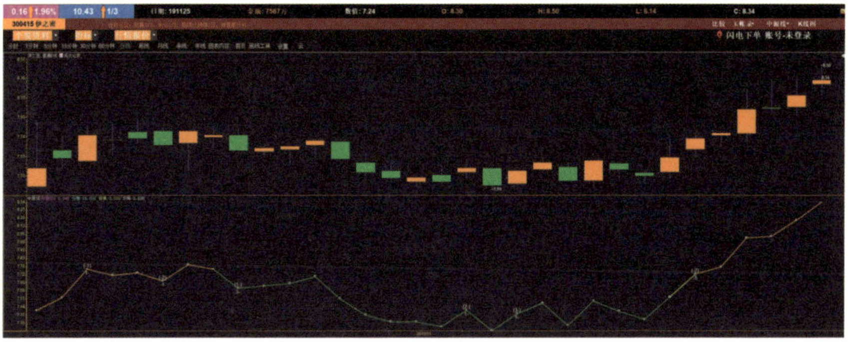

图 8.2.I　伊之密日线走势图与中源线折线图

图 8.2.I 是 300415——伊之密的日线走势图与中源线折线图，在图中我们可以看到，当股价出现阴转后，出现了符合条件的三个逆行走势，但是不能发生转换，因为没有出现符合条件的第二个顺行走势，一直等到黄色逆行线出现才符合条件。此时一定要记住先要有两个以上的顺行线，再有创出新值的逆行线才符合条件。

没有哪一种方法是完美无缺的，虽然我们对其做了完善，也不代表单一使用补充条件的基础转换再转换就完美无缺。在实际运用的过程中，还要结合其他几种基础转换方式。

中源线之所以被称为国宝级技术分析，很重要的一点就是中源线是一个完整的交易系统，而非独立的决策体系。学习过程是一个不断提高的过程，日积月累，才能达到“守、破、离”的晋级之路，我们要深度理解中源线系统的精髓和设计原理，才可以达到看山不是山的境界。

第九章 《富致录》的全面解析与应用

这本书的全部内容都是围绕中源线的交易技巧展开的，这种交易技巧的创始人名为陈雅山，陈雅山本人或其友人为后世留下了一本书，即《富致录》。

在这本书中或者其他相关资料中，记载着陈雅山所创立的买卖交易法，名称为“中源线建仓法”或“中源线秘法”，还有一个名称叫做“九数正法”。

一般来说，世界范围内研究中源线技巧的投资者更加习惯称这本书为《富致录》。

除序言外，《富致录》共分为五部分内容，分别是“天地人第一”“经济阴阳循环说第二”“平均法第三”“九数中正法第四”“中源线建仓法第五”。

本章将全面解析《富致录》中的相关内容。

第一节 序

对于《富致录》这本书，很多人都做过研究，但是这本书仿佛笼罩在一层迷雾里，读它的时候总会有一些疑问。这本书成书于什么时期，作者是不是陈雅山，陈雅山的传奇故事是真是假？很多真相至今已难以考证，但是书中的内容却让人耳目一新，每每读来让人不得不慨叹它的神奇以及与当今投资市场的契合，惊叹陈雅山竟能在百年之前提出这样的投资方法，甚至对此提出质疑——因为在清朝的时候，国内还没有这样成熟的投资市场。

《富致录》清晰地展现了陈雅山的投资思路。前文中也提到，中源线的理论脱胎于《太玄经》，里面有很多体现道家思想的内容，甚至陈雅山本人的投资哲学也是源自道家，所以有些内容的表述比较隐晦，对于缺乏道家文化熏陶的人来说可能会难以理解。即使在受到中华文化影响如此深远的日本，也只有《富致录》中的中源线建仓法（第五部分）被发扬光大。

接下来让我们解析这本奇书。

这本书的开篇是陈雅山写的序，原文第一段如下：

夫天宙然示人神，地他然示人明矣。天地奠位，神明通气，有一有二有三。位各殊辈，回行九区，终始连属，上下无隅。察龙虎之文，观鸟龟之理，运诸七政，系之泰始极焉，以通璇玑之统，正玉衡之平。用方之相研，刚柔之相干，盛则人衰，穷则更生，有实有虚，流止无常。

序章中第一段取自《太玄经》，本段文字的白话翻译不难寻找，在此不做赘述。

引用《太玄经》中的这段内容，是为了阐明《富致录》的核心思想，无论是中源线中的三段式建仓（天地人）还是九数中正法（回行九曲）都与《太玄经》中的这段内容有着深刻的联系。

最后一部分内容阐述了事物或属性之间的对立转化生生不息。

如果没有前面八章的内容，读这段文字可能会觉得不知所云，但是研究过中源线的技巧之后，就会发现这段文字中蕴含的深层次含义，因为中源线的核心思想都在这段文字中有所体现。

市场涨跌与这段文字中阐述的事物或者属性之间生生不息的对立转化是相似的，这也是中源线交易法能够建立的基础。

接下来一段内容是关于天地人之间关系与“反”的概念的阐述，陈雅山在这里提到的“反”，实际上是代指事物或者属性之间的对立转化，如阳极反阴，虚极生实，带着这样的认识来解读，就会更容易理解《富致录》要表达的含义。

天有规，地有范，人之为中，三权相属，取其中。天人合一，无地范，则阴阳未平也；地人合一，无天规，则天地难恒久。唯天地人三才之相合，则天地万物生。万物滋长有其要，主取其反。反者道之动，正者反之为反矣。此为正反之理，万变不离其宗。

天地未成先有一理，老子强之为道。此道主宰万物，万物因之变化繁衍，再次生道。道与天地互生互灭，阴阳五行皆在此轮回之内，亦在其轮回之外。纵使银价之上下变动，亦难逃脱轮回之道。银价之变，通乎太极，太极之变，合乎于图书之理，图书之理不外乎一阴一阳。图书之理，示人于无，无中生有，有始生一，一生二，二生三，三生万物。数理至三，则天地将再轮回。若有始无终，天地将恐灭亡而复生，生而复灭亡。天道轮回，道之理也。

天地都有规范，人在天地之间，三者之间的关键是处于中间的（人）。如果只有天人合一，而地没有规则，阴阳就不会平衡；如果只有地人合一，天没有规则，天地难以长久存在。只有天、地、人三才之间遵循自己的属性，相互配合，天地万物才会生发，生长。万物的生长有其纲要（重点、规律），选择其中的“反”（这里的反不仅仅是正的另一边，更指的是变化，如阴阳之反，涨跌之反）。

反是大道的运转规律的体现。简单来说，把正的反过来就是反，把反的反过来就是正（但我们不能这么片面地理解反的概念），世间千万种变化都不会脱离其宗旨。在天地还没有形成之前，先形成了一个理（规律、大道）（这种规律难以形容和描绘），先贤老子勉强用“道”给它命名，道主宰万物，世间万物顺应大道而衍化出无数的变化，这些变化又再次生出（体现、完善）大道，大道与天地互相促进发展，壮大，衰落，消亡（形成轮回）。阴阳与五行都涵盖在大道与天地的轮回之内，同时也超脱于这个大轮回之外（不局限于轮回本身，或者不局限于实际的事物）。银价的变化和太极之道相通（关联、相似），太极的变化本质上是阴与阳的变化，这个道理先展示“无”，随后“无中生有”，有生一，一生二，二生三，三生万物。如此天道轮回，是大道的运行规律。

其中有几个关键点需要详细解析：

《富致录》整本书中的核心就是“反”，“反者道之动”更是一句阐明了事物变化的规律（本句出自《道德经》中“反者道

之动，弱者道之用”），天地万物生长变化，最主要的规律就是“反”。

“数理至三则天地将再轮回”直观地体现了《太玄经》中的三进制思维，这种思维体现在中源线交易法中，就是关键的变化位置都与“三”有关。

“三”与“反”是本段的重点，也是《富致录》的重点。“反”阐述了事物变化的规律，而“三”则揭示了事物变化的时机，如果知道事物会在什么时间发生什么样的变化，就能够轻松地把握它的未来，这就是《富致录》的核心思想，也是其神奇之处。

下面一段内容则是陈雅山的自述，介绍了他的经历，以及如何发明的中源线交易法。

> 吾昔年立志投身于白银市场，并非因吾之无财，皆因白银市场之难测，如风云之诡变。每临白银市场，场内银价瞬息万变时，人皆叹息谓之银价深不可测。吾深思良久，万物皆有规，何谓银价无规？至此投身白银市场，试图探索市场之道。入场方觉市场之神秘莫测。但经年历久，以道御之，方解其惑。其道之源，源自一友，友为樵夫，语吾：上之为下，下之为上，上下若为阴阳之一，则可以正测反，以反测正。因而解吾心中之惑。吾取其精髓，谓之：欲得上涨，必取下跌。欲得下跌，必取上涨。天之规，地之范，人之理，三者合一，则大利可生。
>
> 集二十余年之精力，终成大体。书中之法，为不败之法，后世人得之，若不得精髓，万不可轻用其法，轻用反受其害。此书亦不可轻传于后世。

与前文相比，本段内容更具有故事性，不那么晦涩，其内容大体可以翻译为：

我当年立志投身于白银市场，并不是因为缺钱，而是因为白银市场像是风云变幻一样诡谲难测。每次到白银市场，市场内白银的价格瞬息万变的时候，大家都叹息说银价深不可测。我深思了很久，世间万物运行都有自己的规律，为什么白银价格的变化没有规律呢？于是就投身白银市场，试图探索出市场中的规律。

进入白银市场之后，越发觉得市场神秘莫测，但是经过很长时间，通过“大道”来驾驭市场，才解开了自己的疑惑。发现这种规律的源头是我的一个朋友，这个朋友是个樵夫，他告诉我说，上就是下，下就是上，上与下的关系就像是阴与阳的关系一样，可以用正来预测反，用反来预测正，这样就解开了我心中的疑惑。我提取了他思想中的精髓：想要把握上涨，必须从下跌中寻找；想要预知下跌，必须从上涨中寻找。天体运行的规则，大地万物枯荣的规范，人心世事的公理三方面合而为一，大的利润就会产生，集中我 20 多年的精力终于大致完成了这个理论。这本书中所记载的方法是不败的方法，后来的人得到这种方法之后如果没有掌握其中的精髓，不可以轻易使用，如果轻易使用反受其害。这本书中的内容也不可以轻易地广泛流传。

这段内容是陈雅山的经历阐述，理论性的内容较少，但仍有几个需要详细解析的关键点：

原文“以道御之，方解其惑”中的“道”在文中有两层含义：既代指天地万物运行的规律，也代指脱胎于道家“道生一、一生二、二生三”的数学逻辑思维。

原文“吾取其精髓，谓之‘欲得上涨，必取下跌。欲得下跌，必取上涨’”直观地阐释了中源线交易法的精髓所在，即在下跌中寻找上涨的机会，在上涨中发现下跌的风险。

“天之规，地之范，人之理，三者合一，则大利可生”这句也非常重要，想要理解这句话的含义，首先要明白 “天之规，

地之范，人之理”分别为何。

“天之规”是指“天体运行的规则”，在市场中代指“时间”的因素，如果研究过《模型理论 5：宙合之序》的内容，会对这一点有更深刻的理解。

人类社会中界定时间的标准就是天体运动，天体运动带来（引力、光线，等等）的变化会从方方面面影响到人们的生活，最终这些影响都会体现在市场上。因为天体的运动是循环的，所以市场总会不断重演，这也从另一个方面印证了道氏理论。

“地之范”是指“大地万物枯荣的规范”，主要代指地球上事物变化的规律对市场的影响，比如大小趋势的变化，涨跌变化之间体现出的规律性等。总之，“地之范”中的“地”不仅仅代指大地所承载的万物，还代表着市场的固有属性。地有形指地在代表趋势的同时也代表了市场中的形态，更广泛地说，这里的“地”还可以代指市场中的空间变化。

“人之理”是指“人心世事的道理”，有两个方面的含义，一方面，包含人心对市场的影响，即投资心理，具体来说，是贪婪、恐惧或者从众心理带来的群体性行为对市场的影响；另一方面，也包含了一些事件的发生对市场的影响，比如战争、油价变化、某些利好或者利空消息的传播，等等，这些因素都属于“世事”。这两个方面共同构成了“人之理”。

综上所述，“天之规、地之范、人之理”可以简单理解为“时间、空间和人”。时间、空间与人，这三个因素影响了市场中的一切变化，三者相携，市场中的一切自然尽在掌握，获利也就是顺理成章的事情了，所以陈雅山说“三者合一，则大利可生”。

原文中“书中之法，为不败之法”一句，强调的是书中的技巧是不败的技巧，但不败不代表百战百胜。这套技巧更多的是保持不败，而不是追求百战百胜，这是研究者需要明白的。

如果学习中源线的技巧之后，不理解其中的精髓，不知道其中的逻辑思想，反而觉得不适用，那就真是明珠暗投了，这就是为什么学习中源线时还要研究道家思想。

第二节　天地人第一

《富致录》全书分为五个部分，第一部分是全书的思想核心，将道家思想运用到投资当中。

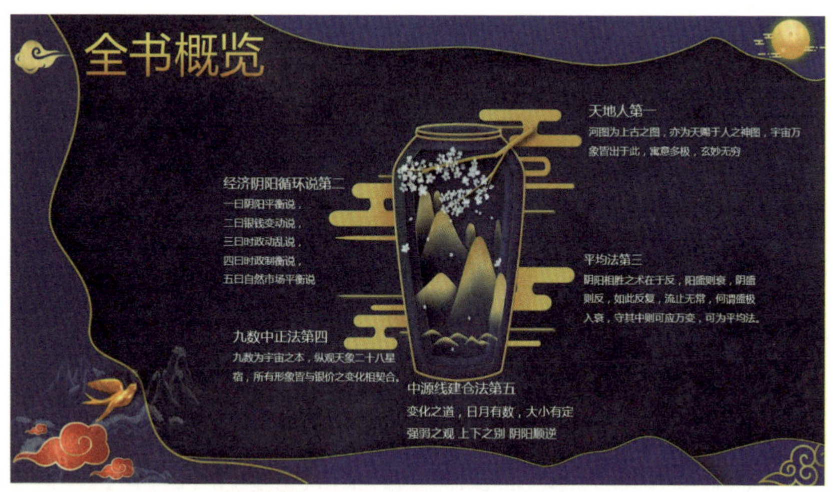

图 9.2.A　《富致录》全书概览

第一部分天地人是围绕《河图》《洛书》展开的。

《河图》《洛书》在中华文化之中占有重要的地位，陈雅山认为："《河图》为上古之图，亦为天赐于人之神图，宇宙万象皆出于此，寓意多极，玄妙无穷。"

这一部分内容在数理上阐述的是《河图》《洛书》的数理逻辑，而在思想、认知和宇宙观（可引申为投资理念）上引用的是《黄帝阴符经》的内容，是全书理念部分的深化和展开。

第二部分阴阳循环说是全书宏观分析的核心，其逻辑核心在于“循环”。不管是阴阳平衡，银钱变动，时政的动乱与制衡还是市场自然平衡的根源都来自“循环”，市场因动而变，变则循环，因循环而平衡。

第三部分平均法则具体到操作的内容，包括逆向操作的思维和技巧，三段论的分仓模式，等等，都在这一部分涉及。“阴阳相胜之术在于反，守其中则可应万变”是平均法的要义。

第四部分是九数中正法，这部分内容是对于方法的细化，在三段论的基础上将市场的变化分为九个部分。在国人的思想中，“九为数之极”，代表着一种极致，这种思想在其他几本《模型理论》中多次涉及，尤其是涉及物极必反的理论时被广泛应用，如《模型理论 4：固定模型体系》中涉及的“数九寒天”模型。

九数中正法还涉及古代星象学。陈雅山认为市场的变化与星宿相契合，《富致录》中对于星宿与市场变化关联的阐述并不多，但寥寥数语却揭开了一个全新的领域，深入其中，会使人豁然开朗。

最后一部分是中源线建仓法，这部分内容结合前面四个部分的内容，真正形成了中源线的概念。若是脱离前面四个部分研究中源线难免有偏颇，反过来如果只学习前面四个部分，不把它们统合起来，也不会理解中源线的神奇。

接下来进入正式的解读部分。

天地人第一

《河图》为上古之图，亦为天赐于人之神图，宇宙万象皆出于此，寓意多极，玄妙无穷，《河图》本为星象之图，其亦可用之地理，故在天为象，在地成形也。天之象乃二十八宿，地之形则合乎青龙白虎朱雀玄武明堂之理也，

天地有别，但却无差，差别之中又无差别，是非之间又无是非，两者之间彼此相合。《洛书》出洛水，示人以《河图》之对，《河图》《洛书》互为阴阳，两者既相对又相辅，自古图书临世，其源扑朔迷离，来无影去无踪，故图书之争历年不衰，未有定论。自伏羲氏做卦以来贤者皆以卦为正宗，八卦甲子是生万象，阴阳相对物之理也。

这段内容是对《河图》《洛书》来源以及神奇之处的阐述，大体可以翻译为：

《河图》是上古流传下来的图谱，也是上天赐给人类的神奇图谱，宇宙万象都是从其中衍化出来的，蕴含之义很多，有着无穷的玄妙。《河图》本来是根据星象绘制的图谱，它也可以用在地理上，用在天上代表星象，用在地上代表地形，天上的星象是二十八星宿，地上的地理则体现为青龙、白虎、朱雀、玄武、明堂（风水学中的概念，多用来代指方位）的规则。天和地有差别，但遵循的规律是一样的，差别之中又没有差别，是非之间又不分是非，在不同的表象下遵循着同样的规律，两者之间和谐共处，相互补充，相互结合，相互圆满。

《洛书》在洛水中现身，作为《河图》的对应，《河图》与《洛书》的关系类似于阴与阳的关系，两者之间既互相对立又相辅相成。自上古《河图》《洛书》出世以来，其源头扑朔迷离，不知它们如何而来，也不知它们如何发展，关于《河图》《洛书》的争论历经很长时间都不曾停止，但也没有最终的定论。自从伏羲氏演化先天八卦以来，贤明的人都以八卦作为正宗，周易八卦天干地支衍生出万事万象，阴与阳之间互相对应，这是万物运行遵循的规律。

需要详细解析的几个关键点：

首先是“《河图》本为星象之图，其亦可用之地理，故在天为象，在地成形也”一句，说的是《河图》规则的泛用性。文中也解释了何谓天象，何谓地形，“天之象乃二十八宿，地之形则合乎青龙白虎朱雀玄武明堂之理也”，也就是说，天象是指二十八星宿，而地形是指风水学中的五个概念，即青龙、白虎、朱雀、玄武和明堂，其中青龙、白虎、朱雀、玄武为四象，代指方位，左（东）青龙、右（西）白虎、上（南）朱雀、下（北）玄武。明堂则稍复杂一些，简单来说，明堂是指“堂前之明”，如古代君王坐北朝南，理政听事，百官朝拜之处，谓之“明堂”。在风水学中，可以直观地理解为宅（穴）前平坦的开阔地，是认穴的重要依据。

为什么要花费大量篇幅介绍风水和二十八宿，是因为两者相互对应，正如《富致录》中的阐述“天地有别，但却无差”。

为什么说天象地形相互对应呢？

我们已知地形为风水之理，其中青龙、白虎、朱雀、玄武代指方位，而全天星宿划分为三垣二十八宿。三垣之外，其余的星宿为二十八宿，而二十八宿可以归纳为四象，这四象是东苍龙、北玄武、西白虎、南朱雀，与风水学中四象所代表的方位对应。

正如《周易·系辞上》中所说：“仰以观于天文，俯以察于地理。”天文地理的规律本无不同，其外现在天为象，在地为形，其规律与《河图》《洛书》之理都是一致的。

天地之理，用在股市中也是成立的，形与象本质上是一致的，在市场中表现为“形态”，《河图》《洛书》中的规律与股市中的形态能够相互对应。

但《河图》与《洛书》两者之间又呈现阴阳对应的状态，互为阴阳，我们不能片面地说《河图》是阳的或者《洛书》是阴的，两者之间的阴阳关系是相对的。

体现到实战中，就是《河图》和《洛书》中的形态以及其中

蕴含的规律总会相对应地出现在市场中。

接下来一段内容是援引自《黄帝阴符经》中的内容：

故帝曰：

观天之道，执天之机，尽矣。故天有五贼，见之者昌。五贼在乎心，施行于天。宇宙在乎手，万化生乎身。天性，人也。人心，机也。立天之道，以定人也。天发杀机，移星易宿；地发杀机，龙蛇起陆；人发杀机，天地反覆。天人合发，万化定基。

性有巧拙，可以伏藏，九窍之邪，在乎三要，可以动静。火生于木，祸发必克，奸生于国，时动必溃，知之修练，谓之圣人。天生天杀，道之理也，天地万物之盗，万物人之盗，人万物之盗。三盗既宜，三才既安。故曰：食其时，百骸理；动其机，万化安。人知其神而神，不知其不神所以神也。日月有数，大小有定，圣功生焉，神明出焉。其盗机也，天下莫能见，莫能知也。君子得之固躬，小人得之轻命。瞽者善听，聋者善视。绝利一源，用师十倍；三反昼夜，用师万倍。心生于物，死于物，机在于目。天之无恩而大恩生，迅雷烈风，莫不蠢然。至乐性余，至静性廉。天之至私，用之至公。禽之制在气。生者死之根，死者生之根。恩生于害，害生于恩。愚人以天地文理圣，吾以时物文理哲。愚人以愚虞圣，吾以不愚虞圣。人以奇期圣，吾以不奇期圣。故曰：沉水入火，自取灭亡。自然之道静，故天地万物生。天地之道浸，故阴阳胜。阴阳相推，而变化顺矣。是故圣人知自然之道不可违，因而制之至静之道，律历所不能契。爰有奇器，是生万象，八卦甲子，神机鬼藏。阴阳相胜之术，昭昭乎近于象矣。

本段文字为《阴符经·神仙抱一演道章》中的内容，也是陈雅山《富致录》中的重要理论基础，大体可以翻译为：

观察与探究天地万物运行的自然规律，并按照这些规律来约束自己的行为，就足够了（此处也可以理解为足以应对一切问题）。在宇宙中有“五德”（五贼是指五德，分别是命、物、时、功、神。唐朝张果在《黄帝阴符经注》中有解：“五贼者，命物时功神也……反经合道之谋，其名有五，圣人禅之，乃谓之贼；天下赖之，则谓之德。”），能够察见它们的人会昌盛发达，五德存在于人们的心中，在宇宙万物间得以施行。人身与宇宙一一对应，都是变化万千。宇宙如手，万物如身（从现代科学的角度理解，人体的形态与宇宙的形态之间有着莫大的相似之处，比如人类大脑皮层的神经元、人体的十二经脉和奇经八脉与射电望远镜观测到的太空远景如出一辙）。

自然之性是人之本性（道家认为人的本性是“虚”与“静”），但人心却是机巧诈伪的，要以宇宙自然之道来稳定人性之道。如果天迸发杀机（杀机者，阴肃之气，所以伤物也；然无阴不能生阳，非杀无以卫生），就会星宿移位，斗柄回寅；地迸发杀机，则剥极而复，龙蛇起陆（指地窍之中气脉运行的现象）。如果人迸发杀机，则天翻地覆，天地颠倒。如果能够法天象地，运动杀机，则五行颠倒天地交泰，万物稳定化生。

一个人无论禀性是机巧还是朴拙，都要收敛起来，无须刻意表现。人身九窍是否沾惹外邪，关键在于耳、目、口三窍之动静。

火由木生，但火大了必会把木头烧毁，就好像奸邪之人产生于国中，奸贼动乱必然会让国家政权遭到颠覆。懂得这样的道理，并加强防备，则可称为圣人。

天地孕育万物，万物互生互长，万物之中，生命要经过生老病死的过程，而物质则要经过成住坏空的过程，最后生命与物质

又会重新归于天地，即“天生天杀”。在这个过程中，道的至理得以显现。

天地间的一切物质和能量被万物所利用（天地万物之盗中的“盗”不是指的盗窃，而是指的利用或者借用），而万物又被人所利用（指人类利用工具创造和改变世界）。人类在利用万物的同时，万物也借着人类的改造之能改变自身，所以人类又被万物所盗，这样就形成一个循环，叫“三盗既宜”。“三才”是指天地人，也引申为“天道”“地道”和“人道”。“既安”是指人与自然休戚与共、和谐发展的状态。

所以说，饮食有规，起居有常，人身上四肢百骸都能够正常生长发育。按照事物的发展规律，把握适合的时机开始行动，万事万物的生成变化就会平安顺利。

人们只知道“盗”的神异莫测而以为神，却不知“盗”不神妙莫测才是最神妙莫测的。太阳与月亮的运行都有规律，大与小都有定规，如此，会有圣人功德产生，人才会神而明。这些“盗”的机巧是天下之人所不能见、不能知的。君子领悟到它，就会躬而行之；小人领悟到它，却会轻易失去自己的生命。

目盲者听觉发达，耳聋者视觉发达。（因此，如果能）断绝或助利其一，就可以获得十倍之能力；如果能每天断绝耳、目、口（勿听、勿视、勿言），就会增强万倍之能力。心因万物而躁生，因万物而寂灭，关键在于所见（代指一切的所见所闻）。上天不施恩德，因而能产生大恩德；响雷暴风只会使万物发生骚动。

至乐在于知足，至静在于无私。上天因无恩而至私，故能大恩而至公（施惠于万物）。统摄的法式在于调和其气。生为死之根源，死为生之根源。利因害而生，害亦因利而生。

愚昧之人常以懂得天地之准则为智慧，我却以遵循时令、洞悉外物为聪明；俗人以欺诈为智慧，我却不以欺诈为聪明；俗人以奇异为智慧，我却不以奇异为聪明。所以说，（以欺诈与奇异行事）如水入火，自取灭亡。

自然之道为静，所以能生天地万物。天地的运行遵循自然，所以能使阴阳相胜。阴阳相生相胜，则变化和谐。

圣人懂得自然之道不可违背，因而制定了各种法则。然而，至静之道是乐律和历法所不能契合的。于是就有了奇妙的《易》，它产生了各种象征，是以八种卦象为本，并冠以六十甲子，来演化种种玄机的。这样一来，阴阳循环相生也就能很清楚地蕴涵于各种象征之中了。

以上内容出自《黄帝阴符经》，阴符有暗合的含义。陈雅山认为阴符经中阐述了万物运转的本质规律，通过这些规律，就可以解读市场中的一切变化。

这段内容是《富致录》中的思想精髓，如果要解析的话，内容会过于冗杂，在后面的讲述中会结合当时的文意作出解析。

在《富致录》接下来的一段内容中，陈雅山阐述了他对《黄帝阴符经》的推崇和理解，对我们研究中源线交易方法有重要的指导作用。

其文为《黄帝阴符经》，经中所载天下奇闻也，其天地人三才彼此依存，彼此对立，对立及依存之间若有相连，若有所断，断续之间又为阴阳，其本为易之本，其象为易之象，图书及八卦为宇宙之象形。黄帝之阴符经为万物之文字解说也。

以上内容可以简单翻译为：这段文字引用自《黄帝阴符经》，其中记载了天下的奇闻逸事，天、地、人三才之间彼此依存对立，在对立之中似联系紧密，又似各自分明，这种联系与分明之间的对

立统一作为阴阳。究其根本，是与《易经》中的根本相一致的，其表象也与《易经》的表象相一致，《河图》《洛书》及八卦表达了宇宙万物的类象与形态，《黄帝阴符经》是对宇宙万物的文字解说。

从这段文字中可以看出陈雅山对于《黄帝阴符经》中所阐述的“天、地、人”三才之间的关系的理解。实际上，陈雅山的《富致录》的思想理念来自《黄帝阴符经》，而数学理论则更多借鉴了扬雄的《太玄经》，《太玄经》中所阐述的逻辑关系可以体现为一种三进制的数学模型，这部分内容在本书第一章第一节中有详细阐述，在此不做赘述。

对于天、地、人三才的关系解读，正是《富致录》中三进制关系形成的关键！这种三才关系并不仅仅是指表面上的天地人和谐共处。

天、地、人三才之间的和谐与冲突实际上象征了股市长中短期走势之间的关系，长期趋势规律性最强，不以人的意志为转移，其性质类似于天道；中期趋势有较强的规律性，也会受到人的主观行为影响，其性质类似于地道；短期趋势受到人为因素影响最大，也最是变化无常，其性质类似于人道。

陈雅山以市场中三种趋势与天、地、人三才之间规律的相似性，将《阴符经》天、地、人三才的规律引入市场，从而把握市场中不同级别变化的规律。

而这种规律本身就是前文中《黄帝阴符经》中提到的“天地万物之盗，万物人之盗，人万物之盗也。三盗既宜，三才既安”。引申到市场中，可以简单理解为，长期趋势由中期趋势组成，中期趋势的性质也会体现在长期趋势中；中期趋势由短期趋势组成，短期趋势的性质也会体现在中期趋势中；短期趋势的运行规律会映射到长期趋势上。很多时候我们会发现，长期趋势与短期趋势也会体现出一样的性质。

更具体些，这一规律在《富致录》中被总结为“小势三天取四如一，中势三旬取四如一，大势三年取四如一，余势类推。一次起，二次中，三次衰，故取一而终其二，因危均在于三”（经济阴阳循环说）。

后文中会结合案例做详细解析。

陈雅山认为，图书及八卦为宇宙之象形。《黄帝阴符经》为万物之文字解说也。两者互为表里，本质趋同。在阐述完《阴符经》中的理论之后，陈雅山在《富致录》中结合口诀开始阐述他对《河图》的理解。

《河图》诀曰：天一生水，地六成之；地二生火，天七成之；天三生木，地八成之；地四生金，天九成之；天五生土，地十成之。所以一为水之生数，二为火之生数，三为木之生数，四为金之生数，五为土之生数，六位水之成数，七为火之成数，八为木之成数，九为金之成数，十为土之成数。万物有生数，当生之时方能生。万物有成数，能成之时方能成。

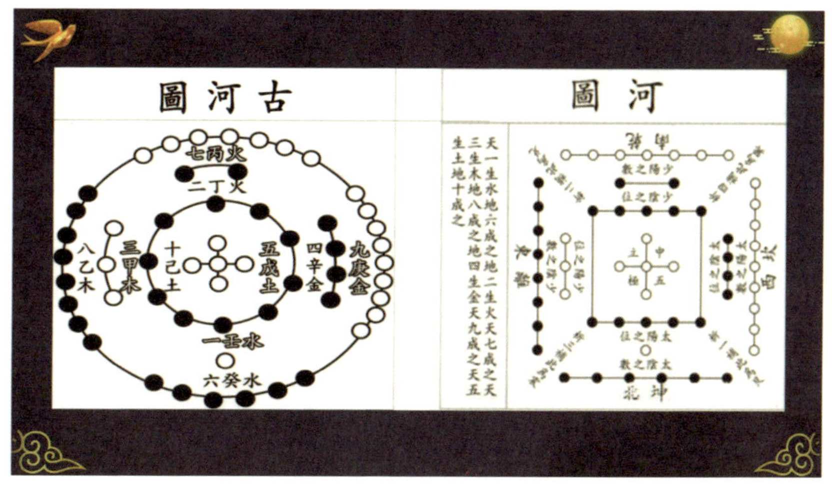

图 9.2.B　河图

可直译为:《河图》的口诀是“天一生水，地六成之；地二生火，天七成之；天三生木，地八成之；地四生金，天九成之；天五生土，地十成之”。“一”是代表五行水出现和发展的数字，“二”是代表五行火出现和发展的数字，“三”是代表五行木出现和发展的数字，“四”是代表五行金出现和发展的数字，“五”是代表五行土出现和发展的数字，“六”是代表五行水壮大和圆满的数字，“七”是代表五行火壮大和圆满的数字，“八”是代表五行木壮大和圆满的数字，“九”是代表五行金壮大和圆满的数字，“十”是代表五行土壮大和圆满的数字。万物都有代表其出现和发展的数字；当应该出现的时候才能出现，万物都有代表其壮大和圆满的数字，当应该圆满的时间才能圆满。

《河图》用10个黑白圆点表示阴阳、五行、四象，其图为四方形，古《河图》为圆形，白色圆点为天，为阳，为奇数；黑色圆点为地，为阴，为偶数，以天地合五方，以阴阳合五行，《河图》之“河”并非指人间之河，而是指天上的星河。《河图》本是星图，其用为地理，所以我们说《河图》“在天为象，在地成形”。此天象乃三垣二十八宿，而地形则是青龙、白虎、朱雀、玄武、明堂。《河图》之象、之数、之理、至简至易，又深邃无穷。

本段内容涉及《河图》的口诀与象数理的关系，需要重点解析的地方主要集中在最后一句：“万物有生数，当生之时方能生。万物有成数，能成之时方能成。”这也是《河图》的逻辑，天地万物的变化可以用数字关系来体现。所谓万物有生数是指万物的产生，是有序的，有规律的，而非无序的，随机的。体现在股市中，就是一段趋势的产生是有一定规律的。

当生之时方能生，这句是从时间的角度阐述万物初生的规律，就好像每个人的诞生都是怀胎十月的结果，提前或者延后都会造成不良的结果，这一规律阐明了万事万物皆有定数。市场中趋势的产生时间也是有规律的，它会在特定的时间产生，也会在特定的时间变化。

生指的是万物初生，而成则是指事物的发展已经到达成熟或者圆满的状态。很多人把投资想得很简单，找一只一直涨的股票买上等着赚钱就行了，但市场中是不存在这样的股票的，再强势的股票也是有涨有跌的。

投资面临的问题就是踏准节奏，踏准节奏就要知道万物有生数有成数的道理，知道什么时候涨，什么时候不涨，而不是看到涨了就急急买进去，有一点风吹草动就割肉卖掉，太多的亲身经历告诉我们，追涨杀跌忙忙碌碌是难有收获的。

在此基础上，《富致录》对《河图》做了进一步的阐述。

一六共宗，为水居北；二七同道，为火居南；三八为朋，为木居东；四九为友，为金居西；五十同途，为土居中。《河图》以十数合五方、五行、阴阳天地之象，图式以白（圈）为阳，为天，为奇数，黑（点）为阴，为地，为偶数，并以天地合五方，以阴阳合五行。一六共宗居北方，因天一生水，地六成之；二七同道居南方，因地二生火，天七成之；三八为朋居东方，因天三生木，地八成之；四九为友居西方，因地四生金，天九成之；五十同途居中央，因天五生土，地十成之。《河图》因据五星出没之象而成，上古五星为五纬，金木水火土。木曰岁星，火曰荧惑星，土曰镇星，金曰太白星，水曰辰星。五星幻化以二十八宿为界，水星见于北，正当冬气交，万物蛰伏，地唯冰雪；七月夏至，火星见于南，夏气交，令地上炎炎；三月春分，木星见于东，正当春气当令，草滋长，春满人间；五月土星见于中，以示炎夏，湿土之气当令，木火金水皆以其为中，其间过度九月秋分，

金星见于西，以示秋杀伐之气当令，万物老矣，俱皆凋零。

本段内容综述了《河图》中五行五方二十八宿之间的关联以及其中的生克关系，大体可以翻译为：

一、六这两个数字在《河图》中五行属水，在北方；二、七这两个数字在《河图》中五行属火，在南方；三、八这两个数字在《河图》中五行属木，在东方；四、九这两个数字在《河图》中五行属金，在西方；五、十这两个数字在《河图》中五行属土，在中央。

在《河图》中用一到十个数字来贴合五个方位，金木水火土五行，天地阴阳的类象。在《河图》的图示中，用白圈代表阳，天，奇数，用黑点代表阴，地，偶数，并用天地结合五个方位，用阴阳来结合五行。

前文提到，《河图》实际上是星河之图，其上蕴含星辰运行的真意。

“天一生水，地六成之”指的是水星与日月汇聚，日为阳，月为阴，天为阳，地为阴，一为阳（奇数），六为阴（偶数）。一、六这两个数字在《河图》中五行属水在北方，是因为水星与日月汇聚之时，一居于阳位，六伏于阴位，故为水居北。

“地二生火，天七成之”代指火星与日月会聚，日为阳，月为阴，天为阳，地为阴，七为阳（奇数），二为阴（偶数）。二、七这两个数字在《河图》中五行属火在南方，是因为火星与日月汇聚之时，七居于阳位，二伏于阴位，故为火居南，因水火相对，故方位也是正对的。

同理，“天三生木，地八成之”代指木星与日月会聚，其中三居于阳位（奇数为阳，为天），八伏于阴位（偶数为阴，为地），故为木在东。

“地四生金，天九成之”代指金星与日月会聚，其中九居于阳位（奇数为阳，为天），四伏于阴位（偶数为阴，为地），故为金在西。

“天五生土，地十成之”代指土星与日月会聚，其中五居于阳位（五为中，为奇数，为阳，为天），十伏于阴位（十为末，为偶数，为阴，为地），故为土在中央。

《河图》乃据五星出没时节而绘成。五星古称五纬，是天上五颗行星，木曰岁星，火曰荧惑星，土曰镇星，金曰太白星，水曰辰星。五行运行，以二十八宿为区划。

在每年的冬至时节之前，水星在星空北方出现，此时冬气交令，万物蛰伏，大地被冰雪覆盖，这样就形成了五行中水行的概念；每年的七月夏至后，火星出现在星空的南方，此时夏气交令，大地被炎热笼罩，这样就形成了五行中火行的概念；到了每年三月的春分时节，木星出现在星空的东方，此时正是春气当令，草木得到滋养和生长，进入春天，如此就形成了五行中木行的概念；每年的五月，土星出现在星空中天，表示长夏湿土之气当令，此时土居中心，木火金水皆以此为中点，木火金水引起的四时气候变化，皆是从地面上观测出来的，这样就形成了五行中土行的概念；每年的九月秋分时节，金星出现于星空的西方，金秋肃杀之气当令，万物自此开始衰老凋零，这样就形成了五行中金行的概念。

自古河洛不分家，在《富致录》中对于与《河图》相对应的《洛书》也有相关阐述。

《洛书》古称龟书，为阴阳五行术数之源也，古时称其甲背上有此图，寓意戴九履一，左三右七，二四为肩，六八为足，以五居中，五方白圈皆阳数，四隅黑点为阴数。其二，昔年黄帝东巡河过洛，修坛沉璧，受龙图于河，龟书于洛东。昔黄帝之时，天大雾三日，帝游洛水之上，见大鱼，煞五牲以醮之，天乃甚雨，七日七夜，鱼流始得图书。亦有传说云：黄帝坐于玄沪、洛水之上，有凤凰衔图置帝前。另有传说云：仓颉为帝南巡，登阳虚之山，临于玄沪、洛之水，灵龟负书，丹甲青文以授之。传说纷纭。大禹传说：大禹时洛阳西洛宁县洛河中浮出神龟，背驮《洛书》，献给大禹，大禹以此治水成功，遂划天下为九州，又依此定九章大法，论《河图》《洛书》。又或说禹治洪水时天帝赐给。禹治洪水，因而得赐《洛书》，法而陈之，天与禹洛出书，神龟负文而出，列于背，有数至于九，禹遂因而第之以成九类。常道传言繁多，以致世人无法辨别真伪。然《洛书》之本却万世不变，吾辈对于传说略观大概即可，不可拘泥于众多传说，但求义理之精髓。

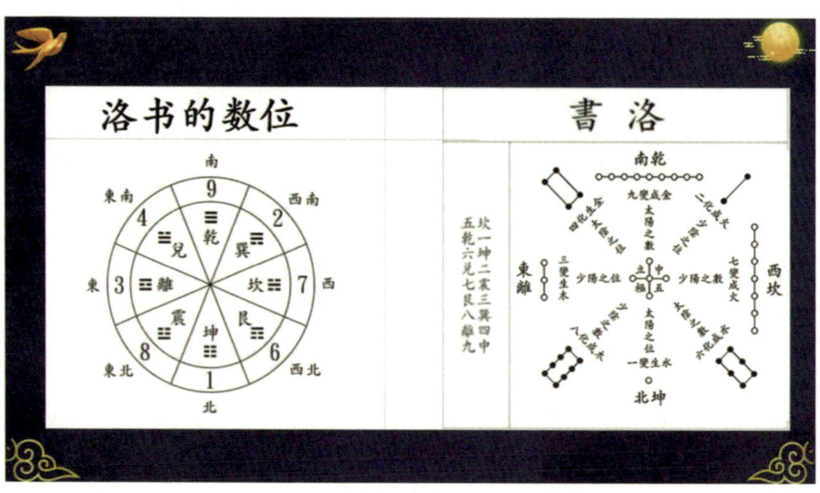

图 9.2.C　洛书与卦象的数位关系图

传说《洛书》最早是刻在龟背上的花纹，所以又被称为“龟书”，是阴阳五行术数的源头，古时传说乌龟背甲上呈现《洛书》，在一个九宫格中，正上面是九，正下面是二，左面是三，右面是七，左上为四，右上为二，左下为八，右下为六，五在最中间。在五个方向（东西南北中）中，白圈标记的都是阳数（奇数），四周的黑点都是阴数（偶数）。

昔年黄帝向东方沿着河道经过洛水，修建祭坛，献祭宝玉，在黄河中得到《河图》，在洛水之东获得《洛书》。黄帝时期，三天大雾，黄帝在洛水之上游览，看见一条大鱼，就用五牲来祭祀它，于是天降大雨，七日七夜后，鱼群如流，黄帝得到了《河图》《洛书》。

也有传说黄帝坐在玄沪、洛水之上，有凤凰衔着《洛书》放到黄帝身前，又有传说仓颉受命于黄帝在南方巡查，登上了阳虚山，接近玄沪、洛水，有灵龟背甲上刻着《洛书》而来，将《洛书》给了仓颉。

关于图书的来源，还有很多传说，与大禹相关的传说是这样的，大禹时期洛阳西边洛宁县的洛河中有一只神龟浮出水面，背甲上刻着《洛书》，献给大禹。大禹用《洛书》的内容治水成功，于是将天下划分为九州，又依次定下了九章大法，用来研究讨论《河图》《洛书》（因为河洛皆九分）。

又有传说大禹治水成功，上天送给大禹《洛书》，神龟背负着《洛书》浮出水面，背甲上的数字是一到九，大禹于是用九来划分天下。

众说纷纭，导致世人不能分辨真伪，但是《洛书》上的规律却是永远也不会改变的。对于传说大概了解就行，追寻《河图》《洛书》中的规律才是我们的终极目的。

《河图》中所载为阴阳五行的道理，而《洛书》中所载为阴阳五行的术数。简单说，前者更倾向于理念，后者更倾向于计算，这是需要读者有所理解的。

陈雅山认为《河图》《洛书》与《易经》有密不可分的关联，所以在《富致录》中，《河图》《洛书》的内容之后，就涉及《易经》。

易经乃远古之书，相传与《河图》《洛书》一脉相承。易经分三部，一曰天皇氏之连山易，二曰归藏易，三曰周易。据说唯有远古时期三易并存于世。逮于近世，连山与归藏俱亡矣。惜哉，

《易经》是远古时代的书籍，相传是与《河图》《洛书》一脉相承的，据历史记载，最原始的《易经》有三个版本，史学家称“三易”。一是远古神农时期的《连山易》，二是黄帝时期的《归藏易》，三是周文王时期的《周易》。据说只有远古时期才有三部《易经》同时流传于世，等到了近代，《连山易》和《归藏易》都佚失了，太可惜了。

周易皆因连山、归藏遁匿，无从前辈贤人。陈持老祖究天人之变化，分数理之精要，集众理学于一身，遂作龙图三易，实乃万世之典，日月之表也。连山易又称连山（《周礼·春官宗伯·大卜》），（大卜）掌三易之法：一曰连山，二曰归藏，三曰周易。其经卦皆八，其别皆六十有四。其《筮人》又云：“筮人掌三易，以辨九筮之名：一曰连山，二曰归藏，三曰周易。”“连山”义为山出内气，山连山。三国时，郑玄作《周礼注》：“名曰连山，似山出内气也。”古有《易赞》《易论》，皆言：“连山者，象山之出云，连连不绝。”贾公彦疏：曰连山，似山出内气也者，此连山易，其卦以纯艮为首，艮为山，山上山下是名连山，云气出内于山，故名易为连山。

《周易》因为《连山易》和《归藏易》的佚失，无数前辈先贤都在追寻其奥义。陈抟老祖把握天与人之间的变化，分辨了术数与道理之间的精要，集中了众多的理学，于是做出了《龙图三易》，实在是万世流传的经典，为日月作出表率。

《连山易》又被称为连山，卜筮的官员掌管着三种《易》法，第一个是《连山易》，第二个是《归藏易》，第三个是《周易》，其中经卦都有八种，别卦都有六十四种。

《筮人》一书中写道：筮人掌管三种《易》书，以辨别九筮的名称：一是《连山》，二是《归藏》，三是《周易》。连山的含义是山出内气，山连着山。

三国时期，郑玄所作的《周礼注》一书中写道："（这本书）名叫连山，就像是山出内气一样。"古代有《易赞》《易论》两本书，都写道："连山，就像是山中出云一样连绵不绝。"贾公彦撰写的《周礼义疏》中写道："（这本书）叫做连山，就像是山出内气一样，这就是连山易，其中的卦象以艮卦为首，艮是山的意思，艮卦的上面是山，下面也是山，所以称为连山，云气在山中出现，所以这本《易》叫做连山。"

吾窃以为，连山为中，天地开辟，万物浑浑，无知无识，阴阳所凭，天体始于北极之野，日月五纬一轮转，天皇出焉，定天之象，法地之仪，作干支以定日月度，乾兑离震坤艮坎巽所排列。

我私下里认为，连山作为"中"的概念而存在，天地开辟之初，万物懵懂，无知无识，万物阴阳所依凭的众星天体从北极的星野上出现并开始运行，太阳和月亮以及金木水火土五颗星辰一同轮

转，天帝在此出现，定下了天之象，地之仪，天干地支用来确定日月星辰的规律，八种卦象按照乾、兑、离、震、坤、艮、坎、巽的顺序一一排列。

而归藏卦画依乾兑离震巽坎艮坤所排，归藏易中无乾坤坎震八卦，唯有天地金水火风山木，卦序天乾位，金兑位，山离位，水震位，火巽位，风坎位，木艮位，地坤位。吾以归藏为正反之一，殊难定论周易八卦之象，人皆见之，此不复画。书中皆专论起理也。先天八卦，天地定位，山泽通气，雷风相薄，水火不相射，八卦相错。后天八卦，帝出乎震，齐乎巽，相见乎离，致役乎坤，说言乎兑，战乎乾，劳乎坎，成言乎艮，所谓震兑横六卦从八卦歌诀，乾三连，坤六断，震仰盂，艮覆碗，离中虚，坎中满，兑上缺，巽下断，八卦代数乾一兑二离三震四巽五坎六艮七坤八，八卦五行，乾兑金，震巽木，坤艮土，离火坎水，八卦生克，乾兑金生坎水，坎水生，震巽木，震巽木生离火，离火生，坤艮土，坤艮土生，乾兑金，乾兑金克震巽木，震巽木克坤艮土，坤艮土克坎水，坎水克离火，离火克乾兑金。八卦旺衰他乾兑旺于秋，衰于冬；震巽旺于春，衰于夏；坤艮旺于四季，衰于秋离，旺于夏，衰于四季；坎旺于冬，衰于春。四季易经之卦象，本为真理，而生然世人却将易经当作算卦卜巫之术，实乃大错。

而《归藏易》的卦象则按照乾、兑、离、震、巽、坎、艮、坤的顺序排列，归藏易中没有乾、坤、坎、震等八种卦象，只有天、地、金、水、火、风、山、木几种卦象，几种卦象的顺序是天在乾位，金在兑位，山在离位，水在震位，火在巽位，风在坎位，木在艮位，地在坤位。我把《归藏易》作为正反之理，很难定义《周易》的八卦类象，大家都见到了，所以在这里就不再画出了，本书中的内容都是围绕中源线所遵循的道理进行讨论的。

先天八卦的卦位如下，天与地有固定位置，山与泽都共同承受自然界的阴晴变化，雷与风相互接近，水与火互不相容，八卦交错组合。

后天八卦的卦位如下，万物的花蒂出现在震的季节，生长在巽的季节，形貌显现在离的季节，最需要出力气是在坤的季节，果实脱落告诉人们这是兑的季节，冷得全身战抖是在乾的季节，显得疲劳是在坎的季节，万物成功是在艮的季节。

震、兑等六卦遵循八卦歌诀，也就是乾三连，坤六断，震仰盂，艮覆碗，离中虚，坎中满，兑上缺，巽下断（歌诀代指八卦的形象，在此不做翻译）。

八卦所代表的数字为乾一、兑二、离三、震四、巽五、坎六、艮七、坤八。

八卦所对应的五行关系为乾、兑两卦属金，震、巽两卦属木，坤、艮两卦属土，离卦属火，坎卦属水。

八卦之间的生克关系，乾、兑属金，生坎水，坎属水，生震、巽木，震、巽属木，生离火，离属火，生坤、艮土，坤、艮属土，生乾、兑金；乾、兑属金克震、巽属木，震、巽属木克坤、艮属土，坤、艮属土克坎水，坎水克离火，离火克乾、兑属金。

八卦在不同时节有着旺衰关系，乾、兑两卦旺于秋，衰于冬；震、巽两卦旺于春，衰于夏；坤、艮两卦旺于四季，衰于秋；离卦旺于夏，衰于四季；坎卦旺于冬，衰于春。

四季与《易经》卦象之间的关系本来是世间真理，但是人们却将它视为算卦占卜的技巧，这实在是一种大错。

易有三理，一曰正，二曰反，三曰中，正反之间必定有中，有中则可定正反，正反本难分，全靠中间推。正反之后，中间反则阴阳反，反即为正，正即为反。

一爻卦画之基本单位为爻，爻分奇画与偶画，奇画由一条长的横线而成—，称之为阳爻，偶画以两条断横线示之 - -，称之为阴爻，每卦从最底推演，总计六爻，六爻以不同之奇画偶画相合，终成八八六十四象，易之天地人三才观，二爻为地，奇画为刚，偶画为柔，三四爻代表人，奇画为义，偶画为仁，五上爻代表天，奇画为阳，偶画为阴，所以用阳爻阴爻称谓奇画与偶画，是泛阴阳论之理。二卦之画即由六条— - -，奇偶画爻相合。三卦之名意即前卦画之名。四卦辞，在卦名后，对六爻之结合。五爻为题，即爻位之名意，即某爻在六爻中的具体性质。六爻卦位自下而上，为初一二三四五上—为九 - - 为六，余皆不复为例。六爻辞为单爻之解说，一卦有六爻，故共有六爻辞，如九二，见龙在田，利见大人。同卦六爻辞彼此相对，相对静止但又相互关联，似静止而非静止，相互依存而又独立，独立而不改异，同时间阶段难测。七上卦下卦内卦外卦因六十四卦而变化，初由三爻八卦重之演变而成，列象在其中矣，因而重之爻在其中矣，故六爻卦亦可以分为上下两层，四五上为上卦或外卦，初二三为下卦或内卦，复卦上地下震内震外地，谦卦为坤上艮下。

本段正文主要涉及的是《易经》的一些相关知识，其中需要深入解析的，是整个中源线技巧的核心本源“易有三理，一曰正，二曰反，三曰中”。

易理中有正有反，有泰卦就会有否卦，有大有卦就会有大过卦，这种对应关系就是正与反的关系。但易理中又不仅仅只有正和反，还有“中”，在市场中，我们可以把正理解为上涨的状态，把反理解为下跌的状态。

正与反之间必定有中的存在，这个中在市场中并非指代横盘，而是指市场多空变化之前寻找平衡的过程。这一过程最常见的体现，就是走势中的回调部分，简单来说，就是两段下跌中间的反弹，或者两段上涨中间的调整。

正反本难分，全靠中间推。

陈雅山说“正反本难分”，这一点在市场中体现得淋漓尽致，正反是非常难以判断的，上涨的时候你无从判断何时下跌，下跌的时候你无从判断何时上涨。陈雅山通过对于中的推算准确地判断市场的涨与跌，这也是中源线技巧形成的基本原理。

中间反则阴阳反，反即为正，正即为反。

如果你发现“中”反了，就代表阴阳逆转，正变为反，反变为正。也就是说原来的上涨变为下跌，原来的下跌变为上涨。

如果能够理解这句话，对于中源线的掌握就会更上层楼。

后面的内容是《富致录》第一部分内容中的最后一小节，题目是“道德经与银价变化之精要”。

昔年老子出函谷关，关伊喜强令其作书，老子旋即留下《道德经》，书中所载亘古未有，纵观其书，全为解易之玄妙。易为行，道德经为质，若区分，上下易为抽象，道德经为具体，今所以在书中引用道德经，全为用文字解说银价之变化。本书所解说皆为精要部分。

昔年老子出函谷关，当时的关令尹喜让老子留下著作，于是老子留下了《道德经》，书中所记载的内容是自古以来从来没有

过的。纵观这本书，内容都是解读“易”的玄妙，《易经》是行（运行规律），而《道德经》是质（内在逻辑）。如果一定要区分的话，《易经》的上下篇是对万事万物变化规律的抽象描述，而《道德经》是具体的描述，之所以在《富致录》中引用《道德经》中的内容，是为了用文字来说明银价变化的规律。《富致录》中所解说的内容都是其中精要的部分（特指在市场分析方面，而非指广义的《道德经》精要）。

接下来陈雅山引用了《道德经》中八个部分的内容，并结合市场变化规律予以解析。

一，反者道之动，弱者道之用。万物之运动，皆依靠反，无反则无正，无反无正则无天地。故银价之变化如下，欲要上涨，必取下跌，欲要下跌，必取上涨。若上下难定，则取中间之上下，此即为小上下。果如此，没身不殆。

道的法则，就是指事物的两种属性之间总是相互向着对立面运行，在临界点返回，如此反复循环。道在柔弱的状态下发挥作用。

万事万物的运转都依靠“反”，没有“反”也就没有正，如果没有正和反的概念，也就没有天和地的概念。

银价的变化规律是这样的：上涨一定要从下跌中寻找，下跌一定要从上涨中寻找。如果上涨和下跌难以判断，那就看中间那一段的倾向性，作为判断接下来走势的依据。比如走势在横盘，判断接下来的走势就看横盘中走势的倾向性，以小见大，通过小级别的变化预先判断大级别的改变。

本段内容中重点需要解析的，就是“反”的概念。反有两层含义，第一层含义是相反，大道对万事万物的反向调节作用。比如，将欲取之，必先予之；有余者损之，不足者补之。第二层含义是反复，道的运行规律，不是单一一次运动就终止，而是不停地循环往复，诚如老子言“万物并作，吾以观复”。

二，虚而不屈，动而愈出。多言数穷不如守中，银价变化终有极限，见好即收，天之道也。

它的内部空空无物，而它的作用却无穷无尽。一旦运动起来，就会运转不息。人如果过多地自我炫耀，就会加速败亡，倒不如保持内心的清净。

银价的变化是有极限的，见好就收，也是天地万物运转的道理。

这段内容中重点强调的是“守中”，不要过于贪婪，也不必过于谨慎，该出手时就出手，有了收获不必死抓着不放，见好就收，即是天道。

三，天长地久，天地所以能长久者，以其不自生，故能长生。投身白银市场，只可为操控而生，不可心念白银，故不为白银，反得白银。

天地之所以能长久存在，是因为它们不为了自己的生存而自然地运行着。

投身白银市场的人，只能操控白银，不能心中挂念着白银，就如同不自生故能长生一样，只有不为白银，才能拿到白银。

本段内容实际上是在强调心态的调整，如果没有良好的心态，就容易做出让自己亏损的行为。

四，上善若水，水利万物而不争，处众人之所恶，故几于道，水尚且处于低下，何况人与银价乎？银价变化，处下而得上，处上而得下，数理所得不可违逆。

人的德行要像水的品性一样，泽被万物而不争名利。水尚且处在底下，更何况是人与银价呢？银价处在下方的时候孕育向上的机会，处在高处的时候暗藏向下的风险，这是通过数理得出的规律，不可以违背。

五，持而盈之，不如其已；揣而棁之，不可长保。金玉满堂，莫之能守；富贵而家骄，自遗其咎，功遂身退天之道。投资白银切记戒骄戒傲。

执持盈满，不如及时停止。锋芒毕露，难以长久保持。金玉满堂，无法坚守。富贵而骄恣，会给自己带来灾祸。功成身退，合乎自然规律。

投资白银一定不能骄矜傲慢。

这段内容讲述人应对功名利禄的方法和原则。投资也是一样，在合适的时候进入，获得合理的收益之后及时身退，落袋为安，回避风险，而非一味冲动，盲目追高。

六，五色令人目盲，五音令人耳聋，五味令人口爽，驰骋田猎令人心发狂，难得之货令人行妨，是以圣人为腹不为目，故去彼取此。以上五种皆损于自身，更甚者为白银，自古及今白银多者反受其害，求财恨不得财多，反害其己。

缤纷的色彩使人眼花缭乱；嘈杂的声音使人听觉失灵；浓厚的味道使人味觉受伤；纵情猎掠使人心思放荡发狂；稀有的物品

使人行为不轨。因此，圣人致力于基本的生存事务，不沉湎于感官的享乐。

五色、五音、五味、田猎、难得之货都有损自身，而白银比它们更有害，自古以来有很多白银的人往往反受其害，求财要有度，不能一味贪多。

七，知人者智，自知者明，胜人者有力，自胜者强，知足者富，强行者有志，不失其所者久，死而不亡者寿。文中精髓在于自胜者强，投资白银，其最大之敌莫过于自身，修炼自身方为正道。

能了解、认识别人叫做智慧，能认识、了解自己才算聪明。能战胜别人是有力的，能克制自己的弱点才算刚强。知道满足的人才是富有之人。坚持力行、努力不懈就是有志。不离失本分的人能长久不衰，身虽死而道仍存的，才算真正的长寿。

《道德经》中这一段内容的精髓在于战胜自己的人才是强者，投资白银，最重要的敌人就是自身，修炼自身才是正确的方式。

八，道生一，一生二，二生三，三生万物，银价变动有一有二有三，三为衰竭，二为适中，不如取其一。

“道生一”是老子的宇宙生成论。这里老子说到“一”“二”“三”，乃是指“道”创生万物的过程。其中的“一”“二”“三”表示“道”生万物从少到多，从简单到复杂的一个过程。

银价的变动也是分为三个阶段的，而第三个阶段就会开始衰竭，第二个阶段比较适中，不如选取第一个阶段的走势，这个阶段的趋势是最强的。

中源线的数理逻辑是三进制的，陈雅山利用“三而竭”的规律精准地量化了趋势变化的规律。

九，天得一以清，地得一以宁，侯王得一以为天下，正可见一之玄妙，银价亦不可贪二与三。

天得到“一”而清明；地得到“一”而宁静；神得到“一”而灵妙；河谷得到“一”而充盈；万物得到“一”而生长；侯王得到“一”而做了天下的首领。

银价也是一样只能追求“一”，不可以贪图“二”和“三”。

通过对于以上九条内容的解读，我们发现陈雅山一直在强调的就是克服贪婪的心态，严格遵循中源线的规律，这就是中源线在实战中能够获利的最重要因素。

何谓天道，天道有常，不为尧存，不为桀亡，一人之身心唯有感悟一途，此乃天道也。天道亦无常，有常变无常，但万变不离其宗也，为天道。易曰：谦亨，天道下济而光明。天道福善祸淫，降灾于夏，天道幽且远，鬼神茫昧。然天道至公亦至私，随手撒下万般福祸，大至天地，小至蝼蚁，皆不能避。天之规亦为规律，规律有迹却又无迹，玄妙至极，非人智可达也。夫春气发而百草生，正得秋而万宝成，夫春与秋岂无得而然哉，天道已行矣，皆得自然之道，故不为也。六岁一饥，十二岁一荒，天道然，殆非独有司之罪也，四时更变化，天道有亏盈，盖天道无端，惟数可以推其机，天道至妙，因数可以明其理。地之范如天之规，反观地即为天，天地本为一体。

什么是天道？天道是长久存在的，既不会因为尧帝的贤明而存在，也不会因为夏桀的残暴而消亡，唯有通过个人的身心来感悟这一种办法才能接近，这就是天道。

同时，天道没有固定的形式或内容，无论是长久存在还是没有固定的形式，都是天道，世间事物所有的变化都离不开这一宗旨。

《易经》中说谦虚礼让会让人亨通顺利，天道会弥补保持谦虚礼让的人。

天道对好的给予祝福，对于不好的给予灾祸，就像是给夏朝降下灾祸一样。天道幽深而玄远，是最公平的也是最自私的，轻易就会降下各种祝福或者灾祸，无论是大如天地本身，还是渺小如蝼蚁，都不能逃避。

天道的规律也是万物的规律，这规律在世间显现却又无迹可寻，非常的玄妙，不是人类的智慧可以达到的程度。

春天生发之气得到发挥，各种草木开始生长，等到秋天，结出各种各样的果实。春天与秋天，难道无所遵循就能够这样吗？这是自然规律的运行与变化，不需要人为影响。

四季会有变化，天道的运转也会有圆满和缺损，因为天道的变化难以揣度，只有通过术数才能够推导出其中的规律。

天道是最玄妙的，只有通过数才能够明白其中的道理。大地上的规律和天上的规律是一致的，通过对大地上的规律的研究，可以明白天上的规律，天地本来就是一体的。

人之理。人趋利而避害，本性也，然一心为利却不得利矣。故投资白银，首在修炼自身，人之性有巧拙，然性巧未必可成大业，成大业者如水，任尔万般蹂躏，水因之变化而变化，故无损，此等奇能，人若具之必成大器。性

有偏差，则绝不可投身白银市场，钱财不可轻借轻许于人，因无信誉之人居多，钱财出借，一旦难以收回，悔之晚矣。但为人亦不可失信于他人，一旦失信，再欲建立信誉，难矣。

接下来论述人之理，趋利避害是人的本性，但是一心求利大多是得不到长久利益的，所以投资白银首先要先修炼自身。人的天性有巧有拙，但并不是性巧的人就一定能成就大业，想要成就大业的人要像水一样，可以承受各种打击和蹂躏。水会随着外界环境的变化而变化，积极地适应外界的环境，才能使自身不受损失。如果一个人能够具有这种神奇的本领，一定能够成大器，如果天性不够中正（指心态不够好），绝对不要进入白银市场。

钱财不可以轻易借给他人，因为世上没有信誉的人较多，钱财借出去的话，一旦收不回来再后悔就晚了。做人也不可以失信于别人，一旦失去信誉，再想重新建立信誉就很难了。

《富致录》的第一节，陈雅山阐述了中源线的理论基础，从《易经》到《道德经》，其核心一是对于投资者进行心理指导，二是确立了中源线的术数模型。

第三节　经济阴阳循环说第二

在《富致录》第二节中，陈雅山在确立了理论的基础上，从五个角度开始阐述他对于市场的理解。

大清国为银铜双制，虽论银铜，却不得不兼论时政，皆因时政对银价影响极深，一曰阴阳平衡说，二曰银钱变动说，三曰时政动乱说，四曰时政制衡说，五曰自然市场平衡说。

大清帝国的货币制度是银铜双本位制的，虽然讨论的是铜和银，但是却不得不研究时事政治，因为它对银价的影响非常深远。这一节从五个方面来阐述，即阴阳平衡、银钱变动、时政动乱、时政制衡、自然市场平衡。

一曰阴阳平衡说

阴阳两道为无影无形无踪之手，主宰万物，经济时政及银价亦不例外，其不止于此，王朝更迭，命运沉浮，皆因阴阳两道主掌。

第一个部分是“阴阳平衡说”。

阴阳两种大道是没有影子、没有形体也没有踪迹的手，却能够主宰万物的变化，经济、时事政治和银价的变化也不能超脱阴

阳两道的影响，甚至王朝的更迭、个人命运的沉浮，都是由阴与阳来掌握的。

在本段中，陈雅山强调了阴阳两道的重要性。实际上市场也是分阴阳的，它们在市场中最直观的体现就是涨和跌，但中源线最关注的，其实是涨跌之外的第三种状态。

二曰银钱变动说

自古及今，及至大清国，历代王朝，皆以银钱政法控制国民，时而松，时而紧，时而平衡，使民受制于王朝掌控。故银钱紧时如寒冬临世，百业萧条，谋生之艰，泪断长河；银钱松时如春盖世，草木滋长，百姓皆受其利。铸钱税利增减亦可使银价变化，其中精要惟圣人可察矣。

从古至今，到了清帝国，历代王朝都是用银钱以及政治法律来控制国民的，有的时候会紧缩政策，有的时候会放宽松，有的时候趋于平衡，通过这样的手段使得民众被王朝所掌控。银钱紧缩时就像是寒冬降临世间，许多行业变得萧条，谋生变得非常艰难。银钱宽松时就像是春天降临世间，草木得以生长，百姓都受到它的恩惠。

铸造钱币或者增减税收也可以影响银价，这其中的精妙，只有圣贤之人才能发现。

在本段中，陈雅山提出了货币政策对市场的影响，这在其所处的年代，无疑是一种非常超前的思维。

三日时政动乱说

嘉庆四年，乾隆帝驾崩，嘉庆帝惩和珅，查抄其产业，数和珅二十余款罪状，其中八款大逆不道，人皆称颂。和珅贪婪无度，所盖楠木房屋僭侈逾制，其多宝仿照宁寿宫制度，其园寓点缀与圆明园蓬岛瑶台无异，家内所藏珍宝内，珍珠手串竟有二百余串，较之皇宫大内多至数倍，家内银两及衣服等件数逾千万，夹墙藏金二万六千余两，私库藏金六千余两，地窖埋藏银两百余万，至此府库充盈。

嘉庆四年，乾隆驾崩，嘉庆开始惩治大贪官和珅，查抄他的家产，列数和珅 20 多条罪状，其中有 8 条为大逆不道，人们都称颂这件事。

和珅贪婪而不知节制，他盖的楠木房屋仿照宁寿宫，奢侈超出了制度要求，他的园林和寓所装饰与圆明园的蓬岛瑶台没有差别，家中藏匿的珍宝中，珍珠手串竟然有 200 多串，比皇宫大内还多数倍，家中银两和衣服的数量超过千万，墙壁的夹缝中藏匿的金钱有 2.6 万多两，私人府库藏匿的金钱有 6000 多两，地窖里面埋藏了 200 多万两银子。查抄之后，国家的府库变得充盈。

此时本该将银钱取之于民用之于民，然当政者将银钱收归府库后，未有利民之策矣，此诚国之败乱之源矣。故王者富民，霸者富土，仅存之国富大夫，亡国富府库，以此观之，大清国国运堪忧。时下民间多无财，银价必涨矣，此自然之法，故购入白银待涨，同时将多余银两贷至民间获利。目之所及，吏治腐败，官吏对百姓层层盘剥，州县之官多方婪索，竭其脂膏，剥削小民，督抚大吏勒索属员，层层朘削，至此吾料大清国国运余日无多。且吾闻多处军官克扣军饷，勒索百姓，兵士疏于训练，至民不聊生的百姓铤而走险，为之暴徒，揭竿而起，先于黔苗民造反。

这时候本应该取之于民，用之于民，但是当政者只是将这些钱收到府库里，没有利民的政策，这真的是国家祸乱衰败的源头。

所以，心存王道的帝王会让国民富裕，心存霸道的帝王会让国土扩大，而普通国家会让官员富裕，衰亡的国家只会让府库充实。从这一点上来看，大清帝国的国运值得担忧了。

民众手里没有钱，银价一定会上涨，这是自然的道理。买入白银待涨，同时把多余的钱款放贷到民间获利，官员腐败，对于百姓层层盘剥，州县级别的官员到处贪婪地索取财物，剥削百姓，将民脂民膏搜刮殆尽，而更高级的官员勒索低级官员，据此判断大清帝国的国运没有多少了。

我听说很多地方的军官开始克扣军饷，勒索百姓，而士兵疏于训练，到了民不聊生的地步，已经有百姓铤而走险，揭竿而起造反了。

彼时起，能藏金者即藏金，以致银价高居不下，良银大受私藏，至后白银大受藏匿，民间黑市数不胜数，官府追查不了了之。清国镇压暴乱耗费白银无数，大军过处，荆棘生焉，历时九载后，白莲教造，据州县达二百零四个。大清国征调十六省，征调官兵前往镇压，大好河山满目疮痍。嘉庆十八年九月，京城天理教首领林清造反，攻入皇宫。天理教又名八卦教，为白莲教旁支，分布于河北、山东、山西、河南各地，按八卦分为八区教徒，河南滑县李文成与北京林清是主要教首，预定在嘉庆十八年九月十五日，八方同起。盖因李文成行事不密，被官府捉拿，滑县暴徒遂于九月七攻击衙门，救出李文成，占据滑县城，大乱至此始，余事不表。每遇平乱，苛捐杂税日益繁重，流放市场之白银日益衰竭，官吏多有屯银者，加之物价急涨，一时间银价攀升，吾亦于此时多购银两，以期未来获利。正所谓民不治则祸乱丛生，白银不治则民更乱矣。

从这时候开始，能囤积金子的人都开始囤积金子，以至于银价开始居高不下，成色好的银子都被藏起来，接下来所有的白银也都被藏起来。民间的黑市多不胜数，而官府的追查却很敷衍，最后不了了之。清政府镇压暴乱花费的白银数不清，军队经过的地方，只有荆棘丛生。

9 年后，白莲教造反，占据的州县达到 204 个，清政府征调了 16 个省的官兵进行镇压。

嘉庆十八年的九月，天理教的首领林清在京城造反，打进了皇宫。天理教又叫八卦教，是白莲教的分支，分布在河北、山东、山西和河南等地，按照八卦分为八个教区。河南滑县的李文成和北京的林清是主要的教派首领，预定在嘉庆十八年的九月十五日，一起造反。但是因为李文成做事情不够严密，被官府抓住，滑县的暴徒于是在九月七日攻击衙门，救出李文成，占据滑县，动乱从这时候开始，其他的事情就不详说了。

遇到平乱，各种苛捐杂税就会越来越繁重，在市场中流动的白银越来越少，有很多官吏都在囤积银钱，一时间银价急速上涨，我也在这时候买了很多银子，希望能够在未来获利。

百姓生活得不到保障，就会祸乱丛生，白银流动不被管控，更多的民众就会参加动乱。

在本段内容中，陈雅山结合清朝时政，阐述了时政对于银价的影响，以及如何利用这些影响进行获利。

四曰时政制衡说

时政制衡因时制宜，因地制宜，故违其时逆其地，则宜扰乱阴阳。

时事政治的制衡需要根据时机、地点来制定合适的策略，如果时机不对、地点不对则可能扰乱阴阳。

扰乱阴阳的方法也很简单，就是“违其时，逆其地”。我们都知道应季的水果是很便宜的，而反季的水果就特别贵，这就是“违其时”。让财货在它不应该出现的时节出现，那么它就是稀少的，物以稀为贵，自然可以获利。“逆其地”也是一样的道理，商业讲究的是流通，把一个地方的东西转移到另一个地方，自然就能获利。

五曰自然市场平衡说

人之逐利，天性也，人之所以有争也，因阴阳而起，因争而善，因争而恶，故银价变化亦受人之逐利而变化。

经济循环虽为大势，但主宰银价之变化关键，仍为阴阳两道。

逐利是人的天性，人们之所以会有争斗，是因为阴阳不和，争斗既有好的方面也有坏的方面，银价也会受到人逐利的天性影响而变化。

经济的循环虽然是大趋势，但是主宰银价变化的关键还是阴阳两道。

经济阴阳循环说数理之精要在于三，经济循环，每十年一大期，每三年一小期，三中又有三，外亦有三。当银价每过十年，居高则为高，居低则为低，居中则上下难定，宜观察。观大势时宜极其耐心，观小势时更宜耐心，万不可操之过急，须知财不进急门。

经济阴阳循环说的数理精要在“三”这个数字，经济的循环，每十年有一次大的周期，每三年有一次小的周期。

每一个大的“三”之内会有小的“三”，“三”之外还有“三”。银价每过十年，如果在高位，就是高点，在低位就是低点，如果在中间，那么上涨和下跌就难以界定，需要多多观察。

在观察大势的时候需要非常有耐心，在观察小的趋势的时候更加需要耐心，千万不能操之过急，要知道财不入急门的道理。

陈雅山提出了经济循环的周期，即每十年一大周期。令人惊奇的是，这样的规律，不仅仅适用于清朝的银价，在如今的股票市场中也是存在的，如下图所示：

图 9.3.A 是上证指数从 1995 年到 2021 年间的日线走势图，也可以作为股市周期循环示意图。

陈雅山提到的十年经济周期的规律是“当银价每过十年，居高则为高，居低则为低”，如图中蓝色线条和数字标识，1995 年市场在低位，出现底部；十年后，2005 年，市场同样在低位，出

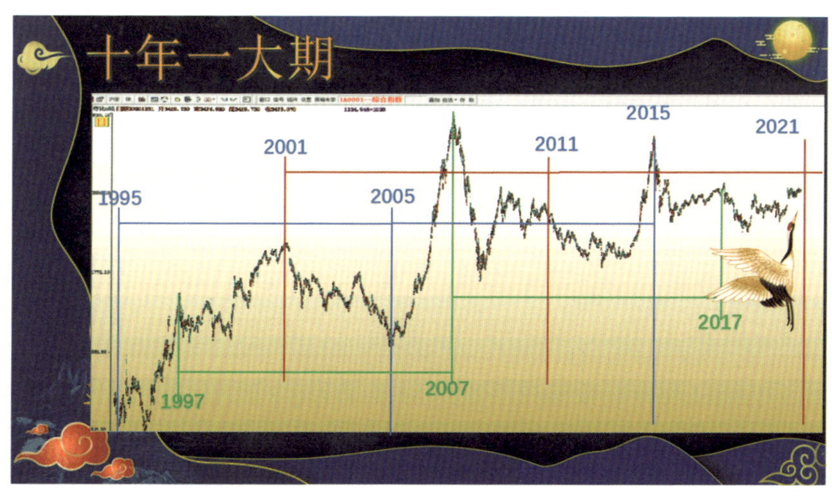

图 9.3.A　股市周期循环示意图

现底部；再十年后，2015 年，市场处于高位，出现顶部。

换一个时间点，如图中红色线条和数字标识，2001 年，市场处于高位，出现高点；十年后，2011 年，市场处于较高的位置，同样出现高点；而 2021 年，市场处于高位，即将出现高点。

尾数是 1 的年份是每个十年周期的起始，尾数是 5 的年份是每个十年周期的中间。图中可以看到，这两个尾数的十年周期都很有规律性，那么一些不是很规律的尾数呢？比如尾数为 7 的年份是否存在这样的规律呢？

如图中绿色线条和数字标识，1997 年，市场处于高位，出现高点；十年后 2007 年，市场处于高位，形成牛市顶部，市场开始下跌；十年后，2017 年，市场同样处于高位，出现高点。

这样的规律不仅仅会体现在指数上，在个股上也会有明显的体现。

小势三天取四如一

中势三旬取四如一

大势三年取四如一

余势类推

一次起，二次中，三次衰，故取一而终其二，因危均在于三。

小的趋势三天一个周期，其第四部分和第一部分是相同的；

中等趋势三十日一个周期，其第四部分和第一部分是相同的；

大的趋势三年一个周期，其第四部分和第一部分是相同的，

其余的趋势也按照这个规律以此类推。

在三段走势中，第一段是趋势的起始，第二段是趋势的中期，第三段是趋势的衰竭，所以要在“一”的时候买，“二”的时候卖，

因为风险集中在“三”。

陈雅山提出了市场中“三”的周期循环规律，如下图所示：

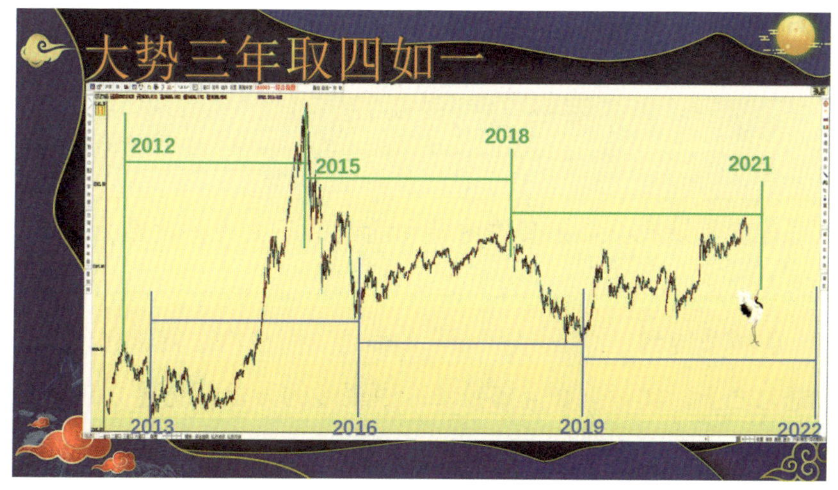

图 9.3.B　大势三年取四如一示意图

图 9.3.B 是上证指数从 2012 年到 2021 年的日线走势图，也是大势三年取四如一示意图。

陈雅山提出的大趋势的规律是“大势三年取四如一”，如图中绿色线条和数字标识。2012 年市场出现高点；三年之后，在 2015 年市场再次出现高点；再过三年，2018 年，市场再次出现高点；再三年之后，2021 年，市场同样开始形成高点。

可以看到市场运行的规律性，每隔三年出现一次高点。

换一个时间点，我们发现这样的规律对低点也是适用的，如图中蓝色线条和数字标识。2013 年，市场出现低点；三年之后，2016 年市场出现低点；再过三年，2019 年市场再次出现低点；下一个三年在 2022 年，图中走势还未成型，但我们可以预见市场将在 2022 年形成一个低点。

这样的规律从清朝的白银市场到今天的股票市场都是适用的。

第四节　平均法第三

《富致录》中第三节的内容和前两节不太一样，这一节谈具体的方法。

前两节提到了“正”与“反”的概念，而平均法就建立在“反”的概念之上，实际上在《富致录》中更多的方法都是建立在“反”的概念之上的，通过“反”这一变化，来判断市场变化的规律。

> 天之规，地之范，人之理，三者合一则大利可生。
>
> 众生百态，变幻千姿，或腾或落，是谓行情，异于常者变之兆，兆蕴其中也，预知波乱与异象二质，乃激动暗示之特征。
>
> 值空间势力暗示线的诸点存于实际行情，时间势力暗示的诸点与行情高低之外时，是谓激动暗示。当是时也，在最高价位据法则计算前测之阳点，在最低价位据法则计算前测之阴点，即所谓人位之天地破波乱暗示。

这段内容阐述了通过天、地、人三者之间的规律，在市场中锁定“人位”变化的技巧。

天体运行的规则、大地万物枯荣的规律、人心世事的公理三方面合而为一，大的利润就会产生。

世间所有人的种种姿态的变化，形成了上涨或者下跌的行情，在这样的行情中，与正常情况不同的就是变化的征兆，这些征兆孕育在变化之中。提前知道市场中的股价波动的乱象与异象的两个本质，这两个本质就是市场大幅波动的征兆。

当你想要对市场进行预测时，实际的走势都在空间预测的点位之内，时间变化的点位都在预测范围以外，这种情况就是激动暗示。

在最高价位根据法则来计算前期的阳点（即高位转折点），在最低价位根据法则来计算前期的阴点（即低位转折点），这就是通过天地波乱的规律寻找人位变化的规律。

本段内容比较晦涩，需要解析的内容较多：

首先是“值空间势力暗示线的诸点存于实际行情，时间势力暗示的诸点与行情高低之外时，是谓激动暗示”。

这是规律的总结，其中涉及很多关于中源线理念的解读和图文对照，我们可以将这句话中揭示的规律简单理解为：如果实际走势与你所预测的结果空间上相一致，但是时间上却提前或者延后了，这个时候股价会出现剧烈的波动。

其次“当是时也，在最高价位据法则计算前测之阳点，在最低价位据法则计算前测之阴点，即所谓人位之天地破波乱暗示”。

这句话是在第一条规律基础上的延伸，需要结合图来理解，如下图所示：

图 9.4.A 是《富致录》中关于“天”“地”“人”之间规律的图解，陈雅山将行情的波动分为“天”“地”“人”三个部分，其中人位指的是逆行的部分。“易”中用“中”来划分正反，在股价走势中也可以通过“人位”的部分来确定“天”的走势，通过对“人位”的研究，就能够知道市场接下来能不能上涨，以及上涨到何处。

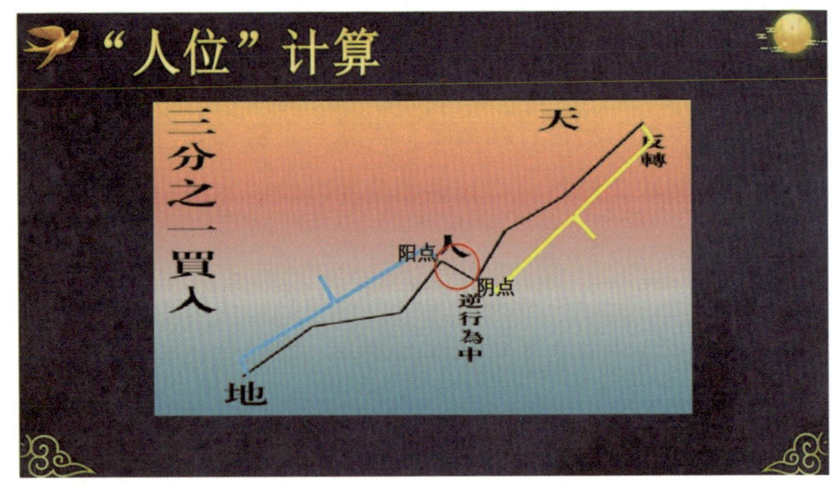

图 9.4.A "人位"计算示意图

图中蓝色大括号标记的是"地"的部分，黄色大括号标记的是"天"的部分，而红色圆圈标识的是"人位"。中源线的交易技巧极其强调"中"的概念，在一段走势中，"人位"的回调（逆行）就被认为是"中"的部分，也就是"反"的部分，把这三个概念串联起来，即能够理解《富致录》中所要表达的意思。

除此之外，需要重点理解的，是原文中的"阳点"与"阴点"的概念，阳点被称为高位转折点，阴点被称为低位转折点。通过文字可能难以理解，但结合图形就比较直观了。所谓阳点，是逆行的高点；所谓阴点，是逆行的低点，在上图中用黑色文字标识出来。

这样，结合图 9.4.A，就能够直观地理解这句话表达的含义，即根据中源线的法则计算出人位的高点和低点，就能够把握市场的转折变化。

阴阳相胜之术在于反，阳盛则衰，阴盛则反，如此反复，流止无常，何谓盛极入衰，守其中则可应万变，可为平均法。

平均法中必逆行以中为基，两边对等可辨未来。

根据阴阳双方的对比，判断哪一方比较强的依据在于中间的逆行。事物的运转都是在循环的，当阳强盛到极致的时候，就会开始衰败；而阴强盛到极致的时候，就会开始反转。阴阳之间如此反复运转，运行与停止没有（静止的）常态。

如何知道市场什么时候达到某一个极致开始衰败呢？把握住“中”的部分，就可以应对各种变化，这就是平均法的精髓。

在整个平均法之中，必然是以逆行，即中的部分为基准（人位），人位的两边是对等的天与地，根据这样的规律可以预测未来。

如下图所示：

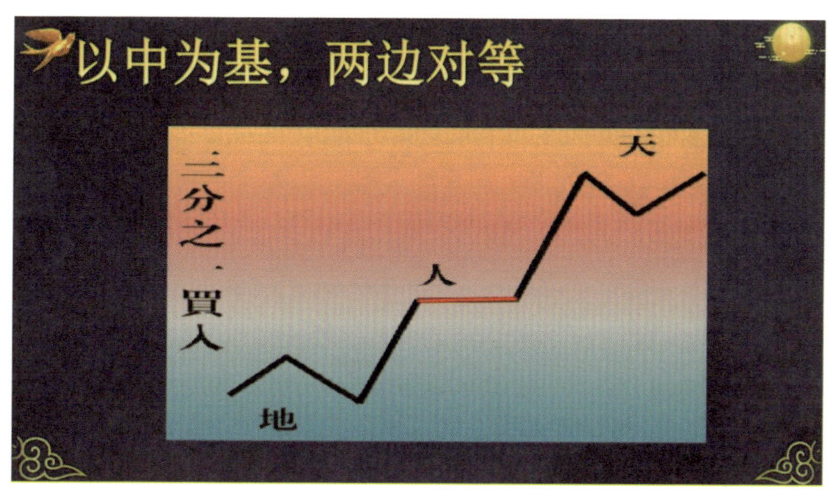

图 9.4.B　以中为基，两边对等示意图

需要解析的部分有两点，第一是“阴阳相胜之术在于反”。这一句可以直观地理解为知道“中”这一部分的走势，就可以知道未来“天”的部分市场的变化（在图 9.4.A 中）。

第二点是“以中为基，两边对等”。这八个字是平均法的核心，

陈雅山认为市场中用“中”来划分过去与未来，以过去为“地”，以未来为“天”，则“中”（人位）就是最佳的买入时机。如图9.4.B，红色走势是“中”的部分，以这段走势为中点，你会发现“天”部分的走势和“地”部分的走势是以“中”为中点对称的。

在实际的走势中受到各种因素的影响，市场不一定会这么规律。一般“天”和“地”这两部分走势从持续的时间上以及变化的空间上都会呈现一定的相似性，最好的买入时机，就是“人位”结束的点，因为之后还会有等同于“地”这一部分的上涨（在图9.4.A 中）。

这样的规律同样适用于今天的市场，如下图所示：

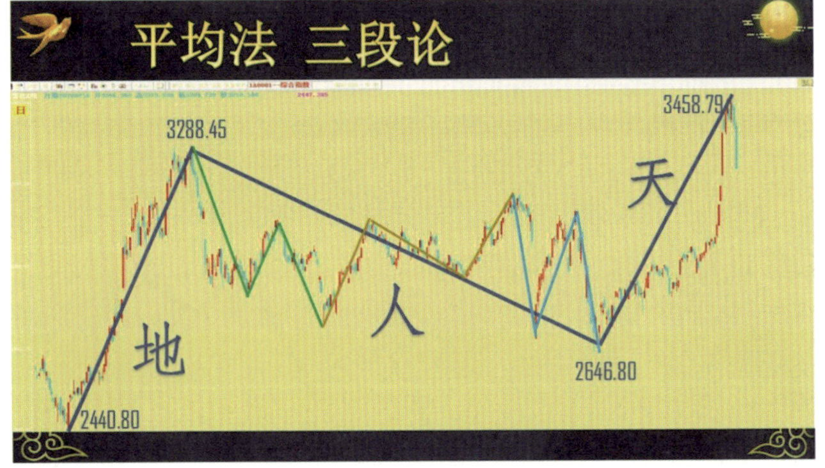

图 9.4.C　平均法三段论示意图

图 9.4.C 是依据上证指数从 1999 年到 2020 年的日线走势画出的平均法三段论示意图，陈雅山认为股市的变化也像是《太玄经》中所推崇的三进制一样，每三段走势组成一大段的走势，这也就是平均法中的三段论。

如图中深蓝色线条标记的走势，市场从 1999 年 1 月 4 日的低点 2440.91 到 4 月 8 日的高点 3288.45，上涨持续 3 个月（62

个交易日），这一段属于“地”的部分。

随后市场从 3288 点开始下跌一直到 2020 年 3 月 19 日出现低点 2646.80，这一波就属于蓝色线条标记的大周期走势中的“人位”。

在人位确立之后，我们知道，市场未来还会有一波上涨，并且其上涨的时间和空间与“地”这一段走势（2440 点到 3288 点）是相似的。在“地”这一部分中，市场从 2440 点上涨到 3288 点，市场涨幅为 31.81%，可以预期市场将会从 2646 点开始上涨大约 31.81%。

2646.8 上涨 31.81% 之后，点位大概是 3488.75，而在随后的走势中，市场在 77 个交易日后出现高点，即 2020 年 7 月 13 日的高点 3458.79 点，这也就是走势中“天”的部分。

可以看到，“天”与“地”的部分，市场无论是涨幅还是上涨时间都是相近的。

如果把走势更细致地划分，每一段走势都可以分为三段。以图中“人位”的走势为例，可以分为绿色线条标记的走势，黄色线条标记的走势和浅蓝色线条标记的走势三个部分。这三部分的走势同样遵循以“人位”为基准，“天”的部分与“地”的部分相似的规律。

第五节　九数中正法第四

《富致录》中第四个部分主要涉及的是九数中正法，首先从天象图开始论述。

> 九数为宇宙之本，纵观天象二十八星宿所有象形，皆与银价之变化相契合。

《河图》《洛书》中的数理逻辑是宇宙的本源规律，天象中二十八星宿的所有形与象都与银价的变化一一契合。

需要解析的是“九数”，并非是指数字9，而是指的《河图》《洛书》中的数理逻辑。无论是《河图》还是《洛书》，上面的数字都是由1～9组成的，这九个数字，被统称为“九数”。而

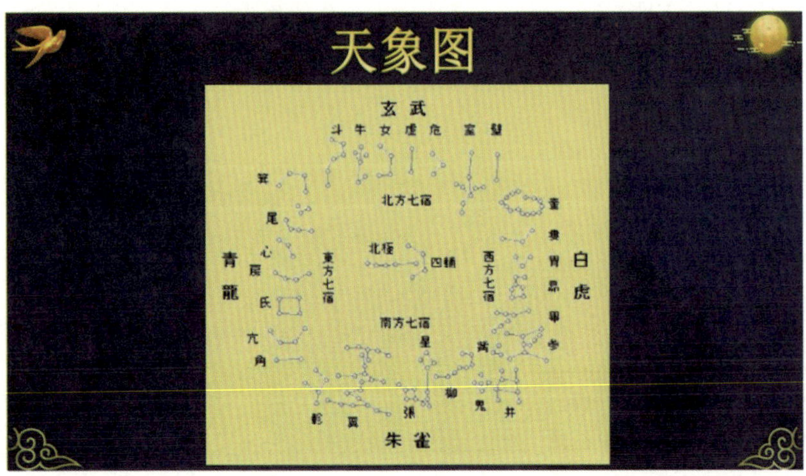

图 9.5.A　二十八星宿天象图

"九数"在这句话中代指的是其内在的数理逻辑，同时这也是"九数中正法"中"九数"的含义。

接下来陈雅山对于各个数字开始解释，并且标识了这些数字在股市中的体现形态，如下图所示：

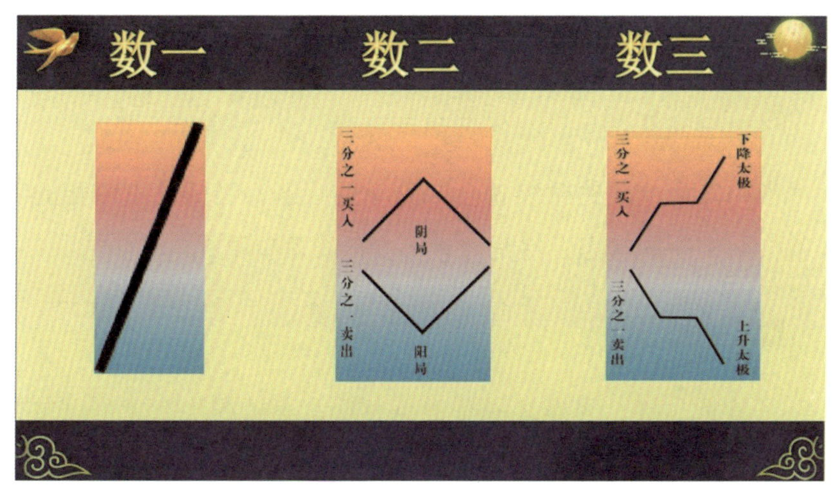

图 9.5.B　数一、二、三示意图

数一

一即万物，万物即一，破解一则万物可知矣，空间诸点暗含银价之高低点之变化，其测未来难如登天。

数二

阴易反阳，阳易反阴，万世不灭之理也。

数三

三即为太极，有正有反，亦可视为一。

数一的部分

一生成万物，万物又归于一，破解了“一”的规律，就可以知道万物变化的规律。无论是上涨还是下跌，在空间角度的每一个点位，都暗含着银价高低点位的变化，但是想要参透其中的规律预测未来，却是难如登天的。

数二的部分

当阴发生变化的时候就会回到阳的状态，当阳发生变化的时候就会回到阴的状态，这是万世不变的真理。

数三的部分

三就是太极，因为其中有正也有反，太极的状态也可以被视作一个整体。

关于数一的部分，有以下两个需要解析的点：

第一，关于“一”与“万物”的关系，就像是《道德经》中阐述的，宇宙没有诞生之前，先生道，而道生一，最终由一生万物，万物之间都遵循一种规律。就像是上一节中涉及的天地人规律一样，每一段走势都可以分为天地人三小段，而每一个小段又可以再分，这些走势无论大小都遵循同样的规律。

第二，空间诸点既包括具体的数值，也代表比例关系。

数二主要是阐述阴与阳之间的关系，市场中涨与跌的关系与之相通，不要独立地研究涨和跌，而是要将两者联系起来看问题。

关于数三，结合上一节中讲到的三段走势组成一段大的走势，就容易理解了，为什么三即是一，一即是三，两者是一致的。

《富致录》认为，最关键的规律就在数一到数三之间，而接下来的数字遵循这样的规律。

数四至八均在三数运行之内，一即为三，三即为万物，可做多个一二三。

数四到数八的规律都包含在数一到数三的规律之间，一就是三，而三就是万物，数四到数八可以被看做多个数一、数二、数三。

这里需要解析的点就一个，就是如何用数一到数三表示数四到数八。非常简单，只需要用三进制的数学思维就可以，也就是说，满三进一。

数四可以理解为数（3+1），而三即是一，所以数四等于数一；

数五可以理解为数（3+2），而三即是一，所以数五等于数二；

数六可以理解为数（3+3），而三即是一，所以数六等于数三；

以此类推。

最后，《富致录》对于数九做了特别说明，原文如下：

数九

九段下行必反，反数多少而矣。

当市场进行连续九段下行走势之后，一定会出现反向运动，无非是反向运动幅度的多与少而已。

古人认为“九为数之极”，而“物极必反”，所以数九与转折一直是有着很深的联系的。本段内容中需要解析的只有一点，这部分描述有些类似于《模型理论 4：极数折变模型》，但二者并不相同，极数折变模型把收盘价连续突破或跌破作为判断依据，而中源线使用的是折线图，两者并不一致，切勿混淆。

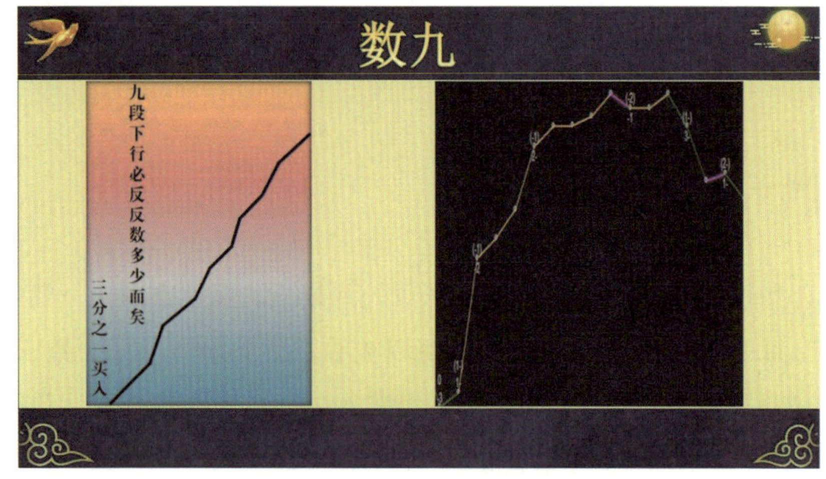

图 9.5.C　数九示意图

九数中正法的核心在于时机的把握，陈雅山推崇找准时机进行获利的方式，《富致录》就是围绕这一点展开的。

第六节　中源线建仓法第五

经过四节的理论阐述和推导，最终得到《富致录》最精华、最神奇也最有实操性的中源线建仓法。

本段包含九个方面的内容，分别是“变化之道”“实践之道”“强弱之观”“上下之别”“阴阳顺逆”“阴阳分界点”“建仓”“平仓”“资金运用”。

变化之道

予不惶言，周易为例，周易者，实为周之代商之图矣，是周代商后拜其行代天行授大周灭商，为天道循环，每一爻均受上天指引，由爻辞印证何时修养生息，聚集贤众，至文王役拘，武王观兵，牧野之战，血流漂杵，均在冥冥。爻辞中附录天象倚为神迹，昭示天意徵，乃天意之刑，天意命周代商，共主天下，莫敢不从。人居三界之中，切不可妄言人能胜天。今银价上行，明银价下行，未可语其无定数矣。日月有数，大小有定，银价亦受其所制也，象虽难定，但其质一也，守一则万变不离其宗。

本段稍有些晦涩，主要讲的是《周易》所揭示的世界运转的规律。

人类生活在三界之内，一定要遵循天道循环的规律，银价也受到这样的规律制约。

本段虽为变化之道，但关于变化的阐述比较笼统，理解其含义即可，不必深究细节。

实践之道

君若投身于白银市场，切忌纸上谈兵，论其变化。起落固然为之重，然亲临市场未必能辨其明。譬如剑术，自练其剑，挥洒自如，犹剑刺天下，招招不虚，然他日与人决战，对手亦为高人，其剑招招致命，此时身临其境，当知其难矣，此诚一也。二者，旁观者清，当局者迷，入局后患得患失，对于之前所定之策难以驾驭，其后又悔之晚矣。上之所述两面，皆应为重。昔者，子列子常射中矣，请之于尹子，关尹子曰：子知子之所以中乎？答曰：弗知也。关尹子曰：未可。退而习之，三年又请，关尹子问：子知子之所以中乎？子列子曰：知之矣。关尹子曰：可矣，守而勿失也。非独射也，国之存也，国之亡也，身之贤也，身之不肖也，亦皆有以。后羿亦如此。

如果你想要进入白银市场，一定要注意不要纸上谈兵，脱离实际研究市场的变化。市场的上涨和下跌固然是市场变化重要的部分，但是身在市场中却未必能够明辨其中的关键。就好比剑术，自己练剑的时候挥洒自如，好像是可以凭借剑术行走天下，每一招都很厉害，但是一旦和人实战，身临其境，就知道剑术的难点了，这是一点。第二点，旁观者清，当局者迷。进入市场中后容易患得患失，对于之前制定的策略难以驾驭和遵守，出现亏损又开始后悔。之前所说的两点，都应该重视。

古时候，列子箭术超凡，经常能够射中靶心。向关尹子请教时，关尹子说，你知道自己能够射中的原因么？列子回答，不知道。

关尹子说，你还不行。于是列子回去继续修习箭术，三年之后又去请教关尹子，关尹子问，你知道自己能够射中的原因么？列子说：知道了。关尹子说，这样就可以了，要守住这种心态不要失去它。不只是射箭，大到国家的存亡，小到个人的修养，都是这样的道理。传说中射日的后羿也是这样做的。

本段主要讲述实践和理论的区别，一方面警告投资者不要纸上谈兵，另一方面劝诫投资者不要当局者迷，要能走出困局。统观市场，要知道自己为什么能赚钱，为什么会亏损。虽然结果很重要，但知其然才是保证百战百胜的基础。

强弱之观

凡物强极而弱，弱极而强，物之性也。银价变化有初强、中强、极强之分，初强之时介入，中强未至可离场，未可至极强之时才思之。盖因彼时思之晚矣，极强可反，因时变化可以感知。此种心感玄妙至极，需多年培养，而非一时之兴，虽为强弱感，实则强弱之对比，两者相较弱者胜，此为精要。

本段内容主要阐述了中源线理论对于市场强弱的界定方式。

所有的事物都是强到极限之后开始衰弱，虚弱到极限之后开始变强，这是事物的特性。银价变化也有初等强势、中等强势和极度强势的区别。初强的时候介入，中强还没到来的时候就可以离场。不能等到极强的时候才开始思考离场的事情，因为那个时候开始思考已经晚了。极强的时候市场会反转，这些顺应时机的变化是可以感知的，这种感应玄妙至极，需要很多年来培养，而不是一时就可以获得。虽然说是强弱感，但其实是强弱的对比，两者相比较的时候弱的那一方会胜出，这是强

弱观的精要。

需要解析的是“虽为强弱感，实则强弱之对比，两者相较弱者胜，此为精要”一句，这句是本段核心。这段话除了解释强弱的本质之外，重点是“两者相较弱者胜”。这句话并不是说弱的好，而是有两个含义：第一，当某方面的趋势开始变弱的时候，就是“反”的前兆。比如上涨开始变弱，就是下跌的前兆；反之，下跌开始变弱，就是上涨的前兆。第二，是指市场当前的状态。我们都知道市场中强者恒强，很多投资者很喜欢追涨，但什么时候可以追，什么时候不可以追呢？相比较而言，在能够确定上涨的前提下，反而是那些相对弱一些的更有上涨潜力，风险也更小一些。

上下之别

银价变化有三，一曰上行，二曰平衡，三曰下行，上行为红，下行为黑，平衡为白，初红宜追，初黑亦可追，平衡则宜观望。中源线以收盘价折线图为主，每日记载收盘价之变化，绘制成图，新旧对比。收盘价图以黑红两色区别，红色主上，黑色主下，同值可视为无色，银价变化有集中，有分散，宜区别应对，分散之时即为进场之时，集中之时即为观望之时。

银价的变化有三种，第一种是上涨，第二种是横盘，第三种是下跌，上涨用红色表示，下跌用黑色表示，平衡用白色表示。

当市场刚开始出现红色时适合追进，刚开始出现黑色时也可以追进，当市场平衡的时候应该以观望为主。中源线用收盘价的折线图作为判断依据，每天将收盘价的变化绘制成图，新旧对比。收盘价图用黑红两色区分，红色代表上涨，黑色代表下跌，出现同值看作无色。银价变化有集中，有分散，应该区别应对，分散的时候就是进场的时机，集中的时候应该以观望为主。

阴阳顺逆

红色线中之反向线及黑色线中之反向线，均为逆行线，银价上行线中之上行线即为顺行线，反之，银价下行线中之下行线即为顺行线。

三段线中若有两段上行，如或下行，即可视为顺行其间，反向运行即为逆行。

红色线中的反向线以及黑色线中的反向线，都被称作逆行线。银价上行线中的上行线叫做顺行线；反过来，银价下行线中的下行线也被称为顺行线。

三段线中如果有两段上行或者下行，就可以被视为顺行，如果出现反向运动就是逆行。

此处所述顺行与逆行和前文所述并无区别，如下图所示：

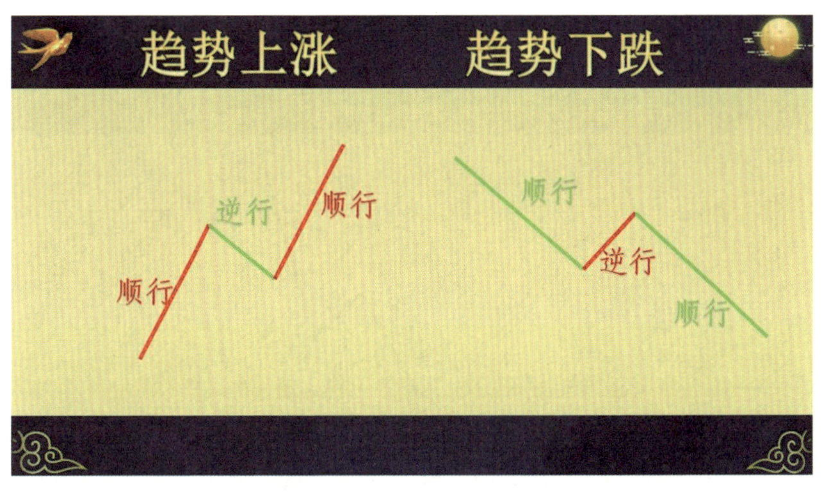

图 9.6.A　阴阳顺逆示意图

阴阳分界点

红色线与黑色线之分割点，即为阴阳分界点，两色分界点需以两边三段为基础，切忌不可以银价最低点与银价最高点为基础。

关于阴阳分界点的概念，前文中其实也有提及，但《富致录》中所述，与现在流传的方法稍有不同。

红色线与黑色线之间的分割点就是阴阳分界点，阴阳分界点需要通过分界点两侧的三段走势作为基础进行判断，切忌不可以用银价的最高点或者最低点作为判断阴阳分界点的基础。

此处对于分界点的定义与前文不同。

《富致录》中对于阴阳分界点有一个特殊要求，就是阴阳分界点两端各有三段走势，且不出现最高点与最低点，如下图所示：

可以看到，分界点左侧为红线，右侧为黑线（亦可左侧为黑线，右侧为红线）。《富致录》要求分界点两边各有三段走势，图中以竖虚线标记出分界点两边各三段走势；同时阴阳分界点要求右

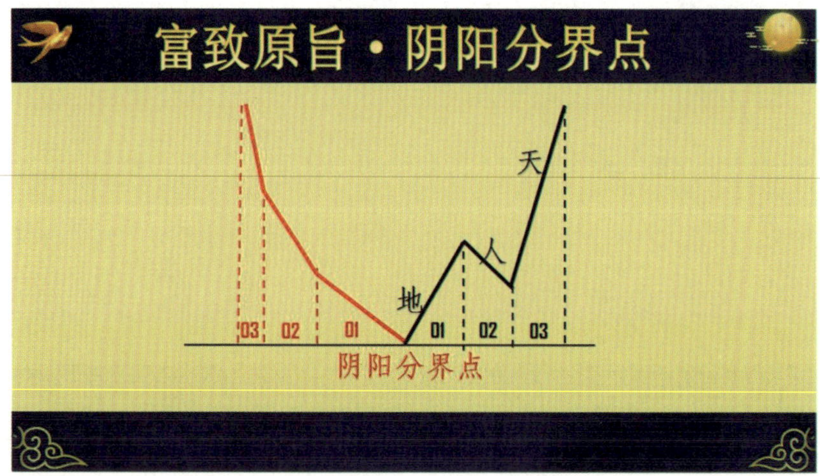

图 9.6.B　《富致录》中的阴阳分界点示意图

侧出现一个完整的“天地人”走势，也就是“上涨—回调—上涨”（也可做“下跌—反弹—下跌”）的走势，图中以文字标记出天、地、人三段走势；最后要求分界点两边的三段走势中没有比分界点更低（或更高）的点，满足这三个条件，即为《富致录》界定的阴阳分界点。

建仓

红为阳转建仓，黑为阴转建仓，秘诀：上回卖，下回买。

阳转银价必须高于前日银价，阴转银价必须低于前日银价，如其不遇，潜身观望。

特别谨慎：似太极之银价变化，绝非入场之时，此时恰似反手之时，切勿混淆不清，此为似是而非之象，略同与不同之差别，犹如天地之差别，慎之。

银价同值绝不可入，皆因此时未成阴阳转换之局，贸然介入只会悔之晚矣。

本段主要涉及中源线建仓的技巧，其技巧与前文所述基本相同。

红色的线条是阳转，是建仓的机会，黑色的线条是阴转，也是建仓的机会，秘诀是在回调和反弹的时机进行买入和卖出。

阳转的时候银价必须高于前一交易日，阴转的时候银价必须低于前一交易日。如果不符合这样的规律，则应保持观望，这一点必须要谨慎对待。

银价的变化像是太极轮转一样，绝不是入场的时机，这个时候和股价反转的时候非常相似，一定不要混淆。这是似是而非的态势，虽然略有相同，但是却天差地别，必须保持谨慎。

银价出现同值的时候决不可入场，因为这时候阴阳的转换还没有形成，贸然进入必然会后悔莫及。

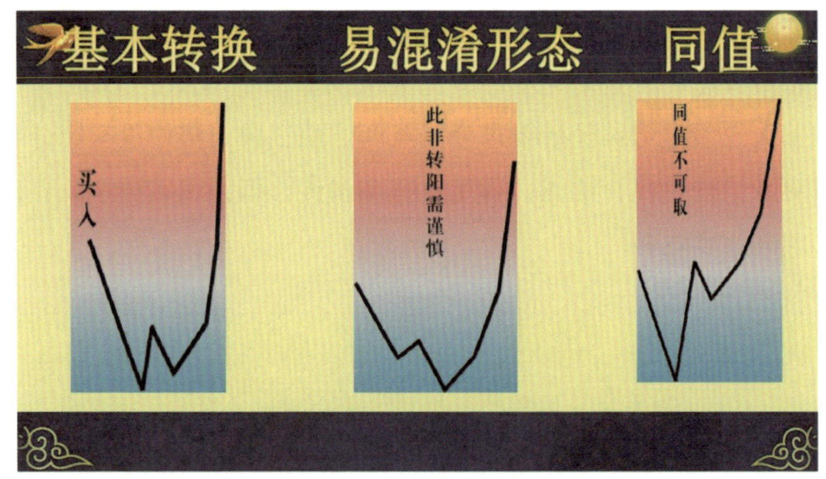

图 9.6.C　三种形态图解

本段论述的是基础转换的规律，与前文所述相同，故不存在需要解析的点，几种形态如上图所示。

银价同值之突破

银价突破才是入场之时，即便此刻，亦该谨慎行事。古人云：小心可行万年船，稳健方为上上策，以图示观之可建仓三分一。

本段内容涉及具体的操作策略，可直译为：

银价的突破才是入场的时机，即便是这样，也应该谨慎行事。古人说：小心驶得万年船，稳健才是最好的策略。如果走势与图中所示一致，可以建仓 1/3。

这里需要特别强调的是，《富致录》中所述的同值，与我们现代中源线理论中的同值并非是一个概念，《富致录》中的同值指的是未突破前期高点的状态。

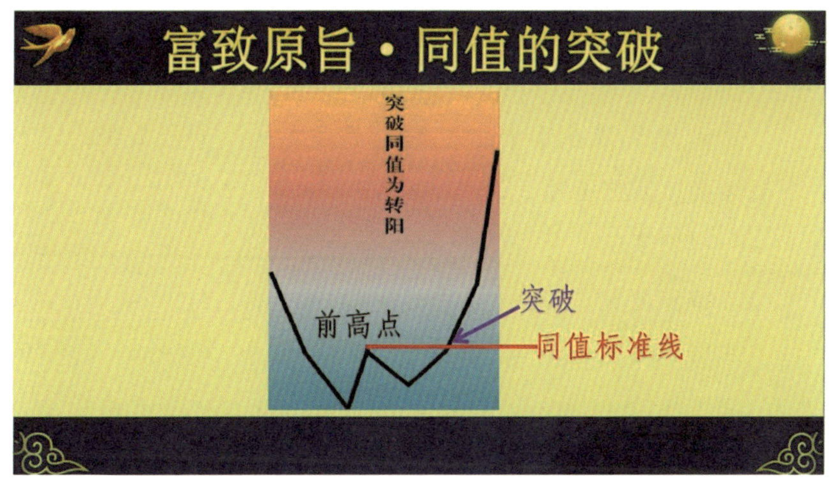

图 9.6.D　同值的突破示意图

如图 9.6.D 所示，黑色字体标记的是前高点，红色线条是在前高点的基础上延长的水平线，称为同值标准线，紫色箭头标识的是走势突破同值标准线的位置，此处即是文中所述可以建仓的位置。

接下来是 42 分转换的相关描述，原文如下：

> 四二分转换意指逆行线高于两段反折线；所谓分即指银两单位，一银等十钱等一百分。

42 分转换的意思是指逆行线高于两段反折线。所谓的分是指银两的单位，一两银子等于十钱，等于一百分。

这里需要解析的只有一点，就是原文中的反折线指的是转折出现之前的两段顺行走势，其余与前文中 42 分转换阐述相同。

平仓

古来难事皆在于平仓，不可不甚察也，平仓出错，万事皆休矣，故平仓有三。

一曰突变大；

二曰渐变大；

三曰三大同出。

突变大平仓三分一，渐变大平仓三分二，三大同出全平仓。

折线突变大，平仓三分一，亦可全平仓。

折线渐变大，平仓一段一平仓，有其必要可全平仓。

相对之前九曲之内所有折线之比，三段折线均大，则一次平仓。

上下为大，可平仓三分之一，亦可全平仓。

多线平仓图须观阴阳转换图而定，两者唇齿相依。

自古以来投资之难都在于平仓这一步，不可以不谨慎，平仓一旦出错，投资基本就难有收益了。以下三种情况需要平仓：

第一种情况是某段走势突然之间开始变大了，就要卖出；

第二种情况是连续数段走势逐渐变大，也要卖出；

第三种情况就是三段走势都是一样大的，一起出现，也要卖出。

以上三种情况中，突然变大的情况平仓 1/3，渐渐变大的情况平仓 2/3，三大同出的情况全部平仓。

除此之外，当反转的走势突然变大，可以平仓 1/3，也可以全部平仓。

反转的走势逐渐变大，每一段变大的反转都平仓 1/3，有必要的话，可以全部平仓。

与之前的 9 段走势之内的所有走势相对比，连续出现 3 段走势折线大于之前 9 天每一天的折线，也应该平仓 1/3。

当出现上面大、下面小的情况（如图 9.6.E）或上面小、下面大的情况时，可以平仓 1/3，也可以全部平仓。

多线平仓（如图 9.6.E）需要观察走势阴阳转换才能决定，两者之间是紧密联系的。

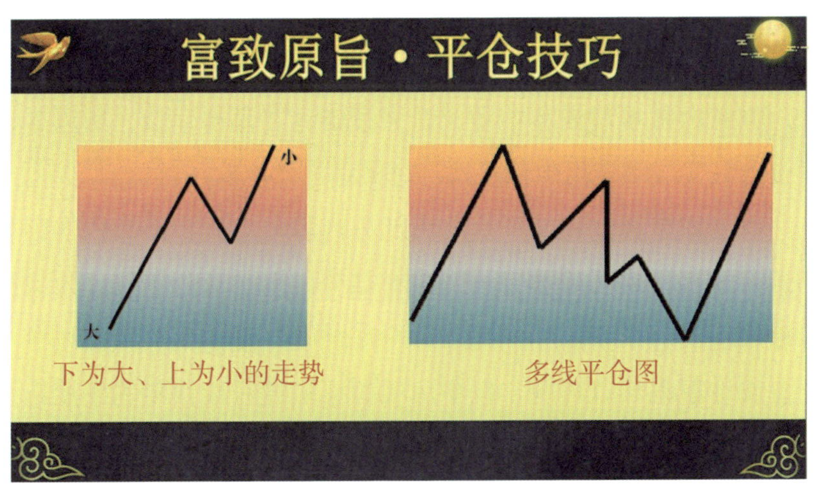

图 9.6.E　平仓走势示意图

本段主要阐述平仓的技巧，读者只需要了解即可，因为《富致录》中这些平仓的规律非常复杂且难以判断，经过测试也并不会比现代中源线理论中的平仓技巧更实用，故此作为了解即可，实战中可以现代中源线理论的平仓技巧为准。

资金运用

总资金分两半，一半留用，一半运用，所运用资金再分为三，每次买入三分之一，三分满后待平仓。虽如此，白银市场风云诡变，有失败亦有可能。本法可为不败之法，

固然如此，市场中人亦该谨慎从事，不可大意，谨慎方为明智之人。

总资金分成两半，一半留下待用，另一半投入股市。投入股市的这一半资金再分为三份，每次都买入 1/3，当三份全部买入之后就等待平仓。

虽然是这样，但是白银市场变化奇诡，也有失败的可能。这套方法虽然是不败的方法，市场中每一位投资者也应该谨慎行事，不能大意，谨慎才是最明智的。

陈雅山在本段内容中多次告诫投资者要保持谨慎，所以各位投资者在实战中使用中源线技巧时务必把谨慎放在首位。

以上即是《富致录》中的大部分内容与解析，部分内容因为不适用于现代市场而被隐去，也有部分内容在数百年间因为战乱等原因遗失。

或许原本难以再现，但中源线的技法经过数百年的发展以及市场的检验之后，已经被证明其实用性。正如陈雅山所说，这是一种不败之法，值得每一位投资者认真研习。

后　记

——阅读是一种智慧

☆如果猩猩会读书

文字，实在是人类历史上最伟大的发明。

文字产生了书籍，书籍使传承变得更有效率；传承产生了智慧，智慧使人类统治了地球。就像高尔基所说：“书籍是人类进步的阶梯。”书籍是知识得以传承的基石，是人类文明发展和延续的载体。

人类一直以万物之灵自居，是自然界最具智慧的生物，但你是否思考过这样一个问题：人类的智慧来自哪里？

在探究这个问题之前，我们不妨先来看下面一组事实：

1. 黑猩猩会制作和使用简单的工具。

2. 鹦鹉对图形的记忆力非常出众，甚至能做数学题。

3. 章鱼特别善于模仿，并且能够通过思考来解决复杂的问题。

4. 大象有家族和自我的概念，并且记忆力很好。

5. 海豚除了有自我认知和死亡的概念，还有强烈的同情心和好奇心——恐怕这也是许多人被它们拯救的原因。

6. 逆戟鲸有复杂的逻辑思维和丰富的情感，甚至会表现出鲜明的“个性”。

这些动物尽管很聪明，也仅此而已。人如果不读书呢？

鲁德雅德·吉卜林曾写过一本叫作《丛林奇谈》的书（或者有些人看过由这本书改编的迪士尼动画片《丛林王子》），书中

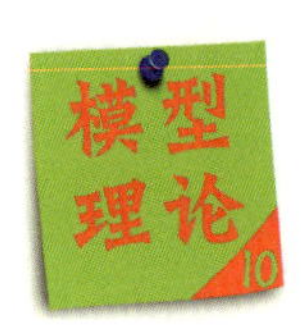

讲述了一个由野兽抚养长大的男孩莫格利的故事。故事本身或许玄奇梦幻，素材却是取自现实。

已知至少有30例孩童在野外长大的案例，这些案例中的大部分孩童是由野兽抚养长大，其中最著名的就是印度“狼孩”。

这些孩子无一例外像野兽多过像人，并且其智商大多只有三到四岁的程度。除非这些在不同时期、不同地区发生的案例中的“莫格利”都非常巧合地在先天上有缺陷（当然，提出这种可能仅是出于对概率学的尊重），那么我们可以证明：把人类孩童放到野兽的环境中，他也只会成为野兽而不是人，甚至不会体现出智商上的优越性。

人之所以成为人，并非天生高贵或者智商超群，而是因为知识和经验的传承，而传承的最主要方式就是学习，学习的最重要方式就是阅读。几乎所有的知识、经验、智慧和技能都可以通过阅读来获得。

我们有理由相信，如果黑猩猩能够学会阅读的话，它们将有可能进化为真正的智慧生物。

☆别让阅读如此难熬

当我们在生活中遭受挫折而有感于自己能力的不足时，当我们不安于现状而渴望获得更多时，学习往往就是摆脱困境或者谋求进步的最佳方式。

我们翻开一本书，往往是因为意识到了自己需要掌握这些知识，或者认识到了书中的这些知识的价值。

理智告诉我们需要汲取这些知识，但当我们硬着头皮翻开书，那些密密麻麻的蝇头小楷可能会让我们感到厌烦，犹如催眠的歌声一般放大我们的疲倦和困意。实际上，就在不久之前，我的一个朋友还对我说我推荐给他的床头读物治愈了他的失眠症。

我由衷地为他可以睡个好觉而感到高兴，同时也为这位朋友的阅读习惯感到惋惜。

☆一本书的正确打开方式

为何阅读对我们来说如此难熬？

原因有很多，但最重要的一点是兴趣，在做大多数事情的时候，疲惫与困倦都是产生在厌烦的基础上的。很多时候我们并不是真的累了，而是无聊和厌烦让我们感觉到疲惫。人在做他感兴趣的事情的时候从来不会疲惫。

阅读也是如此，对于一本书来说，如果你并非真的喜爱其中的内容或者需要其中的知识，就不要翻开它，除非你也想靠它治愈失眠症。

很多时候选择一本你真正感兴趣的书才是成功阅读的第一步，强行阅读一本自己不喜欢的书无疑是一种自我折磨。

另外，当你觉得阅读让你感到疲惫或者不快时不妨换个时间、换个方式来试试。

如何保持你对一本书的兴趣？

关键在于心态，如果你想达到较好的阅读效果，就千万不要强迫自己读书。在读书时，保持良好的心态远比找一个让自己舒服的姿势更能提高效果。

良好的读书心态能够让我们长时间地保持对阅读的热情；反之，不好的心态只会让我们在阅读时心情越来越糟糕。

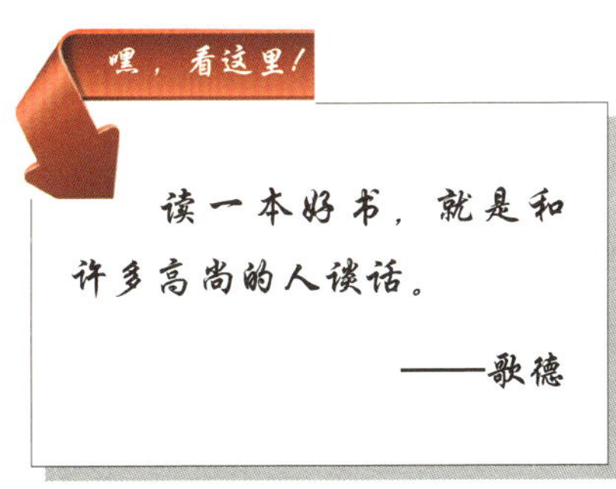

嘿，看这里！
读一本好书，就是和许多高尚的人谈话。
——歌德

一本好书既像朋友又像老师，我们不应该为了读书而去读

书，最好是保持自我提升的心态，慢慢地去阅读，要让读书成为一种享受。

在阅读时还需要注意的一点就是最好要有明确的阅读目的，《庄子·养生主》中有这样一段话："吾生也有涯，而知也无涯。以有涯随无涯，殆已！"说的就是人生短暂，而知识是无穷无尽的，如果不能明确自己的目的，汲取对自己有用的知识，而眉毛胡子一把抓的话，最终只能"殆矣"。

所以，用有限的时间去尽可能获取对自己最有用的知识，才是阅读最重要的意义，也是最难把握的一点。

《三国演义》中水镜先生司马徽向刘备推荐诸葛亮的时候有这样一段话："孔明与博陵崔州平、颍川石广元、汝南孟公威与徐元直四人为密友。此四人务于精纯，惟孔明独观其大略。尝抱膝长吟，而指四人曰：'公等仕进可至刺史、郡守。'众问孔明之志若何，孔明但笑而不答。每常自比管仲、乐毅，其才不可量也。"

诸葛亮以智名闻天下，天赋并不一定比他的几位好友高，但为何他最终成为"功盖三分国，名成八阵图"的诸葛武侯？原因就在于读书之法，他的几位好友是"务于精纯"，唯独诸葛亮是"观其大略"，这就是读书目的的不同。

务于精纯是为学之道，观其大略是为实之道，一个强调深度，一个强调广度。对于大多数人来说，两者间并没有本质上的优劣之分。从股市学习的角度讲，依前者读书可为专才，依后者读书可为通才，如果你想成为某一方面的专家学者，就"务于精纯"通于一道，达于一道，能人所不能，但在处理实际问题的能力方面难免会有所欠缺。

而如果想要成为实践派大师，就需要知识面足够宽广，在读书时就要注重对知识的全面性掌握和知识领域的开拓。只有拥有渊博的知识，才能对股市中的各种现象及成因了如指掌，面对股市中的变化才能够波澜不惊、从容应对。

这就是阅读目的的重要性。笔者的建议是：如果你真的需要某一方面的知识的话，最好培养自己在这方面的兴趣和爱好，就像孔子说的：“知之者不如好之者，好之者不如乐之者。”兴趣永远是阅读的最佳动力。

嘿，看这里！

播种行为，可以收获习惯；播种习惯，可以收获性格；播种性格，可以收获命运。

——萨克雷

对于阅读，最后还要提及的一点就是阅读习惯。阅读时的习惯对一个人的影响是巨大的，养成好的阅读习惯将有助于提高阅读效率。因为每个人都是独一无二的，所以不能武断地认为什么样的习惯是好的阅读习惯，因为同样的习惯，在一些人身上会有效果，而在另一些人身上则完全没有。

发现并培养对自己有利的读书习惯是增加阅读趣味性、提高阅读效率的好方法。

下面笔者列举一些适用面较广的阅读习惯，希望能够对各位读者有所帮助。

1. 书籍不要完全堆在书架上，那样它们只会起到装饰作用（当上面落满灰尘时，甚至连装饰作用都不会有）。把你正在读、经常读或者喜欢读的书放在你的身边，比如床头柜、沙发、茶几、车里甚至随身携带，这样当电视剧中插播广告或者堵车时你就可以随手拿出书来读。

很多好书是值得随身携带的，晋朝有一本记录用常见草药和方法处理急性病症的医书，因为作者认为很值得随身携带，就给它命名为《肘后备急方》。因为古代的衣服都是宽袍大袖，装东西都是装在袖子里面肘后的位置，如果在今天估计会被叫作“兜里必备急救指南”。

2. 找到适合自己的读书方法，比如流传较广的“三遍读书

法”“兴趣阅读法”等。也可以借鉴名人的经验，比如鲁迅先生的“跳读”法、舒庆春先生（老舍）的“印象”法、著名数学家华罗庚的“厚薄”法、散文家余秋雨的“畏友”读书法等。当然，别人走过的路可以借鉴，但最适合自己的读书方法还需要每个读者自己去探索。

3. 养成做读书笔记的习惯，或者读完一本书后随手写下心得，这样以后可以只通过寥寥数语的笔记就想起书中的知识，也方便“温故而知新”，也许会有新的体悟。就像徐特立先生说的那样：“不动笔墨不读书。”

阅读是掌握前人智慧和经验的最好方法，也是谋求自身进步和发展的最好方法，每个人都需要阅读，不要让阅读成为一种煎熬。

笔者希望这本书能够给大家带来知识的同时带给大家愉快的阅读体验。